청암사 승가대학 비구니스님들의

좌충우돌 수행이야기

청암사 승가대학 비구니스님들의

짜충우들 수행 이야기

민족사

진실은 사람의
마음을 움직입니다

25년이라는 세월이 훌쩍 지나 벌써 청암지 100호가 나왔습니다.

되돌아 보니 처음 청암지를 발행하자고 할 때, '인쇄물이 홍수같이 쏟아지는 이 시대에 군이 청암지를 발행해야 하는가?' 그리고, '한 번 발행하기로 했으면 중간에 끊기지 않고 끝까지 가야할 텐데, 과연 인력과 경제력 등의 문제로 중도에 폐간되지는 않을까?' 염려되어 망설였던 기억이 새삼 떠오릅니다.

청암지는 1987년에서 올해에 이르기까지 청암사승가대학의 역사를 대변하고 있는 것 같습니다.

지난 32년 동안 청암을 거쳐 간 스님들이 승가(공동체)를 형성하고 그 속에서 울고 웃으며 함께 한 우리들의 역사가 순간순간 담겨 있으니 말입니다.

화살같이 빠른 시간은 또 흐를 것이고, 나 역시 언젠가 이곳 청암에서 없어질 테지만 청암에서 불교의 동량을 키워내려 했던 그 크고 작은 발원들이 흔적으로 남을 수는 있을지, 그런 생각을 함께 하며 후학들이 이 뜻을 이어줄 수 있을지, 염려와 감회가 함께합니다.

근본에서 바라보면 과거·현재·미래라는 시간도 없지만 25년이라는 세월은 그동안 청암을 거쳐 간 모든 대중스님들에게 그때그때 순간만큼은 서로가 진실했고 절실했으며, 매 순간 나름 최선을 다했고 충실했기에 아름답고 숭고하고 순수했던 시간들이라 할 수 있을 것입니다.

염념念念이 무상無常이지만 불변의 근원에 의지하여 흐르고 상단동정(常斷動靜-항상하고 끊어지고 움직이고 고요함) 속에서도 만물이 지닌 성품의 근원을 볼 수 있기에 100호를 맞아 발행되는 좌충우돌 살아갔던 스님들의 기억 속에서 다시 한 번 염념무상念念無常을 본받아 참다운 성품을 보는 일말의 기회가 되기를 바랍니다.

진실은 사람의 마음을 움직이게 되어 있습니다.

청암지 100호를 기념하여 내는 이 책 속에서 보는 사람이 아주 조금이라도 환희심을 느끼고 행복할 수 있다면 더할 수 없는 보람이며, 참으로 다행한 일이 될 것입니다. 이런 일이 바로 심상의 묘법妙法 아니겠습니까?

청암사 율학승가대학원장
의정지형 합장

● **차례**

슬기로운 강원생활

좌충우돌 수행 이야기

2장

출가, 나를 찾아 떠나는 여행

3장

나는 누구! 여긴 어디!

4장

응답하라, 나의 초발심

아쉬움, 그리움으로 물든 졸업 즈음에...

청암의 메아리

청암사, 행복이 샘솟는 도량

1

슬기로운 강원생활

마치 맑게 갠
하늘처럼

○ 글 _ 효민(1994, 1호)

● 생사해탈을 위해 출가의 길을 나선 승(僧)으로서
한번은 생활해 보아야 할 승가대학. 최초 아함에서 최후 법화까지
부처님의 45년 설법을 담은 경전을 공부하며, 승려로서 여법한 위
의와 사상을 익히고자 떠나온 그날의 하늘은 서럽도록 푸르른 빛
이었다. 김천을 지나 아직도 군데군데 잔설이 얼어붙어 있는 증산
재를 굽이굽이 올라오다 보니 비포장도로 쪽으로 '불령산 청암사'
라는 이정표가 보였다. 얼마쯤 갔을까, 하늘을 찌를 듯한 아름드리
잣나무, 전나무들 사이로 계곡물이 시원스럽게 흐른다.

근래에 이름난 명강백스님들이 주석하셨던 유명한 강원인 천년
고찰 청암사의 일주문을 들어서니 사천왕문, 중현당, 진영각, 대웅

전, 선열당, 극락전 등이 자태를 드러내기 시작했다.

전국 여러 지방에서 모인 신입생스님들은 이미 중현당에 둘러앉아 서로를 익혀가며 통성명하기에 바빴다. 서로의 모습도 이름도 성품도 다르지만 생사해탈의 문제를 해결하기 위해 길을 나선 승려라는 공통점 하나만으로 만남은 충분한 기쁨이었다.

저녁공양이 끝나자, 선배스님의 안내에 따라 우리 25명의 신입생들은 강주, 강사, 삼직스님께 인사를 드렸다. 조촐하고 나지막한 방 안의 강주스님은 마치 가을날의 난초를 연상케 했다. 이틀째 되는 날은 방부를 들이는 날이었다. 방부 절차는 청암사 고유의 방법으로 진행되었다. 한솥밥을 먹으면 닮는다 했던가, 입승스님을 비롯해 대방에 둘러앉은 선배스님들의 표정은 하나같이 맑고 단아한 모습이었다. 지금 이 순간부터 행주좌와行住坐臥 생활의 전부가 이 방에서 이루어지며, 서로 화합하고 서로를 공부시키며 서로를 비추어 주는 거울이 되어 안개 속을 걷듯이 자신도 모르게 진한 잿빛 물을 들여가는 첫 걸음이 된다.

부처님께서 제행무상을 말씀하셨듯 나도 앞으로의 4년이라는 강원생활 동안 많은 변화가 있을 것이다. 그 변화는 가장 순수하고 아름다운 눈으로 있는 그대로 모습으로 물物을 대하고 네가 있기에 내가 존재한다는 믿음과 '상구보리 하화중생'을 위한 꾸준한 인욕과 정진의 결과로 나타날 것이다.

무장무애를 기원하는 신학기 3일기도가 끝나자 대방엔 '한철 소임방'이 붙여졌다. 그 동안 대체로 일복이 없었던 나에게 신입생 스님들 중에서 첫 번째로 채공 소임이 주어졌다.

대중에 대해 미처 인식하지 못한 불안감과 아직 대중생활에 대해서 확고한 신념을 세우기도 전인 나에게 용기를 주신 분은 채공간에서 만난 원주스님이셨다. 찬상을 보면서 큰방 대중스님들께 올리지 않은 음식을 객실 손님상에 놓았는데 때마침 원주스님께서 보시고 잘못 놓인 반찬을 다시 옮겨 놓으시며, "대중이 먼저 먹지 않은 음식은 다른 상에 먼저 못 놓는데이."라고 하시는 것이었다. 그 한마디가 이기와 자만으로 꽉 차 있던 나에게 깊은 의미로 새겨졌다. 비로소 대중이라는 존재의 의미를, 무게를 느낄 수 있었다. 그 느낌은 마치 비 내린 후에 맑게 갠 하늘을 보는 듯했다. 대중스님들이 더없이 정겹고 새롭게 보였다.

대중은 나를 성장시켜 주고 하심하게 해 주는 스승이다. 끝없는 이기와 아만을 겸손함으로 회향시켜 주는 고마운 분들이다. 그렇기에 예로부터 '대중을 배우고 대중에 수순함'이 수행자의 마음가짐으로 강조되었나 보다. 머지않아 '육화료' 앞마당에 자목련이 활짝 필 것이다. 그리고 성불이라는 큰 배에 오르기 위해 수행 정진하는 우리 대중스님들의 가슴에도 한 송이 아름다운 보리도의 꽃이 피어나리라. 끝으로, 미흡한 나를 출가시켜 좋은 도량에서 수행하게 해 주신 노스님, 은사스님, 청암사의 어른스님을 비롯하여 늘 격려해 주시는 소중한 분들께 감사드린다. 나무 석가모니불.

장애 속에서 얻은
작은 깨달음

○ 글 _ 범 정 (1995, 7호)

● 　　　　7일 전 공양주 소임을 살면서 펄펄 끓는 차관을 내리다 뜻하지 않게 손잡이가 뚝 떨어지면서 순식간에 다리, 발쪽으로 더운 물이 쏟아졌다. 뜨거운 물에 흠뻑 젖은 양말을 엉겁결에 벗는 사이, 누군가가 발을 물에 담그라며 재촉했다. 생각할 겨를도 없이 오로지 일념으로 발을 담그기 위해 개울가로 뛰었다. 그날따라 개울은 멀게만 느껴졌다. 쓰리고 아픔은 그때까지도 몰랐다. 물에 담그고 나서야 발을 내려다보니 다리는 멀쩡했건만 서글프게도 발들이 흉측할 정도로 일그러져 있었다.

입승스님, 원주스님, 찰중스님 여러 대중스님들이 뒤따라왔다. 걱정스런 눈으로 위로의 말을 해 주었지만, 순간 '왜 나에게 이런 일이…' 눈물이 핑 돌았다. 전생의 업 탓일까, 느슨했던 나의 신심 탓일까. 감자를 갈아서 붙이고 내 다리 대신 남의 등을 빌어서 보건소로 갔다. 심하게 다친 것은 아니라며 며칠 동안 걷는 것 조심하고 꾸준히 치료해 주라는 간단한 말밖에는….

치료를 끝내니 다시 들어오기가 부끄러웠다. 머트러운 나의 실수로 대중스님들에게 걱정 끼친 걸 생각하니 고개를 들고 들어올 만큼 당당하지 못했다. 소임자스님들께 죄송함을 표했지만 마음은 편치 않았다. 지대방에 멍하니 빈 천장만 쳐다보며 누워 있는데 스님들의 위로의 말 가운데 "언젠가는 떨어질 줄 알았다."라는 말이 흘러나왔다.

그렇다면 벌써 예고된 사고가 아닌가. 화가 불끈 난다. 그런 와중에 또 "진심嗔心 낸 탓 아니냐, 업 탓 아니냐, 조왕님께 잘못한 게 있었느냐, 신장님께 벌 받은 것 아니냐?" 등 각자의 생각들이 스스럼없이 쏟아져 나왔다.

업 탓, 수행 탓, 재수 탓으로 삭히고 삭히던 나는 그 말을 듣는 순간 대중스님들의 '무관심 탓'으로 돌려버렸다.

하지만 날이 가면 갈수록 그 원망스러움은 미안함으로 바뀌기 시작했다. 지금 생각해 보면 얼마나 어리석은 생각이었던가. 일그러진 상처를 보며 눈물 훔치던 스님, 가슴 아파 기도 열심히 했다던 스님, 약이 밖으로 샌다며 덮개를 만들어 주던 스님, 불편한 몸을 이끌고 정성스럽게 간호해 주던 스님, 약값에 쓰라며 돈을 살짝 넣어주던 스님들….

사실 한때나마 대중스님들의 무관심을 원망했다. 생각해 보니, 그렇다면 나 또한 무관심으로 그들을 대했던 건 아닐까? 그렇게 달그락거리는 차관의 손잡이를 보고도 무심히 넘기지 않았는지, 무관심으로 일관함이 대중생활을 잘하는 것으로 착각하며 산 건 아닌지… 아찔해진다. 이렇게나마 나의 어리석음을 깨우치게 해준 대중스님들께 감사한다. 나의 조그마한 관심이 곧 대중의 큰 관심이 된다는 것을 알게 되었기 때문이다.

벌써 새살이 돋았다. 발 내딛기가 훨씬 편해졌다. 늘상 꿈에 부풀었던 추석의 산행은 실행할 수 없었지만 난 많은 것을 배운다. 뒷산의 토실토실한 밤송이보다도 더 많은 것을 이 가을 불령산 자락에서 거두어들인다.

대중 부처님 감사합니다.

수구리 스님

○ 글 _ **여현**(1996, 11호)

● 　　　문틈 사이로 스며드는 새벽공기가 이제는 차갑게 느껴진다. 설핏 잠이 깨어 문을 살며시 열고 정랑을 가다가 어린왕자를 만난다. 쏟아지듯 가득한 별들 속에서 몇 개의 별자리만 찾을 수 있을 뿐. 나의 천문학 지식으로는 이것도 가상하다. 가을이라 그런지 대숲바람과 새벽공기가 머리를 맑게 해 더욱 좋다. 목탁이 오르기에는 아직 이른 시간. 윗반 스님 몇 분은 벌써 일어나 가부좌를 틀고 앉았다. 나도 가부좌를 틀고 앉아 화두를 챙겼다. 그러나 화두는 어느새 어디론가 달아나고 꼬맹이들 손잡고 뛰놀던 보육원, 꿈속에서 늘 만나던 기와집과 스님, 혼란 속에 들렀던 수덕사와 어느 토굴, 그리고 출가. 눈물로 하소연하는 어머니 손에

끌려 집으로 다시 돌아오고 '원통하고 가슴 아파 못 살겠다'며 펄쩍 뛰는 그분에게 '약 사오겠다'며 지갑만 들고 하루 종일 버스에 몸을 싣고 또 다시 출가한 불영사.

번쩍 정신을 챙겨 '이 뭣꼬'를 든다. 적정의 순간. "이놈이다." "잡아라." 누군가의 잠꼬대에 새벽부터 대방은 웃음바다가 되고 어느새 목탁이 오르고 내린다. 새벽예불을 하고 큰 법당을 나서면 유난히 밝은 별이 가득히 다가온다. 샛별을 보고 깨달음을 얻으셨던 부처님. 그 깨달음의 끝은 무엇이며 그 깨달음의 맛은 어떤 것일까? 달빛을 안고 선 종각 앞 코스모스는 알고 있는지.

좌선죽비 3성에 허리를 곧추세우고 단전에 힘을 모아 보지만 번뇌와 망상도 잠시, 호흡을 같이 하는 수마에 저절로 손이 풀리고 고개가 끄덕여진다. 어김없이 장군죽비는 어깨 위에 내려앉고 짧은 시간이지만 다시 한 번 알부정(遏浮情, 뜬 정을 막는다는 뜻)을 뇌이며 한 생각을 챙겨 본다.

이렇게 시작된 청암사 강원생활 세 철. 봄엔 어린 싹들과 풋풋함이, 여름엔 푸름과 칡꽃 향기가 좋아 원두소임을 살았다. 흠뻑 젖은 땀내를 맡으며 선녀탕으로 발길을 옮기던 그 여름의 향을 누가 알겠는가? 수확의 이 가을에도 누런 호박과 빨간 고추를 따고 고구마도 캐며, 더러 다래랑 으름도 따 먹는 즐거움과 흙냄새가 좋아 원두를 산다. '행주좌와에 도道가 있다. 풀을 뽑듯 망념의 뿌리를 뽑아야 한다.'고 하셨던 불영사 노스님 말씀을 생각하며 씨앗을 심

20
—
좌충우돌 수행 이야기

을 때는 불심을 심고, 밭을 갈 때는 마음 밭을 갈고, 북을 돌울 때는 신심의 북을 돌우려 하지만 수행의 결실은 언제가 될는지. 그저 묵묵히 머리에 손을 얹어 본다.

배추 순이 나올 때부터 대중스님보다 먼저 맛을 보는 버릇없는 벌레 때문에 농감스님은 마음이 쓰이시는 모양이다. 치문반 스님들에게 '천진불' '수구리 스님'이라 불리는 농감스님은 심성과 행동이 아이처럼 순진무구하여 '천진불'이라고 한다. 치문반에게 리어카 끄는 법을 가르쳐 주시겠다며 백련암 밭 그 가파른 내리막길에 옥수수며 토마토, 호박, 고추를 가득 담고 비온 뒤의 비탈길을 혼자 내려오시다가 그만 곤두박질! 결국 치문반 스님들이 운전을 하게 되었다. 뒤에서 따라오시던 스님은 "수그려요"를 연발하며 리어카를 당기시다가 또 미끄럼을 타버린 지난여름, 리어커만 보면 고개를 가로젓는 모습은 우리들을 늘 웃게 만드신다. 그래서 '수구리 스님'이라고 부른다. 그 천진함과 부지런함으로 원두스님들이 즐겁게 소임을 살았으니 이만큼의 수확이 있었던 것 같다. 유례없는 풍작으로 감자와 고구마도 고방에 넉넉하고 시금치, 들깨, 고소, 무, 배추도 밭에 가득하다. 이제는 서리가 오기 전까지 고추를 따서 말리고, 겨울 김장채소가 잘 자랐으면 하는 마음이다.

백장 스님은 '일일부작一日不作이면 일일불식一日不食'이라고 했다. 농부의 수고로움에 한층 더 다가선 계기가 되어 자칫 시은施恩만 짓고 살아가는 생활에 뿌듯함이 함께 해서 참 좋다. 바구니에 야채를 가득 담고 극락전 계단을 내려서니 공양주 행자님이 하단 마지를 올리러 간다. 법당에서는 독경소리가 들려오고 공양간 굴뚝에서는 높고 푸른 하늘로 연기가 피어오른다. 저녁을 맞는 도량의 훈훈함으로 마음이 뿌듯해진다. 나비처럼 나부끼는 장삼자락 사이로 북소리가 새어 나오고 대종소리가 법계에 울려 퍼지면 하루의 일상을 부처님께 조아리고 저녁 입선죽비와 함께 피곤함을 뒤로 하고 치문을 펼친다.

"불수학不修學이면 무이성無以成이니라."

그러나 풀리는 눈꺼풀만큼 글 읽는 소리도 작아진다. 입선 게송 후 윗반스님의 논강이 끝나면 여기저기서 다시 글 읽는 소리가 들리지만 울력으로 피곤한 원두스님들은 방선죽비만 기다린다. 삼경 종소리에 대방 불이 꺼지고 스님네들은 또 다른 세계로 향해 저마다의 가슴을 연다. 뒤뜰 대숲 사이로 지나가는 바람소리와 쪽문으로 새어드는 달빛이 가부좌를 틀고 앉은 윗반스님 곁으로 살포시 내려앉는다. 반쯤 뜬 눈으로 단전에 힘을 모으니 안에서 울리는 나지막한 소리.

'관세음보살, 관세음보살, 관세음보살.'

일미칠근一米七斤의 교훈

○ 글 _ 효은(1996, 12호)

●   벌써 계절은 추위를 몰고 와서 끝을 알린다. 사집은 미운 사집이 된다는 엄포 아닌 엄포를 들은 것이 엊그제 같았는데 한 철밖에 남지 않은 뒤를 돌아보게 된다. 청암사에서는 학인들 자치활동으로 교도소법회와 불우청소년 장학금 전달 및 불우이웃돕기의 금강회, 휴일에 적정다원을 운영한 수익금으로 운영하는 어린이법회, 김천시내에 불서를 보급하는 목적의 불서보급회가 있다.

    사집반이 윗반들로부터 이어받아 일 년 동안 맡게 되는 불서보급회, 그 운영자금을 모으는 일이 반스님들에게는 적지 않은 고민이 되었다. 윗반스님의 조언과 여러 번의 반모임 끝에 학업과 병행하면서 수업에 지장을 주지 않고 스님들에게 가장 필요한 것을 만든다는 데 의견을 모아 벨트와 겉조끼, 바랑 등을 만들기로 하였다. 일부 몇몇 스님들은 조심스럽게 탁발을 해 보자고 하였지만 탁발은 조계종 종법에서도 금지하는 것이어서 무척 조심스러웠고 많은 기대도 하지 않았다. 뜻밖에 어른스님께서 잘해 보라는 당부의 말씀과 함께 허락해 주셔서 그 기쁨이 너무 커 도량을 떠들썩하게 할 수도 있었지만 반스님들이 얼마나 조심하였는지 대중스님들은 알지 못했으리라.

어른스님께서 대중스님들에게 알리고, 일반인들이 좋은 이미지를 가질 수 있도록 여법하게 하라는 말씀과 시주의 은혜가 얼마나 귀하고 무서운 것인가에 대해서도 말씀하셨다. 그 가르침을 새기면서 반스님들은 신심이 저절로 나서 힘든 것도 잊어버리고 탁발의 취지를 알리는 안내판, 날짜와 시간, 장소 선정, 발우, 목탁 등의 세부안을 계획하고 준비하기 시작했다.

드디어 출발! 준비물을 점검하고 확인하여 비구니 구족계를 받으러 가는 화엄반 스님들과 같이 버스에 올랐다. 탁발 장소가 부산 국제시장이라 통도사로 가는 화엄반 스님들과 동행을 하게 되었다. 하늘은 푸름으로 더욱 높고 산천은 행로를 환희로 맞아주는 듯하였다. 어느덧 국제시장과 가까운 용두산 공원에 도착! 여법하게 장삼을 수하고 발우와 청암지를 들고 부처님께 뜻 깊은 하루가 되기를 염하며 반야심경을 독송하였다. 공원 앞에 모여 계신 할머니, 할아버지들의 의아해 하시는 눈빛이 나에게만 쏟아지는 것 같아 되돌아가고 싶다는 생각이 가득했지만 이 또한 수행이라는 생각에 한 발 한 발 시장으로 향했다. 석가모니불 정근을 하면서.

주위의 시선은 우리에게만 모이고 텅 빈 발우를 든 우리는 가지가지 생각을 어찌할 수 없어 소리 높여 석가모니불 독송을 하였다. 그 10여 분이 왜 그리도 길었는지. 망상도 잠깐 목탁소리와 정근소리에 놀라 기웃거리던 시장 사람들은 색다른 우리의 탁발 모습에 환희심이 절로 나는 듯 보시하기 시작했다. 지금도 가만히 탁발하던 모습을 생각하면 가슴이 뜨거워진다.

용두산 공원에서 국제시장으로 들어가기 전 육교에서 허리가 구부정한 할머니를 만나게 되었다. 당신도 지탱하기 힘든 몸임에도 불구하고 허리가 땅에 닿을 듯 일일이 스님들을 보며 간절히 합장으로 인사하시던 모습은 너무나 거룩하고 가슴 뭉클하여 영원히 잊을 수 없을 것이다. 그날 끝까지 정진할 수 있게 했던 힘을 할머니에게 먼저 얻었다 해도 과언이 아니다.

간절히 합장하시던 할머니의 모습을 가슴 가득히 품고 상가를 돌기 시작했다. 청암사에서 왔다는 말에 멀리서 왔다며 반가워해 주시고 목마를 텐데 음료수라도 한 잔 하라며 권해 주시던 분, 어떤 분은 당신들 가게 앞을 지나가지 않았다며 항의를 하는 바람에 다시 돌아서 가게를 지나는 그런 일이 한두 번이 아니었다. 상가 주인들을 쫓아다니면서 스님들에게 시주하라며 길을 안내해 주시던 보살님, 스님다운 스님을 본다며 거리낌 없이 시주금을 내시던 어떤 처사님, 멀리서 목탁 소리를 듣고 뛰어와 말없이 스님들에게 목도리를 꼭 쥐어주고 달아나듯 도망가신 분 등 많은 사람들이 그 냥 지나치지 않고 관심을 보여주셨다.

몇 시간을 걷지 않았는데도 아스팔트라서 그런지 다리도 아프고 많은 분들의 호응에 신심이 절로 나서 더 크게 정근을 한 덕분에 목도 아프고 오직 쉬고 싶다는 생각뿐이었다. 그러나 다닥다닥 붙어서 장사하는 골목에 들어서니 손바닥만한 보자기 위에 몇 안 되는 채소, 조그마한 바구니에 담겨 있는 과일과 생선 몇 마리…

이런 난전이 수없이 이어지는 그 긴 시장터에서 멀리서 목탁소리가 나는데도 일찌감치 일어나서 구겨진 지폐를 정성스럽게 흙이 묻었을까, 생선 비린내가 묻었을까, 손바닥으로 문지르고 또 문질러서 합장을 하고 서 계시는 것이 아닌가.

탁발 행렬이 그 앞을 지나칠 때마다 보살님들은 "시님예, 수고하십니더예." 하며 적은 돈이라 부끄럽다며 얼른 발우 위에 올려놓고는 스님들이 다 지나가도록 서서 석가모니불 정근을 하시는 그 마음이 너무나 간절했다.

아침부터 나와 저녁 늦도록 비가 오나 눈이 오나 하루 종일 벌어도 몇 천원 되지 않을 이분들의 시주는 천근만근의 무게로 쥐고 있는 발우를 눌러왔다. 눈 주위가 벌겋게 달아오르면서 눈물이 핑 돌았다. 어느덧 저녁 햇살이 짧게 내려앉고 있었다.

함께한 분들의 간절한 정성과 신심을 뒤로 한 채 우린 아쉬움을 남기고 되돌아왔다. 버스가 대기하고 있는 용두산 공원을 오르는 계단은 왜 그리도 멀고 힘들었는지 부처님만이 아시리라! 아마 우리의 수행도 그러하리라! 가사 한 벌, 발우 한 벌로 멀고도 험한 길을 걸어다니시며 교화하셨던 거룩하신 부처님과 무겁고 무거운 시은을 베푸신 그분들의 경건한 마음을 한 순간도 잊지 않고 쉼 없이 정진해야 하리라.

반신반의하며 어줍지 않은 모습으로 시작한 첫걸음이었지만 부처님 당시의 제자가 된 듯 당당한 모습으로 돌아올 수 있었던 건 아마도 국제시장 골목에서 수행의 끈을 놓지 않고 살아가는 그분들의 신심이 아니었을까? 다시 한 번 감사드리며 소원하시는 모든 일이 이루어지길 부처님께 발원해 본다.

나무 석가모니불, 나무 석가모니불, 나무 시아본사 석가모니불!

원주 일기

○ 글 _ 묘진(1997, 14호)

x월 x일

봄철 원주소임을 자원한다고 말씀드렸더니 개학하던 날 은사스님께서 말씀하셨다. "정직하게 열심히 잘 살아라. 공양물이 안 들어오는 것은 원주가 덕이 없음이요, 신심 없이 살기 때문이다." 하시며 걱정을 하셨다. 이른 새벽 도량석 목탁소리. '오늘은 무슨 찬을 맛있게 해서 대중스님네 맛있게 잡숫게 하고 열심히 공부할 수 있게 할까?' 오직 이것이 일념화두가 되고 말았다.

하루하루가 쏜살같이 지나가서 방학을 했고 '부처님 오신 날' 큰 명절이 왔다. 강주스님께선 제등행렬에 참가하기 위해 대중과 함께 나가시고 강사스님께선 "시장 다녀와서 김치 담가라." 하시고는 출타하셨다. 우리 원주·별좌는 부지런히 김치 담글 준비를 했고 행자님의 도움을 받아서 나름대로 열심히 실력 발휘를 해 가며 '맛있어라 사바하'를 염하며 두 독이나 되는 김치를 담가놓고 뿌듯한 마음으로 잠을 청했다.

상쾌한 아침, 밖에는 빗소리가 들리고 인터폰이 울린다. 강사스님이셨다. "김치 담그는 데 풀은 끓여 넣었느냐?"고 물으신다. 큰일이다. 우리는 쌀가루 풀은 생각도 안 했다. '두 독이나 되는 저 김치가 망쳐졌으면 어쩌지, 하루가 지나서 간이 돼 있을 텐데.' 우리 원주·별좌는 눈앞이 캄캄해지며 정신이 없었다. 김치 한 그릇을 떠가지고 스님께로 갔다. "응. 잘 했어. 그런데 풀을 끓여 넣어야 돼요. 그래야 김치가 맛있게 간이 배고 야채가 절여지지 않아서 맛이 있는 거예요. 지금이라도 국물을 떠서 쌀가루 넣고 끓여서 차게 식혀서 부어요." 자상하게 말씀해 주시는 강사스님이 얼마나 고마웠는지 안도의 숨을 쉬며 우린 분주히 쌀가루를 찾아서 풀을 끓이면서도 걱정이 한보따리였다.

드디어 사월초파일인데 어른스님께선 두부 넣고 된장찌개를 끓이라고 하신다. 그러나 우리 원주·별좌는 된장찌개 안 끓였으면 하는 마음이다(물김치 안 잡수시면 어쩌나 해서). 공양은 시작되었고 물김치에 온통 신경이 가는 것은 말할 것도 없다. 난 식당으로 들어서서 "보살님들, 물김치 맛있죠? 많이 드세요." 하니까 "스님 맛있어요. 많이 주세요." 한다. 우리의 걱정과는 달리 된장찌개, 물김치 두 가지 다 맛있게 잘 잡수셨다. 물김치는 김치 통으로 하나, 대중이 한 번 먹을 만큼 적당히 남았다. 우리 원주·별좌는 두 손을 모았다. "조왕님 고맙습니다. 김치 망치지 않게 해 주시고 공양주 스님 밥 맛있게 짓게 해 주셔서 고맙습니다."

x월 x일

고요한 도량 곳곳에 학인스님들의 책 읽는 소리가 낭랑히 들려온다. 두 분 어른스님은 출타 중이시고 오랜만에 여유롭게 앉아서 차를 마셔본다. 내일 모레면 개학날. 어느새 많은 날들이 지나가 소임이 끝날 때가 되었다. 참으로 분주한 날들이었는데, 오늘은 햇볕이 따갑다. 오후엔 김장독 정리를 해야겠다.

"별좌스님, 우리 오후에 행자님 데리고 장독 정리 좀 합시다."

오후가 되어 우리는 광에서 독을 들어내어 수각(물가)에 죽 늘어놓고 행자님들에게 할 일을 정해 주고는 채공간으로 잠시 들어가면서 "행자님, 독은 그냥 두세요. 만지지 말아요."라고 말했다.

그러나 잠시 후, 아니 이럴 수가!!! 청암사 재산목록에 들어가는 귀한 항아리가 깨진 것이다. 그것도 어른스님께서 가장 아끼는 무공해 질그릇 항아리! 행자님을 쳐다보니 다친 데는 없었지만 단지를 예쁘게 깨뜨려 놓고 그냥 보고만 있다. "별좌스님, 행자님 좀 봐요. 항아리 깨뜨렸어요. 별좌스님이 닦으라고 했어요?" "아니요. 우리가 닦는다고 그냥 두라고 했는데… 이제까지 항아리 닦는 일은 누구 시키지 않고 우리가 했잖아요."

깨진 항아리를 쳐다보는 천사표 별좌스님. 이럴 때는 천사표가 소용이 없는가 보다. 착한 별좌스님도 무척 화가 나고 말았으니까. 고민에 싸였다. 어떻게 처리할까? 접시 한 개도 안 깨고 한 철 살았는데… 어른스님께서 계시면 차라리 마음이 편안하겠는데 그날 저녁 별식으로 해먹은 김밥도 우리는 아무 맛을 느낄 수가 없었다.

x월 x일

개학날이 되었다. 대중스님들이 하나 둘 오기 시작했고 드디어 누군가 어른스님께서 오셨다고 했다. 마침 예쁜 떡이 공양 들어와서 그것을 가지고 우리 원주·별좌는 가슴을 졸이며 어른스님께 인사를 올렸다. 스님 안 계신 동안 일을 저질렀다는 말씀만 드렸는데, "왜 항아리 깼어?" 하시는 것이 아닌가. "그것도 구하기 힘든 질그릇 항아리예요. 아주 큰 것은 아니고요, 저… 중간 항아리요." 몰래 스님 얼굴을 살폈다. "왜 그랬어?" "저기요. 저~ 행자님이 그만 실수로…. 스님, 아까워서 어떡해요." 할 수 없다고 말씀하시나 무척 아까워하시는 모습이다.

그때 얼른 별좌스님이 나섰다. "저… 스님, 내년에 동문회에 올 때 항아리 사가지고 올게요." 나도 얼른 거들었다. "스님 저희들이 일 년 동안 용돈을 아끼고 아껴서 내년 가을 동문회에 올 때 항아리 사가지고 트럭에 싣고 청암사에 올게요."

순간 두 분 어른스님은 기막힌 듯이 웃으신다. 우리가 드린 말씀에 화도 못 내시고 예쁘게 봐주신 것 같다. 웃으실 때를 놓치지 않고 얼른 "스님, 행자님 야단치지 마세요. 저희가 눈물이 뚝뚝 떨어지게 야단쳤어요. 야단치지 말아 주세요, 꼭요."

원주실에 오니 행자님이 기가 죽어 있는 얼굴이다. 행자님은 항아리 일로 미리 겁먹고 야단맞을 준비를 하고 있는 듯했다. "행자님, 어른스님께 인사드리고 와요. 크게 야단치시지 않을 거예요. 겁먹지 말고 어서 가 봐요."

행자님을 보내놓고 우리는 약속이나 한 것처럼 합장을 했다. "우리는 빚쟁이에요. 하하하." 별좌스님은 나더러 좋아하는 여산다원 커피 값 아껴서 저축하라고 한다. "그럼 우리, 커피는 어른스님 방에 가서 원두로 얻어 마실까요?" 우리는 기분 좋게 한바탕 웃었다. 회향을 잘하는 것일까? 내일이면 이 방에서 모든 일을 놓은 채 나가야 되는데….

영원히 잊히지 않을 물김치 담그던 일. 질그릇 항아리 사건, 모든 일이 추억으로 남아서 우리를 즐겁게 할 것이다. 언제나 무엇이든 해 드리면 '맛있네, 잘 먹었네, 고맙네.' 하시면서 맛있게 잡수어 주시던 두 분 어른스님께 삼배 올리며 공양간까지 오셔서 응원해 주신 은사스님께 두 손 모아 삼배 올린다.

1부 슬기로운 강원생활

가을 단상

○ 글 _ 정견(1997, 15호)

●   낙엽 물들이기에 한창인 청암의 가을, 솜처럼 하얀 구름이 양떼처럼 지나가고 금빛으로 단장한 또 다른 구름은 소처럼 한가하게 청암사 법당 앞마당을 들렀다 간다. '청암사의 가을은 오는 듯하면 벌써 겨울의 문턱'이라는 말을 절감케 하듯 갑자기 쌀쌀한 날씨에 대중스님들은 감기로 무척 고생하고 있다. 엊그제 입학한 것 같은데 어느새 세 철이 지나버렸다. 이렇듯 하루 이틀이 지나 강원 4년도 또한 쉽게 지나가지 않을까 걱정이 앞선다.

이번 철은 시작과 함께 울력이 잦았다. 가을인 만큼 거두어들일 것이 많을 뿐만 아니라 겨우살이 준비도 조금씩 하고, 스님들과 같이 불령산을 의지해 살고 있는 모든 동식물들도 겨울맞이를

좌충우돌 수행 이야기

위해 분주한 준비를 시작한다. 청설모들은 스님들이 미처 따지 못한 잣송이를 나르느라 가족들이 온 산을 뛰어다니고 아직까지 보금자리를 찾지 못한 뱀도 추위에 못 이겨서인지 더욱 빠르게 몸을 숨기는 모습도 간간이 볼 수 있다.

약삭빠른 다람쥐가 스님들이 애써 씻어 햇볕에 펴놓은 잣을 눈치껏 물어 나르며 뛰는 모습이 스님들의 웃음을 자아내게 만들고, 고추가 얼마나 많이 열렸는지 거의 모든 가지가 무게를 지탱할 수 없을 만큼 휘어져 누워 있을 정도다. 봄방학 소임으로 남은 반스님들이 고추모종 때 '무병과 자손창성'을 염원한 공덕으로 수확을 많이 올렸다며 윗반 스님들께 자랑들이다.

높디높게 달려 있는 잣은 거의 3~4년 만에 엄청난 결실을 맺었고 대중스님들 잣 울력이 있는 날이면 반스님들의 단합된 모습을 여기저기서 볼 수 있다. 한구석에서는 망치로 잣송이를 두드려 일그러뜨리고, 옆에 있던 스님이 그것을 받아 꼭꼭 밟는다. 그 다음에 구멍이 성성한 큰 소쿠리에 잣을 넣고 알맹이가 잘 나오도록 흔들어서 잣을 물로 씻는 스님께 주는 그 신속한 손길이 풍성한 가을걷이에 신바람이 나서 즐거워한다.

누군가 "아마 우리 치문반 스님들은 전생에 개미의 무리가 아니었을까?" 하며 은근히 반자랑을 하기도 하고, 잣에서 나는 향을 맡으며 일하는 스님들의 미소는 계곡을 타고 내려온 정갈한 가을바람소리와 함께 피로를 잊게 했다. 또한 첫 철은 모든 일이 어설프고 서투르기만 했고 둘째 철이 지나고 셋째 철의 중턱에 접어들고 보니 시간이 그냥 흐른 것이 아님을 느낄 수 있었다. 오랜 세월 속에서 잘 물든 옥 빛깔의 그윽한 찻잔과 같은 푸근한 마음으로 서로를 이해할 수 있었고 잔잔함 속에 남모를 아픔도 있었다. 서로 탁마하던 스님들이 병고로 한 철 또는 20일 휴가를 내었고 그때마다 아무런 힘이 되어 줄 수 없었던 것이 안타까웠다. 아직도 떠나가던 스님들의 뒷모습이 뻥 뚫린 마음에 쌀쌀한 가을바람으로 자리 잡고 있다. 입선시간에 경상을 들이면 치문반만 비좁다는 생각이 들었던 그 자리가 이젠 휑한 적막감까지 감돈다.

아주 혹독한 추위 속에서 피어나는 매화의 향만이 극치를 이루는 것과 같이 이 아픔 뒤에 성숙한 수행으로서 우리 반이 있지 않을까 위안을 삼아본다. 비가 내린 뒤 가을이 더욱 깊어진 듯하다. 낙엽은 무엇이 그리 바쁜지 잎사귀를 떨어뜨리기 시작하고 더없이 푸른 청암의 가을은 깊어만 간다. 소중하기만 한 시간을 함부로 할 수 없기에 부지런히 정진에 몰두하리라 다짐한다. 육화료에서 들려오는 경 읽는 소리가 온 도량에 청아하게 울려 퍼진다.

떴다!
청암 승가 사십화엄

○ 글 _ 혜담 (1997, 15호)

● 녹음이 우거진 6월 중순, 산사의 그윽함이 주는 특유의 빛과 어른스님께서 직접 달여 주신 제호미醍醐味라 이름한 차 맛이 사십화엄경 전산화 작업에 돌입하려는 우리의 굳은 의지와 한 데 어우러졌다. 어른스님께선 은해사 승가대학원에서 작업 중인 불설 전산화를 보시고 이 전산화된 불설이 현대문명에 어떻게 영향을 끼치는가에 대한 의견을 나누신 후 전산화의 필요성을 공감하시고 깊은 관심을 보이셨다.

우리 청암 학인들도 일익을 담당하자는 뜻이 모아졌고 어른스님의 인솔 아래 10여 명의 학인스님들이 구성이 되었다. 대부분 컴퓨터에 문외한이어서 컴퓨터 교육을 받으면서 사십화엄경 입력 작업을 시작하기로 결정하고는 화엄의 바다를 향한 먼 항해의 돛을 올렸다.

청암에서 시작한 사십화엄의 전산화는 그동안 무관심하였던 정보화의 절실함과 어려움, 그 가치를 몸소 느낄 수 있는 좋은 계기가 되었고, 무방비 상태에서 물질문명의 이기를 관념으로만 배척하려 하고 시대가 요구하는 효율성을 방편으로 활용하지 못하지 않았나 생각되었다.

우리들은 『화엄경』을 한 글자씩 입력하면서 감히 팔만대장경을 전각하시던 옛 선지식의 깊은 신심과 인욕바라밀을 느낄 수 있었다. 쉼 없이 순간에 충실했지만 그 무엇 하나 옛 분들의 대원력으로 행하신 철저한 숨결에는 미칠 수가 없었다. 세계 최초를 자랑하는 인쇄문화도 그 시대에 부처님 말씀을 살아 있게 함이었으며, 이 시대 때늦은 전산화 작업 또한 여기 우리와 함께 하는 모든 이들과 불설을 공유하려는 작지만 중요한 울림인 것이다.

돌이켜 입력 작업을 떠올려 보니 '컴퓨터를 다루는 미숙함이 얼마나 많은 시간을 요구했나.' 하는 아쉬움을 남겼다. 한역 경전의 음(音)을 한글로 입력하는 과정에서는 오타를 찍기 일쑤였고 특히 무더위가 계속되는 날씨 탓인지 한참동안 입력삼매에 빠져 그만 저장을 잊고 작업을 하노라면 정전은 검정색의 마구니 모습인 양 입력한 글씨를 모두 삼켜 버리곤 했다. "아!" 하는 당황의 소리에 컴퓨터실을 지나가던 스님들이 "컴퓨터로 게임을 하느라 재미있는 모양이야." 하는 말은 작업하는 스님들의 마음에 허탈함을 더해주기도 했다.

드디어 더딘 손가락으로 어렵게 한글입력을 마치고 '한자 바꾸기' 입력 작업을 하게 되었을 때 승가학회 시샵이신 용학 스님과 원창 스님이 편집방법을 지도해 주셨다. 매우 간단한 것 같았으나 미숙한 솜씨가 속속 드러나 빨리 끝날 것이라는 예상은 빗나가고 말았다. 팔만대장경을 전각하시는 옛 스님들의 모습을 아련히 떠올리면서 꿈속에서도 한자 바꾸기를 무수히 했다.

한 글자씩 정성을 기울여 어느덧 한자 입력을 완료하니, 한 달 동안의 입력정진은 무경험으로 인한 여러 가지 힘들었던 점을 뒤로 하고 작은 자신감으로 자리했다.

촉사면장觸事面墻이라고 했던가? 마지막으로 교정 작업이 기다리고 있었다. 반복되는 교정 작업에 원본과 교정본을 바꾸어 보는 실수와 한 자 한 자 맞추다 항을 잃어버리기도 수차례, 과연 교정은 상당한 시간과 많은 인력을 필요로 했다. 우리는 끝으로 10차 교정을 여러 스님들의 도움으로 원만히 마무리하였고 드디어 파일을 정리하여 pc 통신에 문을 두드렸다. 평소에 어렵던 통신이 그날은 쉽게 접속이 되었고, 하이텔-나우누리-승가학회로 가는 pc 통신에 '청암 승가 사십화엄'이 등록되었다. 함께 하던 스님들의 표정은 평소에 묵연하던 위의를 잠시 잊은 채 "떴다, 떴다!" 하며 기쁨의 탄성으로 컴퓨터실은 온통 환희심으로 가득 찼다.

또한 등록되어 있는 여러 스님의 끊임없는 법보시의 결정체인 전산화된 경전을 보며 우리의 작은 경험으로 미루어 근념하신 모습을 떠올릴 수 있었다. 한편 전산화 작업을 통해 물질문명의 결정체인 컴퓨터라는 그 방편의 도구에 얽매여 본래의 추구할 바 가치를 잃지 않아야 함을 느꼈다. "물질과 현실은 영원히 존재하지 않으며 공평하게 생각하여야 한다."고 하신 부처님의 말씀을 되새기며, 전산화의 정보를 통해 그 진리의 말씀을 배우고, 실천의 행으로 회향함이 옳을 것이다.

청암에 오는 사람들은 산사의 고요함과 고즈넉하고 아름다운 육화료의 자태를 사뭇 화제로 삼는데, 사실 그 평온함은 외형에서 뿐만이 아니라, 어른스님의 탁월한 대중외호와 자율적인 화합정신으로 정진하는 대중스님과 어른스님의 부동의 원력이 어우러져 있기 때문이 아닐까 한다. 그리하여 사십화엄경 전산화 작업 또한 시작할 수 있었고 여러 가지 힘든 상황에서도 원만히 회향을 할 수 있었으리라.

무더위 속에 시작한 전산화 작업이 끝날 때를 즈음하여 어느덧 곳곳에 무정설법을 펼치고 있는 가을을 맞이하게 되었다. 해마다 맞는 가을이지만 청암에서 '사십화엄경 전산화' 결실을 맺게 된 올 가을은 더욱 새로운 빛으로 다가왔다. 우리의 작은 이룸이 정보매체로 교체되어 시대에 걸맞게 적시적소에서 활용되어지길 희망해 본다.

●

소중한 인연들

○ 글 _ 지명(1998, 19호)

●   어느 날이던가, 무심코 길 가던 내 앞에 나뭇잎 하나가 홍조 띤 새색시마냥 살포시 내려앉더니 지금은 너도나도 각자의 색으로 물들이기가 바쁘게 떨어진다. 그 낙엽 사이를 헤치고 열심히 상수리를 주워 모으는 다람쥐들, 그 모습이 마냥 귀엽기만 하다. 유난히 길었고, 천둥번개를 동반한 게릴라성 장마로 곳곳에서 수해 침몰 지역이 많았던 올여름, 자원봉사자의 손길이 필요하다고 연일 매스컴에서 봉사의 손길을 요청한다.

IMF시대라 다들 어렵다고 하지만 이웃이 어려울 때면 조그마한 도움이라도 주고자 너도 나도 구호물품을 들고 오는 사람도 있고 직접 발 벗고 나서서 수해를 극복해가는 우리의 따뜻한 이웃들이 있기에 세상은 그래도 아름답다고 하는가 보다.

자원봉사는 자발성·무보수성·지속성이 필수 요소다. 말 그대로 스스로 마음을 내어야 하고 조그마한 이익도 원치 않는 무보수여야 하며 하루로 끝나지 않는 지속적이어야 한다. 지난 여름방학, 학인 자원봉사단체 금강회원인 나는 20여 명 남짓한 인원과 함께 수원에 있는 자재정사에 봉사활동을 간 일이 있다. 방학인데도 은사스님께 먼저 인사드리지 못하고 자원봉사 간다는 말씀에 "가서 힘닿는 대로 열심히 봉사하고 오거라." 흔쾌히 허락하셔서 가벼운 마음으로 1박2일 일정으로 떠났다.

도착 즉시 바랑을 내려놓기가 바쁘게 가지고 간 울력복을 갈아입고 그 곳 총무스님의 간단한 말씀을 들은 뒤 각자 맡은 구역으로 가서 행동 개시. 대교·사교반 스님들은 오랜만에 별식을 만들어 먹자는 총무스님의 말씀에 저녁 수제비 준비를 하고 사집반과 치문반 스님들은 거동이 불편하신 분들 목욕시켜 드리고, 방과 복도를 쓸고 닦고, 목욕탕도 세제로 빡빡… 모두들 기뻐하시는 표정을 보고 우리 또한 힘든 줄 모르고 즐겁기만 했다.

자재정사는 묘법연화경기도를 하는 도량으로 노스님이 열두어 분 정도, 노보살님이 50여 분. 상근봉사자들을 포함한 대중이 모두 70여 명이 된다고 한다. 몸이 불편한 중에도 여러 대중을 살피시느라 여념이 없으신 주지스님, 각자의 모든 일을 직접 주관하시며 뛰시는 총무스님은 수좌생활을 하시다가 "어찌 시주의 은혜만

축낼 수 있겠는가." 하며 보살행을 하신 지가 10여 년이 된다고 누군가가 귀띔해 준다. 자신을 철저히 버리는 희생정신이 아니고서야 어찌 이 어려운 일을 할 수 있었겠는가?

예불시간이면 법당을 가거나 각자의 방에서 법당을 향해 기도하시는 분, 밭에 나가 채마밭을 가꾸며 소일하시는 분, 한쪽 눈이 불편해 잘 못 본다고 같이 손잡고 나와 걸레를 빨고 가시는 분들의 모습이 미소를 머금게 했다. 또 한편의 간병실에는 삶과의 이별을 준비하며 누워 계시는 분, '일생一生이 수유須臾'라 했던가?

이튿날, 새벽예불을 마치고 청소하는 동안 상반스님들이 엊저녁 늦게까지 준비한 녹두죽을 아침공양으로 올리니 모두들 맛있다고 두어 번씩 오신다. 준비해 갔던 공양물로 아침 간식까지 해 드리고 나오려니 총무스님이 너무 고맙다며 손수 밭에서 따서 삶은 옥수수를 싸 주셨고, 우리 일행은 아쉬운 발걸음을 돌렸다.

돌아오는 길에 이러한 복을 지을 수 있게 도와주신 여러 인연들과 항상 청소년포교, 노인복지, 맹인복지 등 여러 가지로 힘쓰시는 은사스님께 감사와 존경하는 마음을 가져본다.

身必有終하리니 後身이 何乎아 莫速急乎며 莫速急乎인저.
금생의 몸은 반드시 마침이 있음이니 후생의 몸은 어찌하리오.
어찌 급하고 급하지 않겠는가.

청산아, 날더러
어쩌란 말이냐

○ 글_ 성오 (2001, 29호)

● 　　　　청암사에 첫발을 디딘 날, 포장되지 않은 구불구
불한 흙길을 따라 걷는데 계곡의 물 흐르는 소리가 들린다. 일주
문, 사천왕문을 지나면서 물소리는 더욱 커지고 보기에도 장엄한
푸른 바위[靑巖]들 사이로 얼음장을 깨고 흘러내리는 투명한 물빛
이 힘차 보인다. 어찌 세진世塵을 씻어내지 않을 수 있으리오. 사방
을 둘러본다. 산지형 가람배치로 이루어진 천년고찰 청암사.

　　고악아암高嶽峩巖은 지인소거智人所居요,
　　벽송심곡碧松深谷은 행자소서行者所捿니라.

〈발심수행장〉의 한 구절을 떠올려본다. 수행도량으로서의 청정 기운이 온몸을 휩싸고 도는데 말로써 무슨 설명이 더 필요하리오. 극락교 옆 돌확에 고인 물에 비치는 하늘 그림자를 들여다본다. 눈을 들어보니 정법루의 사방으로 터진 열린 공간이 한 눈에 들어온다. 진영각과 육화료의 세월의 때가 깊숙이 배어 있는 나무기둥과 흰 회벽의 고옥古屋은 마치 어느 정갈한 선비의 집에 들어선 듯 고매한 학풍의 기운이 감돈다.

더욱 중요한 것은 도를 이룬 어느 수행자의 고요한 눈 푸름을 대하는 듯한 보기 드문 4층 석탑과 대웅전의 빛바랜 단청은 한동안 나의 시선을 꼼짝 못하게 묶어둔다. 아, 나는 이제부터 4년 동안 이 청정도량에서 나의 길을 찾아야 할 것이다.

드러누운 시신마저도 일으켜야 된다는 대중울력. 첫 번째 작업은 눈 치우기. 예불 도중 내려 쌓인 눈은 순식간에 우리의 시야를 백색세계로 만들어 버렸다. 다음날의 땔감 수송 울력은 그야말로 장관이었다. 전 대중이 비탈진 산길에 한 줄로 늘어서서 릴레이로 옮기기 시작한 땔감은 어느새 육화료 공양간 한 쪽 벽면에 차곡차곡 처마 밑까지 쌓아올려져 하나의 예술작품을 만들었다.

이틀 동안의 울력으로 인해 우리의 몸은 파김치가 되어 꿀잠에 들 수 있었고 여기저기서 콜록거리는 기침소리만이 추녀 끝 풍경 소리와 함께 한밤을 지샜을 것이다.

흔히 강원을 중물 들이는 곳이라 한다. 출가하기 이전까지 익혀져 있고 배어 있던 세속적 생활습관과 사고 등을 과감히 버리고 승僧으로서의 위의를 갖추기 위한 수련기간이 바로 강원생활이다. 그 4년 중 가장 힘들다는 치문반 첫 철이 차지하는 의미는 사뭇 크단다. 더구나 본의 아니게 백씨가 되어버린 나의 입장은 더더욱 마음이 편치 못하다. 다행스럽게도 너그러우신 선배스님들, 좋은 도반스님들을 만난 덕분으로 별 탈 없이 20여 일을 넘기고 있다.

그동안 당황스러웠던 일화 한 토막.

"성오 스님, 말하려거든 안으로 들어와서 하는 겁니다. 그렇게

좌충우돌 수행 이야기

방문 밖에서 하는 게 아니에요." 딴엔 단전에 힘을 주고 합장한 채 어렵사리 여쭙는 말에 들려오는 윗반 스님의 말씀이다. "예." 하고 물러난다. "스님, 여쭐 게 있는데요." 하면서 한 발을 들여놓자 "스님, 할 말이 있으면 밖에서 하는 겁니다. 그렇게 들어오지 마세요." 한다. 다시 "예." 하며 합장하고 물러나온다. '날더러 어쩌란 말이냐. 청산아! 날더러 어쩌란 말이냐.'

사시예불이 끝나면 대중스님들은 모두 차수에 안행雁行으로 도량을 가르며 대방으로 향한다. 대방에는 이미 발 빠른 정통 소임 스님들이 공양 준비 중이므로 우리는 햇살 가득한 툇마루에서 장삼과 만의를 벗는다. "치문반 스님들! 왜 마루에서 장삼을 벗어요? 안에 들어가서 벗으세요." "예" 하고 벗다 만 장삼자락을 추켜들며 방 안에 들어와 벗는다. "치문반 스님, 이 시간에는 밖에서 벗고 들어와야지 공양 준비 중인데 여기서 벗으면 어떡합니까?" 또 "예" 한다. '우리더러 어쩌란 말이냐, 청산아! 어쩌란 말이냐, 어쩌란 말이냐.'

모두 제 잘난 맛에 살다 온 사람들, 살아온 세월의 중량만큼 덕지덕지 묻혀온 세속의 때를 하루속히 벗겨내야 하는 작업의 방편으로 우리가 윗반스님들께 할 수 있는 대답은 선택의 여지없이 오로지 "예, 아니요"뿐인 것이다. 이러는 가운데 자연스럽게 승僧으로서 절대적으로 갖추어야 할 하심下心이라는 천연염색[緇]이 잘 되어간다는 것이다. 하심下心을 명심銘心하리라.

해인에서 청암까지의
실크로드

○ 글 _ 일우(2001, 30호)

●   "나는 산에서 도전과 좌절을 배운다." 찻잔을 준
비하던 도반스님이 문득 말을 던졌다. "그때 그 산행 생각나?"

해인사에서 청암사까지 우린 그렇게도 산을 타고 싶어 했다. 산
을 아주 잘 타는 비구스님들도 8시간이 넘는 그 산행을 겁 없이
감행할 수 있었던 건 지리산을 몇 번 탔던 튼튼한 두 다리와 '우리
라고 못하랴, 내 해인에서 청암까지 그 실크로드의 첫 주자가 되리
라.' 하는 배짱 덕분이었다.

겨울 방학의 마지막 날, 삼선암에서 일박하고 날이 채 밝기도 전
에 김에 밥을 싸서 산을 오르기 시작했다. 가야 숲길을 걷는 우리
의 힘찬 발걸음은 개선장군보다 더 당당했고 '정월에 이 정도 추위

야 내 뜨거운 콧김으로 녹이리라.' 하며 우린 호기만만하게 연화봉을 향했다. 초행의 산길, 사전지식이라곤 '가고자 하는 자에겐 길이 있나니' 하는 마음 하나로 한 시간쯤 오르다가 중턱에서 산山처사님이 가르쳐준 '등산로 아님' 길로 들어섰다. '아, 이것이 웬 말인가.' 바위를 다 얼어붙게 한 눈들, 길이라고 알아볼 수 있었던 것은 큰 장정의 발자국 하나. 우린 "수도암으로 간 스님일 거야." 하며 눈 위를 기다시피 걸어 발자국만을 찾았다. 한참을 산등성을 타고 오다가 훤히 트인 갈대밭에 들어서서 뒤로 돌아본 순간 그 거대한 가야산의 연화봉이 우뚝 솟아 있는 모습이 한눈에 들어왔다. 막 피려 하는 연꽃 모양의 산을 보며 감탄사를 연발했다.

갈대밭 길을 가다 나온 갈림길. 어라? 이 일을 어찌할 건가. 서로 옥신각신하다가 도반스님이 손바닥에 침 튀기기를 했으나 침이 얼굴로만 튀었고, 다음은 털신을 공중에 던졌다가 떨어지는 쪽으로 가고자 했으나 우리가 왔던 길로만 떨어졌다. 그러나 되돌아 갈 수는 없었다. 최후의 수단으로 500원짜리 동전 던지기. 숫자와 새 중 결국 새가 나왔고 어느 시인의 '가지 않은 길'에 대한 미련 같은 아쉬움을 뒤로 하고, 우린 동전의 행운만을 믿고 그 길을 갈 수밖에 없었다.

연화봉에서 멀어진 만큼 수도암에 가까워질 것이라는 단순한 생각 하나만으로 점점 무게가 느껴지는 걸망을 추슬렀다. 허허 갈대밭을 휘감고 불어오는 정월의 세찬 바람에 볼이며 귀가 시려왔다. 우리는 목도리로 눈만 빼꼼히 내놓고 얼굴을 완전무장하곤 서로가 마주 보고 웃으며 '수도암의 촛대봉이 보이는 그날까지 걷고 또 걸으리라'고 하며 앞으로 나아갔다. 눈길에 미끄러져 털신이 자꾸만 벗겨지고 바랑의 가사장삼은 왜 그리 무거운지 우린 조금씩 지쳐갔다.

허기를 채우려 1인분도 안 되는 김밥을 같이 먹던 도반스님이 갑자기 신음하며 얼굴을 찡그렸다. 돌을 씹었나 했더니 우물쭈물 입 안에서 꺼낸 것은 어렵사리 씌운 금이빨이었다. 엿 먹다 틀니 빠진 사람은 보았어도 김밥 먹다 금이빨 빠진 사람은 처음 보아서인지 웃음을 참을 수 없었다. 그래도 맛있다고 남은 김밥을 씹지도 않고 꿀꺽 삼킨 도반스님, 덕분에 우린 배가 더 고팠다.

또 얼마나 걸었을까? 우리가 연화봉 주위를 빙빙 돌고 있는 건지 걸어도 걸어도 연화봉은 아까 그 자리인 것 같았다. 이젠 등산객이 나뭇가지에 매어 놓은 리본도 없고 눈 덮인 산길 그 하나 있던 발자국마저 없었다. 무작정 나뭇가지 사이를 헤집고 앞으로 나아갔다. 일곱 시간을 넘게 걷고 있었으나, 춥고 다리 아픈 것보다도 길을 잃어버렸다는 생각에 마음이 더욱 급했다.

다리를 재촉해 길을 찾아 내려오다 들에서 일하는 촌로가 있어 물어보니 "여기는 개금 마을이고 수도암까지 가려면 6시간이 걸린다."고 한다. 1시가 넘은 시간이어서 산을 타고 가다가는 산중에서 해가 떨어질 것 같았다. 어쩔 수 없이 수도산 산행을 포기하고 개

좌충우돌 수행 이야기

금에서 용바위 고개를 넘어 황점리로 내려갔다. 황점리가 증산면
에 속해 있어 금방 청암사에 도착할 수 있을 것 같았다.

우린 배고픔에 후들거리는 다리를 이끌고 걸식을 마음먹었다.
2500년 전 부처님과 그 제자들의 발우를 든 장엄하고도 아름다운
모습은 아니지만 출가하여 처음으로 부끄러움 없이 한 걸식이었다.
이 집 저 집 기웃거리며 동정을 살피다가 한 보살님을 보자 우린
부끄러움도 없이 "보살님, 배고픈데 밥 좀 주세요." 하며 큰소리로
이구동창 하였다. 식은 밥에 김치밖에 없다면 미안해하던 보살님
은 우리가 방에 들어가 기다리자 호박부침에 김이 모락모락 나는

새 밥을 아들을 시켜 차리게 했다.

나이 많은 아들이 우리를 위해 그 많은 반찬과 밥을 지어준 것이 좀 미안했지만 염치 불구하고 속가 부모님의 정성이 담긴 것 같은 따뜻한 밥을 게 눈 감추듯 먹어버리고 마당에 서서 감사의 축원을 했고 도반스님은 목에 걸고 있던 108염주를 보살님께 드렸다. 황점리에서 청암사까지 아직 머나먼 길이 남아 있지만 사람의 정을 가득 먹은 우리는 다리에 힘이 붙어 산행 처음보다 더욱 경쾌한 걸음으로 나아갔다.

어둠이 가시지 않은 새벽 산을 오르고 땅거미가 내리는 저녁 무렵 길을 잘못 들어 중도에 하산한 우리지만 이번 산행은 그 어떤 산행보다 힘든 만큼 참으로 뿌듯했다. 사람들은 등산이 우리네 인생과 같다고들 한다. 산 밑에서 정상을 볼 때 그 끝이 멀고 아득하게만 느껴지지만 힘든 발걸음을 한 발 한 발 나아가다 보면 우린 정상에 도착한다. 한 걸음이 쌓아올린 정상에서 우린 무엇을 발견하는 것일까? 그리고 하산의 또 다른 의미는 무엇일까? 일 년이 지난 지금 '해인에서 청암까지의 산행'을 다시 시도해 보진 않았지만 산이 깊고 험한 만큼 우리가 느끼는 행복은 더욱 깊었다. 그 산행 도중 좋은 사람의 말없는 사랑을 받게 되면 더욱 기쁘고 그 기쁨만큼 다음에 내가 누군가에게 베풀 수 있는 연緣을 만들 수 있지 않을까? 쓰러져가는 남별당 뜨락에서 금이빨을 새로 한 그때 그 도반스님과 옛 산행을 얘기하며 찻물이 끓기를 기다린다.

좌충우돌 수행 이야기

따듯한 겨울나기를 위해

○ 글 _ 법 성 (2001, 32호)

●   긴 겨울의 시작입니다. 김장도 되어 있고 문틈으로 들어오는 황소바람을 막을 문풍지도 발라져 있고, 남은 건 우리들의 따뜻한 마음. 너무 막연한가요? 저도 무엇이 따뜻한 마음인지 잘 모르겠습니다. 입으로야 따뜻한 마음이 어쩌구 저쩌구 하지만 실제 제 마음은 얼음보다 더 차갑습니다. 부처님 뵙기 죄송하네요.

안녕하십니까? 전화상으로 큰스님들 뵙는다고는 말씀드렸는데, 휴가를 어떻게 보냈는지 궁금해 하실까 봐 보고서로 늦은 인사를 올립니다. 휴가는 5박 6일이었고요. 다섯 명이 함께 했습니다. 첫날은 지리산 영원사에 가서 만두공양을 해 드렸습니다. 저희들이 작년 가을 휴가 때 말 빚 진 게 있었거든요. 주지스님께서 노스님이셨는데 참 좋아하셨습니다. 꾸밈없고 욕심 없이 사시는 모습이 저희들에게 친근하게 느껴졌습니다.

둘째 날은 은해사 기기암에 계시는 노장님을 뵈었는데 화두를 왜 들어야 하는지, 그리고 수좌로서 이 공부를 하려면 3년, 10년… 이렇게 시간을 정해 놓고는 아예 시작하지 말라고 말씀하시더군요. 엄청 뜨끔했습니다. 아직 저에게는 화두에 대한 믿음이 부족한 모양입니다.

셋째 날, 경주 남산을 타고 함월사에 계신 우룡 스님을 뵈었습니다. 남산 곳곳의 부처님과 만나면서 느꼈던 편안함이 어른스님을 만나면서도 이어졌습니다. 졸업한 뒤 기도나 참선이나 한 3년 하고 나서 경을 다시 보라고 하시더군요. 그래야 강원에서 지나쳤던 부처님 말씀이 자기 것이 된다고요. 또 부탁하시기를 어느 자리에서든 공부할 것, 꼭 앉아서만 공부하는 것이 아니라 어느 위치나 상황에서든 공부할 수 있는 자세가 되어야 한다고요. 그렇지만, 결코 티내지 말고 공부하라고… 옛 어른스님들 열반하시는 모습을 말씀하실 땐 저도 그냥 눈물이 나더이다. 인사드리고 나와 차 안에서 한 스님이 눈물을 흘리는 바람에 다들 코끝이 찡했습니다.

넷째 날은 봉화 축서사로 갔는데, 어른스님께서 그러시더군요. "변에서도 중 냄새가 나야 한다"고. 할 말이 없었습니다. 중물도 안 든, 공부라는 것을 제대로 해 보지도 못한 놈들이 무작정 앉아 있

좌충우돌 수행 이야기

기에는 죄송하더이다. 멀뚱멀뚱 앉아 있는데 한 스님이 "화두를 타러 왔습니다." 하니까 화두에 대해 간절히 말씀해 주셨습니다. 저희들이야 궁금한 게 많지만 미처 여쭙지도 못하고 어른스님 눈빛만 보다가 나왔습니다.

다섯째 날, 부산 부전시장에서 2시간 정도 탁발을 했습니다. 반야심경을 시작으로 관음정근을 하며 시장 골목을 지나가는데 한두 분씩 발우에 보시를 하시더군요. 얼굴 들기도 쑥스럽고, 꼭 이렇게 해야 하나, 더욱 미안한 건, 하루 종일 시장에서 일하시는 분들에게 괜히 폐만 되는 것이 아닌가 싶었습니다. 그러나 꼬깃꼬깃 접혀져 있는 천 원짜리가 할머니, 아주머니의 마디진 손에 의해 발우에 담겨질 때의 그 아름다운 마음을 느끼면서 '쓸데없는 걱정을 했구나.' 하는 생각이 들었습니다.

지하상가에 들어갔을 때는 한 집 한 집 해탈주를 치고 다녔는데 다른 종교인이라 말씀하시는 분들도 계시고, 주인이 없는 집도 있었지만 어찌 됐든 저희들이 시작할 때 어떤 일이 생겨도 한 집 한 집 경을 다 읽어주고 나오자고 했기 때문에 쉬이 순응할 수 있었습니다. 그런데 경비원 아저씨가 와서는 소리소리 지르며 저희들을 때리기라도 할 듯 사납게 대할 때는 돌아 나올 수밖에 없었습니다.

하지만 다시 시장골목으로 들어가서 정근을 하며 탁발을 했습니다. 사람들이 살아가는 냄새를 맡으며, 제 자신이 부끄럽고, 백원짜리 동전 하나, 천 원짜리 한 장이 얼마나 소중하고 고마운 것인지 새삼 마음 속 깊이 느꼈습니다. 부처님께서 걸식하셨을 때의 그 마음을 조금이나마 알 수 있었던 기회였습니다.

가장 인상에 남는 건 시장에서 살아가는 삶의 모습들, 저희들을 따라 골목골목 성경을 들고 쫓아다니던 아저씨, 장사하시는 아주머니의 거칠고 마디진 두툼한 손, 그리고 엎드려 수레를 끌고 다니던 아저씨였는데 스피커에선 '나무아미타불 관세음보살'의 염불소리가 나오고 있었습니다. 그 아저씨를 지나치는 순간 미안한 마음도 들고, '내가 과연 그 아저씨나 다른 구걸하는 이들과 무엇이 다를까?' 하는 생각이 들었습니다. 언뜻 그들과는 다르다는 저의 오만함이 올라왔지만, 결국 또 하나의 분별이라는 생각에 어리적은 마음을 접었습니다. 나도 분명 거지인데….

탁발을 마치고 물어물어 홍제사에 도착했습니다. 마침 혜국 스님께서 홍제사에 계셔서 흥분된 마음으로 인사를 드렸습니다. 간단히 차를 주시더군요. 법문 테이프에서 듣던 그 목소리 그대로라서 얼마나 신기하던지. 가사 장삼에서 비린내가 나서 죄송한 마음에 탁발을 하고 왔다 하니까 스님의 탁발하셨던 이야기를 해 주셨습니다. 예불 드리고 나와서 탁발한 돈을 세어 봤는데 삼십이만 이천사백 원. 많지요? 이 돈은 생명나눔실천회에 보내졌습니다. 서로들 뿌듯해 했고 '이차인연공덕으로 모두 성불하여 지이다.'라고 마음속으로 축원했습니다.

마지막 날, 아침공양을 하고 쭈뼛쭈뼛 스님께 갔습니다. 다들 전

좌충우돌 수행 이야기

날보다 자연스럽긴 해도 어려워서 말도 못하고 있는데, 스님께서 "중은 혼자인 것을 즐길 줄 알아야 한다며 전세부터 몇 생을 공부하려는 한을 못 풀었으니 그 한을 잘 풀어보라."고 하시더군요. 초하루 법문 듣고 점심 공양 하고 스님께 인사드리러 가서 스님 좋아하시는 게 뭐냐고 여쭈었더니 너희들 공부 잘 하는 거라고 하시더이다. "공부 잘 하겠습니다." 하고 청암사로 돌아왔습니다.

하루하루 긴 여행이었습니다. 생생히 기억되는 어른스님들의 눈빛, 어느 순간 문득 그분들의 말씀이 튀어나올 것만 같습니다. 이 겨울, 그분들의 말씀을 먹이 삼아 시장 아주머니들 따뜻한 기운을 온기 삼아 더없이 행복할 수 있을 것 같습니다. 그럼에도 불구하고 아직도 제가 느끼는 공허함은 무엇인지…청암사를 떠나는 날, 저희 걸망 속엔 무엇이 담겨 있을는지. 조용히 눈을 감고 기다려 봅니다. 스님 옆에서 눈 덮인 지리산을 바라볼 그날까지 조심하시고 건강하십시오. 법성 삼가 절하옵니다.

길청소를 나가며

○ 글_ 명연(2002. 34호)

●   계곡으로 흐르는 물소리가 더 푸르고 경쾌해진 청암사는 바야흐로 초여름입니다. 나무들에서 내려앉은 녹음의 장광이 저만큼 온 더위를 쉬어가게 합니다. 청암사의 자락을 잡고 툭 펼쳐 버리면 나직나직한 학인부처님들의 경 읽는 소리가 가득히 시방을 메웁니다. 오늘은 5월의 마지막 일요일입니다. 도량 내로 들어오는 입구까지 길청소를 나가는 날입니다. 찰중스님의 지도하에 오후 4시까지 한 반이 모여서 잘 묶인 대나무 빗자루 하나씩 들고 사천왕을 지나 일주문 아래로 청소를 나갑니다.

     쓰레기 분리수거를 위해 자원하는 두 스님은 반 스님들에게 언제나 선우善友입니다. 치문 처음에 길청소를 나갔을 때는 서툴러서

무척이나 고생을 했었습니다. 반 스님들이 "거기 명연 스님, 나비 잡습니까?" 했을 정도였으니 말입니다. 그런 중에도 일 잘하는 스님들이 있어 잘 가르쳐 주고 길을 터 줘서 이제 1년이 지남에 즐거운 마음으로 길청소를 나갈 수 있게 되었습니다. 모두가 탁마하여 준 도반들의 은공입니다.

"삭~사악~삭."

비질소리에 길도 깨끗해지고 마음도 깨끗해집니다. 계곡물이 흐르는 사이로 못 보던 하얀 꽃이 눈에 들어오자 어느 스님이 옆의 스님에게 묻습니다. "스님, 저 꽃 좀 보세요. 처음 보는데 이름이 뭐예요?" 그러자 나이가 제일 많은 백씨스님이 "산중 사람은 산동백이라고 하고 시인들은 산다화라고 하지요." 합니다. 우린 그 흰 산동백처럼 함박 웃었습니다. 날마다 바라보아도 그리운 산을 보게 되고 언제나 홀로 한가로이 산중에 살아 산과 더불어 기쁘고 행복함에 다시 한 번 웃었습니다.

정해진 구역까지 청소가 끝나고 찰중스님이 공양하신 아이스크림을 먹고 올라오는 길에는 스님들마다 집에서 살았던 애기로 정성스럽습니다. 지리산 작은 절에 사는 스님의 새벽예불 이야기, 농사 이야기, 고로쇠나무 이야기, 은사스님 시봉 이야기 등 우리들을 지리산의 신비로움으로 몰고 갑니다. 겨울철에는 큰 가마솥에 불 지펴 공양 짓고 사시에 남은 밥을 뚜껑 있는 그릇에 담아 솥에 그대로 중탕하여 두고 시래기나 그 외의 소찬도 솥 한 옆에 준비해 두어서 저녁 공양 때 따로 불 지피거나 공력을 들이지 않고 그대로 내어다가 공양한다 하니 어른스님의 자상하신 가르침 아래에 익어져가는 모습들이 역력히 전해져옵니다.

가야산 절의 어떤 스님은 해마다 도토리 줍기가 일이라고 합니다. 연로하신 은사스님께서도 손수 주우시고 잘 말려서 껍질을 깨어내고는 갈아서 가루를 내고 또 물에 우려내서 묵을 쑤어서는 귀한 손님 대접과 제사 때 쓰신다 하니 참으로 지극한 정성이 하나하나 배어 있음을 느낍니다. 저녁 공양시간에 맞추어 돌아오니 해 저묾이 땅으로 옵니다. 육화료 앞의 불두화가 푸른 잎만 무성히 남기고 지더니 앞산의 그림자가 길어지고 우리들의 경상 위에는 대혜보각 선사의 서장書狀이 펼쳐집니다.

●

큰방에 앉아서

○ 글 _ 선명(2002, 34호)

●　　　　　　멀리 있던 산들이 어느새 한 뼘 두 뼘 커져 짙푸
른 녹음이 가까이 버티고 서 있다. 따사로운 햇살은 울창한 나뭇잎
에 가려 틈새로 비집고 들어오려고 안간힘을 쓰는 듯 나뭇잎과 씨
름하고 있다. 메아리쳐 들려오는 뻐꾸기 울음은 한가로운 한나절
여름을 벌써 불러들였고 이름 모를 새 한 마리가 대자연의 산수화
한 폭에 낙관을 찍고 허공으로 날아가 버렸다. 큰 방에 앉아 멀리
날아간 새의 뒤를 쫓아보지만 자취는 보이지 않고 푸른 물이 금방
이라도 뚝뚝 떨어질 듯 하늘은 청량하다.

　출가 전 절에 자주 갔었다. 어느 날 우연히 큰방이라는 데를 들
어가 볼 기회가 있었다. 늘 듣던 큰스님 법문의 법상을 그날은 날

씨 관계로 큰방에다 마련한 덕분이었다. 큰방을 말로만 들었지 정작 처음 들어가 보았을 때 나는 우선 그토록 큰 그 방의 위용에 질려버렸다. 지금 생각해도 그날 큰스님의 법문 내용이 무엇이었는지는 기억이 없다.

그러나 출입하는 방문이 한 쪽에 일곱 칸씩 해서 양쪽으로 열네 칸이었다는 것. 신도를 2백여 명 앉히고도 윗목의 법상은 법상대로 넉넉하게 놓였다는 것. 출입문들의 문지방 위로는 하얀 종이로 도배가 된 작은 시렁이 가늘고 길게 이어져 있었는데 흰 수건으로 싸맨 발우들이 가지런하고 정갈하게 얹혀 있던 것이 매우 인상적으로 남아 있었다.

스님들께 큰방의 생활을 물으니, 그저 스님네가 많으니 생활을 위해서 그렇게 된 것 아니겠느냐고만 했다. 덤으로 들은 이야기는 큰방 앞은 수행처인 만큼 함부로 지나치지 말 것이며 반드시 고개를 숙인 후 합장을 해서 예를 표하고 지나가라는 것 등이었다. 혼자서만 궁금증을 가지고 있던 중 우연히 친구가 선물한 책에 『화두와 큰방 정신』이라는 제목을 발견했는데, 그 속에는 내심 궁금하게 여겼던 여러 가지가 촛불처럼 확실하게 설명되어져 있었다.

절집의 큰방은 단지 많은 대중을 쉽게 수용하기 위한 생활상의 편리만을 위한 공간이 아니었다. 유교도 천주교도 그리고 어느 우수한 종교에서도 전혀 상상하지 못한 불교만의 특별한 것이 바로 절집에서 큰방으로 상징된다고 적혀 있었다.

현실적으로 깊은 산 속에 들어와서 머리 깎고 먹물 옷 입은 스님네가 자기 자신과 마주앉아 깊은 내면으로 파고들면서 자기와 우주를 한꺼번에 비쳐내고자 안간힘을 쓸 때, 그 수행자의 길은 끝까지 행주좌와行住坐臥 어묵동정語默動靜을 벗어나지 않는다고 했다. 행주좌와가 육신의 살림이면 어묵동정은 정신의 살림인데 수행자의 일거수일투족은 행주좌와에 묶이는 것이고 말을 하든 안 하든, 한 생각을 일으키든 안 일으키든 어묵동정은 벗어날 수가 없다는 것이었다. 한 생각을 일으키면 동動, 일으킨 생각을 쉬면 정靜이란다.

그런데 절집의 큰방이 바로 이 수행을 상징적으로 보여준다는 것이었다. 먹고 자고 정진하고 사중에 무슨 일이 있으면 온 대중이 모두 모여서 공사를 열어 의견을 내고 경책하고 참회하고 탁마하면서 부처님이 가신 길을 따라가는 것이 불교라면, 큰방은 그 모든 의미와 뜻을 간단하게 수용하면서 일상생활로 소화하는 장소라는 것이다. 그래서 큰방에서는 잡담이 금지되고 비스듬하게 눕는 것과 어지러운 장난이 금지된다. 또 큰방에 들어서는 사람이면 누구나 합장을 하면서 발을 들이는 것은 큰방은 장차 부처님이 나오실 방이기 때문이다. 요컨대 도道를 판단하는 판도방判道房이라는 이야기였다.

지금의 나는, 큰방 앞을 지나갈 때마다 고개 숙여 합장을 하고 지나가고 스님의 특별한 허락 없이는 감히 문턱도 넘을 수 없어서 존경과 선망으로나 큰방을 우러르던 지난날의 내가 아니다. 비록 초년짜리 학인이요, 강원의 끝둥이 치문반이기는 하지만 당당히 승가의 일원으로 큰방을 무시로 드나드는 대중의 대열에 내가 서 있다.

1년간의 행자생활 끝에 수계를 받았고 청암사에 방부절차를 밟고 비로소 학인의 자격으로 큰방에 들어서던 때의 감회를 잊을 수가 없다. 설렘과 두려움으로 가슴은 끝없이 콩당거렸고 근엄하게 앉으신 어른스님들과 선배스님들의 시선들이 의식되면서 숨이 막힐 것 같던 위압감도 이제는 줄어들었고, 하루 이틀 지나는 사이에 어렵기만 하던 큰방생활에도 차츰 익숙해져 가고 있다.

지금 같은 반 스님이 양손에 청소도구를 들고 문턱을 넘으면서 누구라고 할 것 없이 정중히 고개를 숙이고 큰방에 들어선다. 입선을 마치고 두런두런 청소 채비를 하는 스님들을 보면서 문득 이 스님들이 부처님 후보생이라 생각하니 절로절로 신심이 난다. 더욱이 녹음으로 나날이 짙어져가는 청암사의 풍경은 하루하루 감탄을 자아낸다. 이 도량에서 4년간 가슴 벅차오를 생각을 하니 부처님의 은혜가 한량없음을 헤아리며 이 모든 것을 대중스님이 생활하는 큰방과 함께 함을 알기에, 큰방에 앉아 있을 때마다 가슴 설레고 이 순간 큰방에 앉아 있는 내 모습 또한 대견하고 다행스럽다.

앞산에서 골안개가 서서히 걷히고 있다. 아, 좋다. 참말 좋다.

●

직세와 찍세

○ 글 _ 도진(2003, 39호)

●

　'…위중생작무고爲衆生作務故로 유직세有直歲하고…'
　…대중스님들을 위하여 사무를 보는 까닭에 직세가 있고…

　치문반 때 장로자각 선사의 귀경문을 볼 때만 해도, 저런 구절
이 전혀 눈에 들어오지 않았었다. 듣도 보도 못한 직세直歲라는 소
임이 우리 강원에 생긴 것은 순전히 태풍 루사 덕분(?)이다. 작년
가을 청암사와 불령산 일대를 휩쓸고 간 태풍 루사로 인해 도량 곳
곳은 복구의 손길이 미쳐야 했고, 공사와 관련하여 직세 소임도
새로이 생기게 되었다.

경상 앞에만 앉아 있으면 주리를 틀던 나에게 도량 곳곳을 뛰어다니며 살피는 소임이 안성맞춤이란 걸 어른스님께서도 아셨는지, 나에게 직세 소임을 맡기셨고, 지금까지도 이어져 오고 있다. 본사에서도 사찰의 보수, 건축과 관련된 일들을 많이 해 왔던지라 내 체질에는 이보다 더 알맞은 소임이 없다고 생각했지만, 행여나 일을 그르치면 어쩔까 하는 걱정도 가득했다. 그런 걱정도 기우杞憂였는지 난 처사님들과 호흡을 맞추며 최선을 다해 현장 감각을 익

혔고, 이번 기회에 우리 청암사가 한층 정비된 도량으로 거듭나는 데 자그마한 도움이라도 되어야겠다는 각오로 임하였다.

호사다마好事多魔라고 했던가. 사소한 부주의로 내 발목을 다친 적도 있었고, 가끔 뜻하지 않게 일이 잘 풀리지 않는 경우도 있었지만 현장에서 뛰며 배우는 점들도 많았다. 한번은 이런 일이 있었다. 일하는 처사님들 중에 어떤 분이 물었다.

"스님, 청암사에 찍세라는 스님이 있다 하던데 누구신가요? 왜 절에도 찍세가 필요한가요? 스님들도 바깥의 구두닦이처럼 고무신 찍어 와서 닦아주는 소임이 있나 보죠?"

맙소사! 직세를 사회에서 구두닦이 밑에 일하는 찍세(구두 찍어 오는 사람)로 연상하였나 보다. 난 한수 더 떠서 대답했다.

"사회에선 찍세가 구두만 찍어 오지만, 절집에선 찍세가 대중스님들 심부름은 뭐든 기꺼이 다 찍어 온답니다."라고 말을 마치자 푸하하 연신 웃어대며 현장은 모처럼 웃음바다가 되었다.

또 한 가지, 나한테서 늘 풍기는 '쉰 옥수수 냄새'가 직세 소임으로 인해 면죄부를 받았다고나 할까? 평소에도 잘 씻지 않는 편이지만, 직세 소임을 맡고부터는 하루 종일 땀에 절은 옷도 채 안 갈아입고 문수실 이부자리로 들어간 적이 많은지라, 그때마다 한결같이 도반스님들은 이 말을 놓치지 않는다.

"오늘도 변함없이 옥수수 쉰 냄새를 풍기네요. 스님은 그 냄새가 매력이에요."

이 냄새를 싫어하지 않고, 있는 그대로의 나를 받아들여주는 도반들이 그저 고맙기만 하다. 무더운 여름날에도 늘 시원한 음료수며 공양물들을 챙겨다 주는 도반들이 있었기에 무사히 소임을 잘 살 수 있었고, 어른스님들의 자상하신 배려 또한 나에게는 든든한 힘이 되었다.

벌써 1년이란 세월이 흘렀다. 그동안 내게도 참으로 많은 변화가 있었다. 도량 곳곳이 예사로 보이지 않고, 내 손길이 닿았던 곳, 또 앞으로 닿아야 할 곳들을 각별한 관심을 갖고 보게 되었으며 전기며 수도, 차단기 등등 모든 곳들이 내가 살펴야 하는 대상물이 된 것이다. 아직도 청암사는 많은 보수와 불사가 기다리고 있다. 내가 이 강원에 몸담고 있는 동안은 계속 직세 소임에 충실하면서 도량 정비꾼으로 활동하리라…. 오늘도 청암 찍세가 되어 도량 곳곳을 활개치고 다녀본다.

둘 아닌 한 모습

○ 글 _ 도훈 (2003, 40호)

●   앙상한 가지에 걸려 있는 잘 익은 감이 지나가는 이의 손길을 기다리는 듯, 하늘에 붉은 점을 찍으며 온 종일 서 있고, 겨울바람은 길 가던 나의 볼에 잠시 머문다. 차면서도 포근한 느낌. 유난히 추운 산사山寺의 겨울 시작이다.

이른 새벽 도량석 목탁소리에 자리를 접고 나오면 맑고 차가운 공기가 내 안에 들어와 생명들을 하나하나 깨워나가고, 불령佛靈의 맑은 샘물은 밤새 텁텁한 입안을 말끔하게 씻어준다. 법당의 촛불은 나의 마음을 그윽한 근본으로 이어주고, 어둠을 가르며 들려오는 목어와 운판, 북과 종소리는 온 우주의 만물만생을 성불의 길로 인도하고자 낮고도 힘차며 경건하게 울려 퍼진다. 하나도 빠짐

없이, 작디작은 한 생명조차도 어서어서 깨어나라고 깊은 무명의
진흙 속에 침잠하지 말고 활짝 열반의 연꽃 피우라고, 조용히 앉아
부처님과 마음속의 이야기를 나누고 난 뒤, 지극하게 예를 올린다.

지심귀명례至心歸命禮
지극한 마음으로 목숨을 다해 예를 드립니다.

지난 가을철은 특히 울력이 많았다. 잣 줍고 까고 씻어 말리기,
도토리 줍고 까고 갈아 체에 걸러 묵 쑤기, 산초 따기, 무 뽑기, 김
치 담그기 등등. 자연이 베푼 넉넉함을 주워 담기에 우리들은 늘

바빠야 했다. 몸이 바쁘고 힘든 만큼 그에 못지않은 수확도 많았다. 함께 한다는 것, 내가 아니라 우리라는 것, 무상으로 한없이 베푸는 자연의 자비로움, 마음을 다스리며 수행자의 길을 간다는 것이 입과 마음만으로는 절대 아니라는 것, 몸뚱이와 함께라는 것.

큰 울력도 거의 끝나갈 즈음, 일해 스님의 논어 특강이 약 2주간 있었다. 특강은 첫 시간부터 나의 귀를 솔깃하게 했다. 생전 관계없이 지낼 줄 알았던 공자님이 친근하게 다가왔고, 어렵게만 여겨졌던 선시들이 스님의 가르치심을 통해 깊고 그윽한 맛을 내며 나를 사로잡았다. 스님의 강의를 들으며 일상의 시비분별을 여읜 듯 마음이 한껏 푸근해졌다.

스님께서는 한산, 습득의 게송에 나오는 자형화紫荊花에 관한 이야기를 들려 주셨는데, "형과 동생이 함께 살다가 동생이 분가하게 되었는데, 동생이 생각하기를 분가할 때 자형화를 꼭 가져가야겠다고 하고, 형은 형대로 자형화만은 절대로 줄 수 없다고 생각하며, 둘 다 이러한 생각의 파장을 가지고 잠을 잘 수 없었어. 아침에 형제가 자형화를 보러 가니 말라 죽어 있었던 거야. 그래서 두 형제는 반성을 하며 마음을 고쳐먹었지. '우리는 같이 살아야지. 헤어져서는 안 되는구나.' 이제는 한 집에서 형은 동생을 자비로 거느리고, 동생은 형을 공경하며 살아야겠다고 마음을 먹은 뒤에 가서 보니 자형화가 다시 살아나 있었던 거야."

스님의 말씀을 듣는 순간, 탐진치에서 벗어나지 못한 이 오온이

뿜어내었을 좋지 못한 많은 파장을 생각하며 정신이 번쩍 났다. 대상과 경계를 대할 때마다, 아집과 독선으로 불거진 언행이 주위의 유정 무정을 얼마나 상하고 아프게 했을까?

몸뚱이와 얄팍한 마음이 하자는 대로 편안한 것 좋아하고, 힘든 것 싫어하며, 나와 너를 나누며 시비하던 일이 더할 수 없는 부끄러움으로 나를 붉게 물들였다. 삭발염의削髮染衣한 승僧의 모습에 담겨져야 할 내면의 살림살이가 어떠해야 할지 갑자기 남의 일처럼 막막해졌는데, 세상의 풀 한 포기, 물 한 방울이 나와 더불어 같은 공기를 마시며 같은 태양 아래 숨 쉬며 살아가는 내 모습이자 평등한 한 모습임을 느끼고 아는 것, 그것이 여기에서 사는 의미임을 스님은 이어서 일깨워 주셨다.

참으로 소중한 만남이었다. 그 만남이 있은 후, 나무가 새삼스레 눈에 들어왔다. 그저 그곳에 항상 있는 나무려니 하고 평소에는 지나쳤었는데, 갑자기 또 하나의 나로 다가오는 것이었다. 나무야! 작년의 그 엄청난 수해를 겪으면서도 본연의 자리를 지키고 우직하게 서 있었구나. 격한 빗줄기와 거센 물살, 천지를 뒤흔드는 굉음에 모든 혼란을 뭉뚱그려 더욱 깊게 뿌리 내리며, 말없는 가르침으로 이렇듯 가까이 있었구나. 만물 만생이 모두 스승이라! 눈시울이 뜨겁다. 길고도 쓰라린 세월을 품고 여기까지 왔을 우리. 내 안의 수많은 나와 밖에 벌어진 또 다른 나가 진정 둘 아닌 한 모습임을 마음으로 새기고 행으로 새겨 삶이 헛되지 않기를 뜨겁게 발원해 본다.

부처님과 하나 되어

○ 글 _ 성진(2004, 41호)

●   청암사와 인연을 맺던 날은 유난히 눈이 많이 내리던 해의 어느 날이었다. 떨리고 기대되는 가슴을 안고 아침에 눈을 뜨자마자 밖을 보았는데 온통 눈이었다. 공양을 마치고 어둠이 채 걷히지 않은 시간에 바랑을 메고 장비를 갖춘 후 출발했다. 차 운행이 불가능할 정도로 내린 눈 때문에 40분을 걸어내려 오면서 넘어질까 봐 계속 조심했는데 결국은 다 내려와서 바랑을 멘 채로 뒤로 넘어지고 말았다. 어찌나 창피하던지 아픈 것도 모르고 벌떡 일어났는데, 일어나면서 또 한 번 흔들거렸다. 5시간이 넘게 걸리는 길을 계속 관세음보살을 염하며 왔던 모습이 생생하다.

  어렵게 도착한 김천에서 택시를 타고 청암사 오는 길에 기사님은 뭐가 그리 궁금한지 열심히 물어대었고 나는 그저 묵묵부답으로 끊임없이 내리는 눈을 바라보며 열심히 관세음보살만 찾았다. 대답 없는 것이 무안해서인지 조용하다 싶더니 차의 흔들림이 이상했다. 백미러를 보니 기사님도 기도 중인지 눈을 감고 운전을 하는 것이 아닌가. 가슴이 철렁.

하여튼 우여곡절을 치른 후 출발한 청암의 생활. 돌아보면 시작 못지않게 일이 많았다. 크고 작은 부딪침, 그러면서도 서로서로를 챙겨주며 함께 살아가는 모습, 윗반 스님들의 배려와 걱정을 들으며 살았던 소임을 통해 조금씩 변해갔던 나. 치문 때 여름 수곽 소임 살 때의 일이 생각난다.

때는 정확히 법화경 7일 철야기도 중 밤 12시. 일명 귀신 잡는 조에 합류해 기도 중이었는데 그날은 비가 억수로 내렸다. 12시가 넘은 시간에 가사 장삼을 벗어 놓고 플래시를 들고 선열당 뒤 대나무 숲 뒤쪽 산으로 허겁지겁 올라갔다. 소임이 뭔지, 괜한 걱정에 혹시 물탱크가 잘못 되지 않았나 하는 생각에 급한 마음으로 갔었는데 일을 보고 내려오려는 찰나에 등골이 오싹하면서 머리카락이 곤두서는 느낌이 들었다. 순간 '대방광불화엄경 용수보살 약찬게'가 저절로 나왔다. '그래, 신장님이 계시는데 뭐가 걱정'하면서도 겁을 먹어 말도 못할 정도였다.

착 가라앉은 낮은 목소리에 떨림까지 섞어가며 정신없이 약찬게를 치면서 내려왔다. 그때 선열당에서 쉬고 있던 어느 스님. 밤 12

시가 넘은 시간에 비는 오는데 바로 뒤 대나무 숲에서 들리는 정체 모를 음산한 소리에 살그머니 문을 열고 "누~구~세~요?"

무서움에 대해 하나 더 생각나는 일이 있다. 본사에서 혼자 겪은 일이다. 새벽에 도량석을 마치고 법당에서 종송에 심취하여 신심 있게 하는데 어디선가 이상한 소리가 끼어들었다. 고양이 소리거니 하고 그냥 넘어가려는데 다시 어린아이 울음소리 같기도 한 것이 멀리서 들리더니 차츰차츰 커지며 가까워지는 느낌이 들어 종송 하던 걸 멈추고 귀를 기울이면 그 소리도 멈추는 것이었다. 작은 목소리로 종송을 하면 그 소리는 또 작게 들리며 점점 가까워지는 상황이었다.

어쩔 수 없는 심정으로 '에라 모르겠다. 고양이든 사람이든 귀신이든 지가 부처님 도량에서 날 어쩔 수 있겠어. 나는 삼계의 도사요, 사생의 자부여. 뭐든 제도해야 할 중생일 뿐인디 뭐.' 하고 더 큰소리로 종송에 열중했다. 발자국소리도 나지 않고 인기척도 느껴지지 않아 더욱 긴장했었는데 어느 순간 바로 뒤통수에서 흐흐~흑 하는 소리가 났다. 머리카락이 쭈뼛이 서는 느낌에 돌아볼 수도 없고 땀이 절로 나왔다.

'나무아미타불 관세음보살' 마음을 가라앉힌 뒤 일어나서 뒤를 돌아보니 젊은 여자 둘이 맨발로 울고 있는 것이 아닌가. 휴~우 그동안 조였던 마음이 순간에 풀어지면서 떨림이 가시지 않은 목소리로 정신없이 아침예불을 마쳤다. 그들은 예불하는 동안 넋 놓

좌충우돌 수행 이야기

고 앉아 있다가 예불이 다 끝난 후 절해도 되느냐고 물었다. 각각 앞에 염주를 주면서 "풀어질 때까지 하십시오." 하고 나왔다.

얼마의 시간이 지난 후 인기척이 나서 밖에 나와 봤더니 법당 계단을 내려오는 그들은 절을 얼마나 했는지 몸도 제대로 가누지 못해 겨우 걸음을 옮기고 있었다. 처음 절에 왔다고 하면서 죄송하다며 다음에 꼭 다시 인사드리겠다는 말을 하는 그들의 눈가에 눈물이 그득 고였다. 무슨 사연일까? 차마 묻지는 못하고 도망치듯 돌아서는 그들의 뒷모습을 보니 가슴이 아파왔다. 나는 그들의 모습이 보이지 않을 때까지 한 발짝도 떼지 않고 마냥 서 있었다. 그들이 내 시야에서 사라졌을 때, "부처님 고맙습니다. 부처님 감사합니다."라는 말이 절로 나오면서 눈가가 갑자기 달아올랐다.

부처님 법 만나 부처님의 제자로 살아가게 된 이 인연이 얼마나 감사한지… 만약 내가 부처님 법을 따르는 출가자가 아니었던들 그런 상황에서 혼자 견뎌내기 힘들었을 것이다. 부처님에 대한 신심과 신장님의 외호를 받고 있으므로 괜찮을 거라는 확고한 믿음 덕분에 두려움을 극복하고 끄떡없이 내 할 일을 해냈구나 하는 생각이 들었다. 부처님의 가피력과 팔부신장님의 가호력을 든든하게 입고 앞으로는 또 어떠한 일을 해내는 위력을 발휘할지? 어쨌든 부처님과 하나 되어 가는 이 길에 어떠한 고난과 시련이 닥칠지라도 흔들리지 않고 모든 것을 섭수하며 묵묵하게 가련다. 그 어떠한 삶이 있다 한들 이보다 가치 있고 이보다 더 아름다울 수 있으랴.

밥과의 전쟁

○ 글 _ 도명(2004, 42호)

"싸부, 가시면 언제 오세요?"

"언제 오기는요, 방학 끝나야 오지. 내가 시키는 대로만 하면 밥 잘 돼요. 잘 살아요."

이것은 내가 행자 생활을 시작한 지 4일째 아침의 광경이다. 그렇게 공양주 소임을 살던 싸부스님(청암사의 파수꾼 직세스님)은 밥하는 방법과 솥을 나에게 맡기고, 자기 본사로 가버렸다. 여태껏 살아오면서 내 입에 들어갈 밥도 해결 못하던 내가 서른 대중의 밥을 끼니때마다 어찌 해결을 한단 말인가. 괜스레 서러운 생각에 싸부 뒷모습을 보고 울던 생각이 난다.

좌충우돌 수행 이야기

그날 이후, 밥과의 전쟁 아닌 전쟁이 시작되었다. 서툰 조리질에 수첩에 눈금대로 물을 맞추고 싸부님 표현대로 부르르 끓고 나면 불을 낮추고 한 단계 더 낮추고 마지막에 뜸을 들이고 끼니때마다 얼마나 신경을 썼던지 정작 밥을 먹을 때면 긴장이 풀려서 두통에 시달려야 했다. 또 밤에는 매일 밥을 태우고 솥이 없어져서 온 도량을 찾아다니는 악몽을 꾸느라 밤낮으로 편안할 때가 없었다. 밥할 때 꼭 외워야 된다는 다라니는 중간 빼먹고 뒤에 빼먹고 솥뚜껑을 잡고 앞도 뒤도 맞지 않는 다라니를 얼마나 중얼거렸던가!

지성이면 감천이라. 그런 나를 조왕님께서 불쌍히 여기셨는지 한동안 별 탈 없이 세월은 흘러갔다. 밥하는 것이 손에 익어갈 즈음, 대형 사고를 쳤다. 그날은 찬밥을 볶아 먹느라 마지(부처님께 올리는 밥)만 하면 되는 때였다. 그런데 이상하게도 밥을 하는 내내 정체불명의 불안감이 날 괴롭히더니 솥뚜껑을 열고서야 그 이유를 알았다. 밥이 손 밑에 거의 깔려 있었다. 마지 올릴 시간은 다 되어가고 밥은 턱없이 부족해서 "부처님, 차라리 절 죽이세요, 죄송합니다."를 연발하며 솥을 긁다시피 하여 겨우 마지를 담았다.

대웅전 마지는 부족하나마 고봉으로 올리려 애를 썼지만, 그 외 대방과 다른 전각의 마지는 도저히…. 예불이 끝나고 아니나 다를까, 대방 부전스님이 마지를 들고 어이없는 표정으로 날 부르셨다. 예불을 하려고 뚜껑을 여니 김은 조금 나는데 밥이 보이지 않더란다. 불기 안을 들여다보니 웬 주먹밥이 하나 놓여 있던데 어찌된 일이냐고 물으셨다.

왜 우리 절 공양간에는 쥐구멍이 없는지… 있었으면 들어가서 꼭꼭 숨고 싶은 심정이었다. 내가 왜 그랬을까? 밥하는 것 익숙해졌다고 방심해서였다. 부처님께 죄송스러워 법당에 가서 참회를 하며 나 스스로 다짐했다. 다시는 자만하거나 안일하지 않겠노라고… 지금도 그때 생각을 하면 얼굴이 화끈거린다. 그 뒤로는 확인에 또 확인을 하는 습관이 몸에 붙게 되었다.

하지만 사고뭉치 공양간 행자인 나는 다른 일에서 또 사고를 쳤다. 공양간에서 맞이하는 첫 정기법회 날. 많은 신도님들에게 공양을 드리려면 가마솥 밥을 해야 했다. 방학 중이라 가마솥을 사용하지 않다가 난 그날 처음으로 아궁이에 밥 불을 지피게 되었는데 15분이면 김이 난다는 솥에서는 20분이 넘어도 김이 나질 않는 것이었다. 그때 난데없이 법당에서 예불하던 스님이 뛰어왔다. 밥 타는 냄새가 온 도량에 진동한다고… 이런 귀신 곡할 노릇이 있나. 방금 전까지 깜깜무소식이던 솥이 밥 타는 연기로 뒤덮이고 아궁이 불은 튀어나올 듯이 활활 타고 후원에서 원주·별좌스님이 뛰어와서 불을 빼고 왕소금을 뿌리고 솥 안에 신문지와 숯을 넣는 등 밥을 덜 태우기 위한 온갖 방법들이 순식간에 총동원되었다.

그때 난 넋이 나간 채 부지깽이를 들고 공양간 중앙에 우두커니 서 있었다. 스님들 드시는 공양을 태우는 것도 큰 죄가 되는데 한 두 되도 아니고 하필이면 정기법회 때 사고를 쳤으니 이 죄를 어찌

한담. 너무 암담해서 앞뒤 생각조차 할 수가 없었고 소임자 스님의 처벌만을 기다리고 있었는데 그 누구도 내게 심한 꾸지람은 하지 않았다. 도저히 알 수가 없었다. 가르쳐 준 대로 했는데 왜 그 지경이 됐는지? 나중에 알고 보니 이유는 바로 옆 솥에 설거지물을 끓이느라 불을 지폈기 때문이었다. 아궁이는 두 개였지만 뒤쪽이 연결되었던 터라 맞불을 지펴 불이 성이 난 거란다. 아무리 성이 나도 그렇지, 어찌 그리 순식간에 일이 벌어졌담.

돌이켜보니 내가 처음 가마솥 밥을 배울 적에 스님들이 나에게 일러준 말은 불을 지필 적에도 오직 대중을 생각하라는 것이었다. 쌀을 씻을 적에도 불을 지필 적에도 오직 이 공양을 맛나게 지어 공부하시는 스님들의 양약이 될 수 있도록 간절한 마음으로 지으라 하셨다. 그 말 한마디에 어찌나 신심이 나던지. 그 이후로 장작을 나르거나 산에 가서 갈비를 긁어 오더라도 그것은 대중을 외호하는 큰 힘으로 나에게 다가왔으니 나 스스로 신심행자라 부르며 열심히 살려고 노력했다.

인간은 망각의 동물이라 했던가. 하심하고 자만하지 않겠노라고 부처님께 맹세하던 신심행자는 어딜 가고 웬 사미니가 오늘도 밥을 먹으며 생각한다. 오늘은 뜸이 좀 덜 들었군. 죽 불이 좀 더 세야 하는데. 정작 소임 살러 들어가서는 부지깽이를 들고 사정하며 한바탕 전쟁을 치르면서도 매 끼니에 맞난 밥에 대한 시비는 줄어들지 않으니… 오늘도 어김없이 신심사미니의 밥과의 전쟁은 계속된다.

반찬 삼매

○ 글 _ 남오(2004, 43호)

●   일생을 살면서 누구에게나 몇 가지쯤 세월이 흘러도 잊혀지지 않는 일들이 있다. 내게는 이번 사집 여름철 법화경 7일 주야 특별 기도가 그랬다. 가만히 있어도 숨 막히게 더운 삼복의 날씨. 나무는 축 처지고 계곡의 물은 흐름을 멈춘 듯했다. 마을에서는 더위를 피해 피서를 가는데 그런 일들은 마음에 두지 않고 오직 기도에 정진하는 학인스님들의 모습이 거룩하고 존경스럽다.

    강원에 와서 화합과 대중을 위하는 마음을 배워가며, 보이고 들리고 만져지는 세계에서 벗어나 만져지지 않는 실상세계를 공부하는 부처님 품안에 내가 있음에 가슴속 깊이 거센 감동의 물결이 일렁인다. 7일 동안 시공을 초월한 기도소리는 청암의 온 도량을 덮고도 남았다. 더위보다 기도의 열기가 더 뜨거웠던 여름이었다. 청암의 어른스님을 비롯한 전 대중이 부처님 전에 서원을 세우고 『묘법연화경』 첫 장을 독송하기 시작한다.

불보살님의 가피와 고통 받는 중생을 남김없이 구제하겠다는 행원력으로 지극하고 간절한 마음으로 한 자 한 자 혼신을 다해 임한다. 지극하고 간절한 마음의 끝없는 정진 그리고 참회…, 너와 나를 잊은 하나 된 자리, 집착과 욕망에서 벗어나 감사와 하심과 참회의 마음자리로 들어간다.

매년 법화경 주야기도 때는 사집과에서 대중을 위해 반찬을 담당할 빛나는 특별 채공이 나온다. 탁월한 솜씨는 아니지만 밤낮으로 열심히 기도하는 대중스님들을 위해 4박 5일 맛난 반찬으로 힘을 보태주겠다고 도반들과 함께 신심을 내어 특별채공팀의 일원으로 용감하게 자원을 했다. 기도 기간이 다가올수록 날씨는 화탕지옥처럼 뜨거워지고, 내심 이런저런 핑계를 대며 자꾸 게을러지는데…, 흔들리는 마음으로 채공에 돌입, 기도하는 마음으로 반찬을 만들자 다짐을 해 보지만, 독수리 5형제가 아닌 채공 4명이 그 많은 일을 하기에는 많이 벅찼다.

공양시간 1시간 전 채공간은 전쟁터를 방불케 한다. 이리 뛰고 저리 뛰고, 더운 날씨에 비지땀을 흘려가면서도 대중스님들 잘 드시고 기도 잘하기를 바라는 마음으로 손과 발을 열심히 움직인다. 더위와 피곤함도 잊어버리고 오직 반찬에만 마음이 가 있으니 이

름하여 '반찬삼매'. 상채공스님의 양념 가져오라는 소리 "고추 다
져 주세요.", "오이 썰어 주세요." 등등의 주문에 맞추어 한참을 뛰
고 나면 어느새 시간은 훌쩍 다음 끼니를 준비할 시간이다.

　상채공스님, 말은 안 해도 힘이 드는지 공양도 제대로 못하고…
쯧쯧… 나를 비롯한 다른 채공스님들 발바닥에는 불이 나고 쑤시
고 땀을 많이 흘려 땀띠가 솟았다. 잠들기 전에는 내일 아침 찬거

좌충우돌 수행 이야기

리 생각으로 눈을 감았고, 온통 반찬 생각으로 꿈을 꾸었다. 그렇지만 나름대로 재미있고 신심 나는 시간이었다.

기도 틈틈이 쉬는 시간을 줄여 거리를 준비해 주는 우리 반 스님들의 따뜻한 마음도 만나볼 수 있었고, 무엇보다 변해가는 나 자신의 모습을 보면서 스승님의 가르침을 다시 한 번 떠올려 볼 수 있었다.

"중생은 허망한 육신을 아끼고 집착하지만 성인은 실상을 바로 보아 난인 난행으로 중생을 위해 행하신다. 농부가 봄부터 더운 여름날 땀 흘리며 힘들고 고되게 농사짓는 것은 양식을 만들기 위함이고, 수행자가 힘들고 고되지만 마음 농사를 짓는 것은 지혜 농사를 지어 허망하고 짧은 생보다 영원한 시간을 잘 살기 위함이다. 허망한 육신에 집착하여 편하고자 하는 어리석은 마음으로 살면 인생을 후회하게 된다."고 하시며 대중화합 잘하고 있는 듯 없는 듯 잘 살다 오라 당부하시던 말씀을 새기며 나의 부족함이 이 글을 쓰면서도 부끄럽고 죄송할 뿐이다.

'스승님! 열심히 살도록 노력하겠습니다.' 불령산 산자락을 넘어가는 기약 없는 구름에게 스승님 소식을 물어본다. 평안하시온지…. 시작도 끝도 없는 계곡의 물은 스승님 계신 곳에 가 닿을까? 형상도 없는 바람이 나뭇가지를 흔들듯 이타심을 가르치시는 스승님의 말씀인 듯 내 안의 나를 흔들어 깨운다. 어느덧 산 그림자 길게 드리우고, 마음은 그리움으로 또 다른 그림자를 만든다.

My duty is Buddha's attendent.

○ 글 _ 도현(2005, 45호)

● 봄철 대방소임공사 날. 겨우내 우여곡절 끝에 살았던 별좌 소임을 놓은 지 10초도 안 되어서 노전 소임을 들었다. 아이 머리만한 목탁을 치면서 대중 평안을 위해 기도한다는 것밖에 모른다. 근데 겁 없이 자원을 해 버린 것이다. 지금은 대웅전 보수공사 때문에 임시법당인 정법루에서 부처님께 예불 올린다. 대중은 대방에서 조석예불을 올리고 병법 역시 대중과 함께…. 나 홀로 ㅜ.ㅜ. 제2의 보광전이라 놀리지만 그럼 어떠랴, 나에겐 크고 멋진 부처님이 계신 걸. 얼마큼 무거울까? 예상했던 만큼 목탁의 묵직함에 팔이 저려오고 더 힘든 건 정근시간. 그러던 어느 날 주지스님이 다정히 부르신다. 따뜻한 차 한 잔을 내미시는데, 결코 따

좌충우돌 수행 이야기

뜻하지 않다. 도둑이 제 발 저린다고 잔뜩 겁먹어 있는데.

"너…!" 하신다.

"네?"

"나…는 너… 정근하는데 어디 급하게 가야 할 데가 있는 줄 알았어. 천천히 하다 빨라지고 또 천천히 하는가 싶더니 빨라지고. 방에 빨리 들어가려고 그러냐?"

헉! 죽음이다. 이렇게까지 꼬집으시다니. 한참 차를 드시다 또 다시

"너…!" 하신다.

"네? 목탁 가져올까요?"

"그랴."

작은 꼬마 목탁을 얼른 갖다 바쳤다. 주지스님께서 목탁을 들고서 '석가모니불 석~가모니불' 구성지게 시범을 보이신다. 그러시다 목탁을 주시며,

"너, 혀 봐!"

어설프게 받아든 목탁 왠지, 될까? '석가모니불 석~가모니불'

"그랴 잘 하네, 그렇게 하면 되지."

"저, 사실은요, 너무 졸려서요. 정근하다 잠깐 졸면 빨라지고 정신 차리다 또 졸면 빨라지고(쥐구멍)."

"이… 그런 줄 알았어. 너 지금 몇 살이냐?"

"스물일곱이요."

"그래 그 나이면 정신 차릴 때도 됐다. 나도 스물 초엔 너무나 졸려 노스님 눈만 피해 자려고 애를 썼는데, 스물일곱 지나 여덟쯤 되니 오늘이 어제보다 다르고 내일이 오늘보다 달라. 하루하루가 모든 것이 시시해지더라. 이젠 모든 망상 놓고 일념으로 정진할 때가 되지 않았냐? 석가모니불, 석가모니불, 석가모니불 부르면서 내면을 들여다봐라. 그럼 졸 여가가 어디 있겠냐?"

"저~기, 정근할 때 혼자 하니까 긴장이 풀려서 더 졸려요."

"그럼 누군 놉해가(사람 사서) 하냐?"

이 소문을 들은 도반스님 하나둘씩 새벽 정근 때마다 지원을 나오기 시작했다. 뒤에서 옆에서 절하기. 아예 어떤 스님은 만불명호경까지 구해다 시작을 했다. 이렇게 고마울 데가⋯. 하지만 도반스님들도 얼마 안 가서 두 손을 들고 말았다. 그래도 존다고. 이제는 정신 차려야지.

얼마 전 처음 재를 지내는 날이었다. 재는 그동안 몇 번이고 있었는데 이번 철에는 대방에서 지냈기 때문에 어떻게 해야 할지 깜깜했다. 주지스님과의 첫 재. 영단 상은 어찌 봐야 하는지. 위패는? 과일은? 어쨌든 시간이 되어 지장청을 올려 영가님 모시고 주지스님이 집전하신다. 옆에서 처음엔 살며시 따라하다 점점 목소리도 목탁소리도 커진다. 역시 또 크게 해버렸다. '영가님 부디 극락왕생하소서!' 시식이 끝나고 난 또 혼나지 않을까 조마조마. 내 맘은

1부 슬기로운 강원생활

아랑곳없이 주지스님 얼굴에 미소가 가득. 그런데, 나가시다 말고 "너…!" 하신다.

"네?"

"담엔 저렇게 채리지 말어. 반듯하고 정갈히 채려." 하신다.

"네!" 언제나 대중의 머트로움을 바로잡아 주시고 자상히 마음 써 주시는 학장스님과 주지스님의 햇살 아래서 우리 대중은 오늘도 조금씩 자라남에 고개 숙여 감사드립니다.

캐나다에서 온 사교반의 자은 학인이 지도하는 영어 동아리 시간, 자기 소개를 하란다.

"My dharma name is Do Hun. (나의 법명은 도현입니다.)"

"노전 소임은 영어로 뭔가요?"

"Buddha's attendent."

"아, 그렇군요. My duty is Buddha's attendent. (나의 소임은 부처님 시자입니다.)"

그래! 나는 부처님 시자야! 힘내자 아자! 아자!

치문병

○ 글 _ 도법(2005, 46호)

무더위를 향해 달리는 오후 햇살이 유난히도 따갑게 내리쬐고 있다. 그 따가운 햇살 못지않게 대방 안의 학구열이 뜨겁다. 졸기에 안성맞춤인 오후 2시 간경시간. 난자難字가 두 개였다가, 하나였다가 혼미한 상태를 오가더니 이내 깜짝 놀라 정신을 차렸다. 치문반의 독경소리에… 의욕만 앞서고 곡조는 서툴지만 신기하게도 듣기 좋은 화음이 만들어진다. '역시 아직 멀었군.' 생각하며 흐뭇한 표정으로 치문반 스님들을 빼꼼히 쳐다보았다. 내일 강을 바치기 위해 부지런히 치문 구절을 외우는 심각한 표정을 보니 작년 이맘때 내 모습이 눈에 선하다.

아직 추위가 가시지 않은 이른 봄날 설레는 가슴을 안고 멋지게

수행해 보리라 마음먹으면서 청암사 일주문을 들어섰다. 도량의
모든 것 하나하나가 새로웠고 지금은 말할 수 없이 절친해진 도반
들과 상반스님들이 어렵기만 했다. 하지만 더욱더 나를 두렵게 만
들었던 것은 경전 공부, 익숙하지 않은 한문 실력으로 부처님의 말
씀을 배워가기란 너무도 힘든 일이었다.

　치문을 처음 배우던 날, 중강스님의 부탁 말씀은 더욱 나를 긴
장의 도가니로 몰아넣었다.

　"외워야 내 것이 되고 내 것이 돼야 행주좌와에서 실천할 수 있
습니다. 오늘부터 그날 배운 부분을 날마다 외우고 쓰는 것이 숙제
입니다. 외웠는지 날마다 강을 받겠어요."

　그날 이후 나는 날마다 강을 바치기 위해 앉으나 서나 치문책을

—

달고 다니면서 외우고 또 외웠다. 남들은 극성이라고 할 정도로 큰 소리로 쉬지 않고.

이런 노력 덕분에 나는 어느새 상반스님들에게 공부벌레로 유명해져 있었다. 그러나 노력만큼 잘 외워지지는 않고 자꾸 마음만 조급해지는 것이었다. 중강스님 앞에 서면 연습할 때와는 다르게 언제나 떠듬떠듬… 얼굴은 화끈거리고 머리는 지끈거리며 더욱더 긴장이 되는 것이었다.

그렇게 여느 날처럼 혼이 나간 듯 부지런히 외우는 나에게 지나치듯 상반스님이 한마디 한다. "도법 스님, 치문병 걸렸다면서요? 그것도 중증이라던데." 아니, 그럼 울렁거리고 식은땀에 머리까지 아픈 이 증상이 고3병도 아닌 말로만 듣던 치문병? 치문을 마쳐야 병도 낫는다는 치문병. 병명을 확실히 안 후에도 증상에는 변화가 없었다. 가을철 논강이 시작되면서 더욱 심해졌을 뿐.

중강스님 앞에서 이제는 외우는 것이 아닌 수업 자체를 이끌어야 하는 걱정스러움에 강통에서 내 번호가 나올까 봐 조마조마해가며 지내던 어느 날. 결국 간경시간에 강통에서 내 번호가 나왔고 떨리는 음성으로 겨우 논강을 마치고는 긴장이 확 풀려버렸다. 잠자리를 펴고 모두가 조용할 때 갑자기 배가 아파왔다. 나도 모르게 '앗!' 소리를 질렀다. 정신이 아득해지고 주위에 도반들이 뛰어오는 것이 느껴졌다. 놀란 부전스님과 도반들이 나를 부축해서 다른 방으로 데리고 갔다.

"왜 그런 거예요? 무슨 병 있어요?" 부전스님이 걱정스런 눈으로 묻자, 대답을 못하는 나를 대신해 옆의 도반이 대답했다. "치문병 때문이에요. 치문반이 끝나야 낫지 그전에는 못 고쳐요." 아파 누워 있는 나는 뒷전이고 방 안에 있는 사람들은 배를 잡고 웃어댔다. 나는 아프고 심각한데….

그날 이후 나는 사집이 되는 날까지 다른 스님들의 걱정 섞인 농담을 들어야 했다. 가을철 해인사 산행을 가는 날도 "도법 스님, 치문책 챙겼어요?"라고 웃으며 치문책 안부부터 묻는 상반스님들의 모습에 나도 모르게 웃음이 나왔다.

그렇게 치문병에 걸려 1년을 고생하고 어느새 사집이 되었다. 신기하게도 사집이 되면서 치문병은 깨끗이 나았다. 자신감과 여유로움이 보너스로 따라왔다. 아파야 성숙해진다고 했던가? 지금도 많이 모자라고 배워야 할 것투성이지만 사집 1년이 지나고 사교가 되면 더욱더 성숙된 수행자로 거듭날 것임을 믿어 의심치 않는다.

내가 시자소임 살 때 배운 것, 하하하

○ 글 _ 자은(2005, 48호)

●

"어쩌구저쩌구 감자 어쩌구저쩌구 알겠지?"

"…네…."

불사회향 및 졸업식법회 전날이었다. 중요한 손님이 극락전에 도착하셨다. 신속한 동작이 요구되었고 그것이 시자로서의 내 책임이었다. 나는 즉시 이해가 빠른 시자 보조인 도국 스님에게 달려갔다.

"도국! 감자로 뭔가를 만들어내야 해요!"

"무슨 말씀이세요?"

"학장스님께서 금방 전화하셨는데, 내가 이해한 거라고는 감자라는 말뿐이에요. 송광사 방장스님께서 오신 것 같은데 감자로 뭔가를 빨리 만들어야만 한다구요!"

도국 스님이 이해를 했는지 못했는지 나는 알 수 없었다. 순간 내 머릿속에서 낯익은 목소리가 말하기 시작했다. '어떻게 네가 이런 소임을 살 수 있다고 생각했지? 넌 정말 바보야!'

도국 스님은 어디론가 사라졌다. 나는 완전히 정신이 나간 것 같았다. 그때 마음속으로 아까와는 뭔가 다른 낯선 고요함이 퍼지더니 익숙하지 않은 목소리가 들려왔다.

'좋아, 좋다구. 지금 넌 아무것도 제대로 할 수 있는 일이 없어. 그런데 도망갈 수도 없어! 그러니 이제 그만! 단지 지금 네가 할 수 있는 일을 해 봐.'

좋았어. 감자, 다 나와! 여기 감자가 있고, 만들 것이 무엇이건 간에 우선은 감자를 씻고 껍질을 벗겨야 하는 거겠지? 그래서 그렇게 시작했다. 얼마 지나지 않아 도국 스님이 돌아왔고 이어서 행사 준비를 돕기 위해 일찍 오신 유능하고 자신감 넘치는 몇 분의 졸업생스님들이 들어오셨다. 송광사 방장스님께서 좋아하시는 감자전을 만들기 위한 준비가 모두 끝났다. 주문은 떨어졌고, 프라이팬은 준비되었고 야단법석 끝에 동그스름하고 맛있는 냄새가 나는 감자전이 접시 위에 폼 나게 얹혀졌다. 배달준비 끝!

나는 그것을 가지고 방으로 들어갔다. 모든 사람들이 반가운 듯 바라보았다. 그런데 방장스님께서는 코쟁이 시자를 보고 조금 놀라시는 것 같았다.

"이 학인이 내 시자예요." 학장스님께서 설명을 하셨다.

"한국말을 할 줄 아나요?"

"그럼요, 아주 잘하죠."

나는 배운 대로 어른스님 앞에서 줄곧 눈을 내리깔고 있었는데 학장스님의 말씀을 듣는 순간 방금 전 당황스러웠던 감자 사건이 생각나서 목까지 치밀어 오르는 웃음을 꾹 참아야만 했다.

'하하하 하하하하!!!'

소임을 살면서 시자로서 해야 할 일을 알아감에 따라 내가 얼마나 부족한지를 코앞에서 마주봐야 했다. 그런데 내가 직면한 진짜 어려운 문제는 청소하거나 빨래하거나 감자전 만드는 것은 아니었다. 그것은 고집 센 완벽주의자인 내가 이런 종류의 일은 잘하지 못한다는 사실을 받아들여야만 한다는 것이다.

모국인 캐나다에서 살 때 나는 항상 어떤 상황이든지 잘 파악하고 뭐든지 잘 처리하고 책임지는 사람이었다. 감자전 사건이 터진 순간에 내가 깨달은 것은 나의 정체성을 규명하는 방법으로 나는 내 능력에 의존해 왔다는 것. 그런 식으로 안정감을 느껴왔다는 것이었다. 이 깊은 망상, 미혹을 알기 위해 고향을 떠나 10,000km를 날아와서 문화적으로나 언어가 완전히 익숙하지 않은 세상에서 수년간을 보낸 것이다.

내가 규정하고자 했던 나. 나 자신은 가짜였다. 이것이 우리가 공부하는 경전의 모든 말씀이 우리에게 전해주고 있는 뜻이 아닌가? 나에게 이렇게 큰 고통을 주는 이 '나 자신'이라는 것은 도대체 무엇인가?

나는 거의 아는 것이 없다. 내가 안다고 생각할 때조차도 나는 자주 틀린다. 그리고 지금 나는 '그것도 괜찮아'라고 말할 수도 있다. 정말로, 그리고 나뿐만 아니라 다른 사람도 그렇게 느끼고 있지 않을까? 단지 생각을 멈추고 자신이 할 수 있는 것을 해야 하며 약간의 웃음도 필요하다는 것을. 또한 거기 실수가 있을 것이며 우리가 완전히 이해할 수 없는 상황들이 한번 혹은 여러 번 우리 모두에게 도전해 올 것임을. 그리고 우리에게는 스트레스를 받을 것이냐, 화를 낼 것이냐, 아니면 각자의 부족함을 받아들이고 모든 상황에서 가능한 배움에 고마워할 것이냐의 선택권이 있다는 것을.

어느 날 아침 나는 누룽지를 끓이고 있었다. 끓이고 끓이고 또 끓였다. 그것은 학장스님의 아침공양이었다. 스님께서는 김이 나는 그릇을 수상쩍게 바라보시더니 한 숟가락 맛을 보셨다. 희한한 표정이 스쳐 지나갔다. 뭔가가 잘못되었다.

"나 못 먹겠다. 너 이거 풀빨래 하는 데 써라, 알겠지?" 나는 다시 온전한 누룽지 죽을 만들기 위해 시자실로 재빨리 돌아왔다.

"좋아. 오늘의 학습, 죽을 너무 오래 끓이면 빨래 풀이 되어버린당~ 하하하하 하하하하!"

좌충우돌 수행 이야기

고향으로 돌아가는 길

○ 글 _ 효담(2006, 49호)

●　　　　　"효담이 너는 청암사와 잘 맞을 것이니 반드시 청
암사로 강원을 선택하거라."

은사스님과 주위 스님들의 말씀에 내게 강원은 청암사뿐이었다.
스님이 되기 위해 거쳐야 하는 과정이긴 하지만 '강원이 아닌 다른
길은 없을까?'라는 고민이 없었던 것도 아니다. 한국인으로서의 내
게 청소년 시절 미국으로의 이민은 정체성에 대한 고민의 시작이
었다. 미국에서 한국계 미국인으로 적응해가며 살던 대학생활까지
의 과정은 지금 돌이켜보면 다양성의 조화를 배워가는 시간들이
었다. 다양한 인종, 다양한 언어, 다양한 문화와 사고 속에 나의 정
체성을 위해 '나와 다름'의 정체성도 인정해야 한다는 것. 이것이

99
—

내가 그리 좋아하지 않는 미국이라는 나라에서 그래도 고맙게 배운 것이다.

그러면 무엇을 위해서? 나의 이십대 후반의 삶은 대부분의 젊은 이들과 마찬가지로 '무엇을 위해 어떻게 살 것인가?'였다. 크고 작은 비영리단체나 유네스코 등과 인연이 되면서 좀 더 비폭력적인, 좀 더 평등한, 좀 더 친환경적인 사회를 위해 일해야겠다는 나름대로의 이상이 생기기도 하였다. 그러면서 여러 나라들을 여행하게 되고 많은 사람들도 만나게 되었지만 '이것이 아닌 다른 무엇인가가 있지 않을까? 과연 내가 무엇을 할 수 있을까?' 하는 의문은 30대가 되어도 변함없이 마음속에 자리하고 있었다.

수행의 길을 알게 되어 출가라는 것이 어느새 현실로 다가올 무렵 만나 뵈었던 어느 스님은 이러한 나의 병을 향수병(homesickness)이라고 말씀하셨다. 그리고 진정한 정체성에 대한 물음, 내 본래의 고향으로 되돌아가려는 바람, 그 바람을 실현하기 위해 혹은 향수병을 치료하기 위해 나는 새로운 여행의 문을 활짝 열었다. 그리고 지금은 그 긴 여행의 맨 처음 경유지인 청암사 강원에서 첫 철을 보내고 있다. 빈틈이 없는 대중생활의 일과가 내 자신을 끊임없이 순간순간 깨어 있게 하는 것인가 보다.

'왜 이런 사소한 것에 목숨을 거냐?' 하는 게으름의 순간에 "효담 스님, 그렇게 하면 깍기표예요." 하는 상반스님의 경책은 일어나는 한 가닥의 망상을 붙잡기 위한 훈련인 것 같다. 강원에서 경전 공부를 하되 "특히 치문은 부지런히 익혀 뼈에 박히고 피에 흐르도록 하라."고 하신 은사스님의 말씀처럼 지내기 위해 노력 중이지만 '중물 들이는 공부'가 아직은 낯설고 힘들다.

"이렇게 공부하고 살아왔다면 서울대에 들어갔겠다."며 우스갯소리도 해보지만 출가라는 것이 얼마나 어려운 것인가 자문하면 강원생활을 정말 잘해내야겠다는 각오가 생기기도 한다.

불령산은 '청암사의 식구가 되어 너무 행복하다.'라는 생각이 들게 한다. 분주한 일과에서도 문득 계곡의 물소리에 귀 기울이고, 물 오른 나무에 눈을 돌리고, 봄을 재촉하는 바람의 냄새를 맡아보는 것으로 모든 것이 위로가 되는, 그래서 청암사의 식구가 된 것

이 행운이라는….

또한 자상한 말씀으로 때론 엄한 가르침으로 청암사를 지켜 오신 어른스님들을 뵐 때면 '정말 감사하다, 정말 존경스러우시다.' 하는 마음이 감히 들기도 한다. 차곡차곡 쌓여진 옹벽의 돌 하나, 육화료 지붕에 얹힌 기와 하나, 도량 구석구석에 당신들의 불사에 대한 헌신이 느껴지기도 한다. 아직은 어른스님보다 더 무섭기만 한 상반스님들, 하나라도 더 잘 가르쳐 주기 위해 동분서주하는 사집반 스님들을 볼 때면 '일 년 후 나도 저렇게 할 수 있을까?' 하는 의심이 든다.

작은 지대방에 차곡차곡 모여 있는 우리 반 스님들. 제각기 다른 배경과 다른 삶, 다른 개성을 가지고 있지만 수행자가 되겠다는 공동의 목표로 이곳 청암사에서 만나게 된 이 인연에 늘 감사한다. 서로 다름을 인정해야 나 자신도 인정받을 수 있다는 배움을 다시 한 번 시험하는 작지만 큰 사회 강원. 이곳에서의 4년은 내 수행에 가장 큰 힘이 될 것이다.

청소년 시절의 화두였던 나와 남이라는 정체성, 청년기의 화두였던 남을 돕는 것이 나를 돕는 것이라는 봉사의 삶. 그리고 진정한 내 자신의 본처로 되돌아가겠다는 출가의 원이 지금 청암사에서 함께 만나 청암사의 물과 공기를 마시며 큰 나무를 키울 수 있는 단단한 씨앗으로 굳어지길 바라며 "청암사와 내가 잘 맞는다." 하신 말씀의 이유를 매일매일 하나씩 찾아가도록 노력해야겠다.

좌충우돌 수행 이야기

잃어버린 양말 한 짝

○ 글 _ 정유(2009, 61호)

●   강원 생활을 시작한 지 어언 1년 하고도 7개월이
되던 즈음, 어느 정도 긴장이 풀리고 익숙해진 때에 석차례가 돌아
왔다. 석차례는 치문·사집·사교 각 한 명씩 세 명이 한 팀이 되어
3박 4일 동안 새벽에 대중을 기상시키는 도량석부터 예불 준비를
담당하는 소임이라 대중보다 조금 일찍 기상해야 하기 때문에 지
대방에서 따로 취침을 한다. 이번에도 실수 없이 기상하기 위해 알
람시계 두 개를 2시 40분에 맞춰 놓고 9시에 취침했다. 첫날은 차
질 없이 지나갔다. 둘째 날, 취침 전 아랫반 스님에게 알람이 제대
로 되어 있나 확인시키려 하다가 괜스레 잔소리하는 것 같아 '시계
가 두 개나 되는데 뭐, 괜찮겠지.' 하고 그냥 마음 편하게 잠이 들었

다. 한참을 자고 일어나 몇 시가 되었는지 모르는 가운데 눈을 반쯤 뜬 혼미한 상태에서도 왠지 느낌이 평소와 달랐다. 순간 옆 채공 방에서 알람이 울렸다.

"이 뭔 소리고?"

상석차례스님 왈, "큰났다. 55분이네. 빠빠빨리, 빨리!"

너무 놀란 나머지 내게서 튀어나온 한 마디. "뭐, 뭐시고 이거?"

마치 번개 맞은 듯 불을 켬과 동시에 소리쳤다.

"얼릉 일어나이쏘오~ 5분 전입니더~!"

얼마나 다급했던지 목소리까지 다 후들거렸다. 두 스님도 후다닥 일어나 재빠르게 이불보따리를 묶었다. 나는 우선 급한 것은 도량석이라는 생각에,

"저, 저, 스님, 이불은 놔두고 어서 도량석 하러 가이소!"

그렇게 상석차례스님이 황급히 나간 후, 후다닥 이불보따리 두 개를 묶어놓고 양말을 신으려고 보니 이게 웬일! 양말 한 짝이 없는 것이다! 허둥지둥 묶었던 이불 보따리를 다시 풀어헤쳐 뒤져보아도 양말은 보이지 않았다. 빨리 법당 가서 예불 준비를 해야 하는데 정말 당혹스러웠다. 다급한 마음에 옆방의 채공스님을 찾아가 여분의 양말이 있나 물었으나 채공스님,

"없는데 어쩌지?"

헉! 순간 눈앞이 깜깜했다. '어쩔 수 없다!' 어쨌든 도량석 목탁 올리는 신호를 줘야 하니 앞뒤 생각할 것도 없이 양말 한쪽은 신

고 한쪽은 벗은 채로 법당에 뛰어 들어가 3시 정각 신호를 주었다. 다행히 차질 없이 도량석 목탁소리가 청암사 새벽 도량에 울려 퍼지자 그제야 안도의 한숨을 쉬었다.

그러나 예불을 맨발로 해야 한다는 생각에 다시 막막해져 왔다. 이때에 노전스님이 방에서 나오는 소리가 들렸다. 얼른 뛰어갔다.

"노전스님, 저, 죄송한데요. 양말 좀 빌려주시면 안 되겠습니까? 아침에 일어나보니까 양말이 한 짝이 아무리 찾아봐도 없어가지고 예."

"아, 어제 빨아서 말리려고 방바닥에 널어놓은 게 있긴 있는데. 그런데 아직 축축한데 어쩌지?" 그 말씀에 마치 구세주를 만난 듯 반가워 만면에 미소를 띠고. "아이고 괜찮습니더!"

이렇게 아직 마르지도 않은 양말을 가져다 신었는데 차갑다는 느낌은 하나도 없고 스님 덕분에 맨발 신세를 면하게 되어 얼마나 감사했는지 모른다. 다음날 하석차례를 맡았던 치문반 스님. "스님, 저, 스님 양말이 제 이불보따리 안에 있던데요." 하면서 내 잃어버린 양말 한 짝을 건네주었다.

석차례가 다 끝나고 반 스님들에게 이 사건을 얘기해 주었더니 다들 한바탕 웃으며, '그래, 우리도 그럴 수 있다'면서 지대방 조리개에 여분의 양말 한 켤레씩 넣어둬야겠다고 했다. 그때를 생각하면 지금도 아찔하다. 그리고 그 후로 내게는 취침시간이 되면 꼭 양말 넣어두는 위치를 확인하는 버릇이 생겼다.

밤 12시 정각에
도량석 올린 사연

○ 글 _ 정혜(2010, 67호)

● 　　　　그날 저녁 석차례 방(예불 준비하는 소임인 '석차례' 스
님들이 자는 방)에서 반 스님한테 알람시계를 빌려서 새벽 2시 40분
에 알람을 맞추고 잠을 청했다. 그런데 나는 잠을 자다가 깨는 습
관이 있다. 그날도 잠이 깨서 시계를 그냥 한 번 보았다. 딱 2시 40
분이었다. 그래서 불도 안 켜고 이불을 살살 갰다. 옆에 자던 상석
차례 스님도 따라 일어나 준비했다. 방에서 나와서 법당 문을 따고
문고리를 빼고, 나는 금강경을 잘 모셔 들고 정법루에 얌전히 가져
다 놓고서 목탁 갖다 놓고 장삼을 입으면서 잠시 생각했다.

'그런데 왜 알람이 안 울렸을까??'

나는 시계를 볼 줄만 알았지 작동방법을 몰라 의심만 하다가 예

불 시간에 알람 울리면 어쩌지 걱정하면서 시계를 보았다. 58분이다. 법당 앞마당으로 향했다. 조금 있으니 목탁 올리라는 신호로 법당 문이 열렸다.

'똑똑똑똑똑-똑-똑…'

두 번째 올리는 순간 오른쪽 주지스님 방 쪽에서 큰소리가 들려왔다.

"거 누구냐? 누가 목탁을 올려!"

목탁을 멈추고 주지스님 쪽을 향했다. 스님께서 누구냐고 물으셨다. 나는 놀라서 "정혜입니다." 했더니, "지금 몇 신가 시계를 한번 봐라, 시계를."

손목시계를 보니 12시 정각이었다!

나는 순간 황당하기도 하고 부끄럽기도 하고 대중스님들께 죄송하기도 했다. 주지스님께서 얼른 불 끄고 들어가 자라 하셨다. 고개를 푹 숙이고 법당 쪽으로 오는데 상석차례스님은 여법한 모습으로 법당에 앉아 있다. 그 무렵 교무스님, 입승스님, 노전스님이 놀라 허겁지겁 뛰어 나와 지금 몇 신데 목탁을 올리느냐고 하였다. 그래서 아무 말도 못하고 "잘못했습니다."만 했다.

우리 둘은 입을 다물고 방으로 들어와 나란히 누웠다. 말없이 누운 상태에서 생각을 했다. 한참을 생각했는데 어떻게 시간을 잘못 보았는지가 끝내 풀리지 않았다. '분명히 잘 보았는데…' 나중에 알게 되었는데 전자시계에 알람을 맞춰 놓고 나서 다시 본 시

간 표시로 돌려놓지 않아서 시계는 그때로부터 쭉 2시 40분이었
던 것이었다. 상석차례스님은 나만 따라다니면서 의심 없이 행동
을 한 것이고 나는 정확하게 확인을 안 한 것이 잘못이었다.

어쨌든 과거는 갔고 미래에 오는 것은 어떻게 해야 하는지 생각
했다. '채공을 살아야 되는 운명인가 보다 하면서 그것도 감사히
즐겁게 살아야지.' 하고 긍정적으로 돌리니 마음에 남는 것이 없었
다. 그리고 정식 도량석 시간에 알람 소리에 일어나 두 사람은 아

좌충우돌 수행 이야기

무 말 없이 새벽 석차례를 잘 끝냈다.

아침 법당 청소를 하는데 입승스님께서,

"정혜 스님, 어떻게 해요? 채공 나온 지 얼마 되지 않았는데… 정학이에요."

"스님, 제가 잘못했으니 당연히 채공 살겠습니다." 하고 그날 꽃꽂이 동아리 시험을 위해 버스에 올랐다. 가는 도중에 차 안에서 계속 꾸벅꾸벅 고개를 떨구면서 방아도 찧고 하면서 졸았다. 대교반스님들이 보고 있다가 "정혜 스님, 새벽 12시에 도량석 하느라고 힘들었나 봐요?" 하고 놀리는데 나는 너무 졸려서 대답할 형편도 아니었다.

그럭저럭 12시 도량석을 잊은 채 잘 다녀왔는데 그것이 끝이 아니었다. 도감스님은 나를 보더니, "정혜 스님, 12시 도량석 올렸어? 우리 또 후원에서 만나겠네?" 하고 오가실 때마다 날 보고 웃는다. 주지스님은 "청암사 역사에 처음 있는 일이다." 하면서 웃으신다. 창피하기도 했다. 좋은 일로 역사에 남는 것이 아니니 말이다. 또 원주스님은 "정혜 스님, 잘했어. 나는 아주 환영이야. 잘했어!" 하고 볼 때마다 웃는다. 나는 대체 어리둥절 대중스님들이 볼 때마다 웃음으로 대하니 도대체 잘 된 일인지 못 된 일인지 분간이 안 되기에 이르렀다.

치문반 모스님은 한밤중에 정랑을 가다가 법당에 촛불을 켜놓고 내가 너무 엄숙한 표정으로 『금강경』을 정법루로 옮기는 모습을 보고 사중에 무슨 큰 행사가 있어서 저렇게 근엄한 모습으로 하나 보다 생각하고 나에게 말을 붙일 수 없었다고 한다. 얼마나 진지했기에 밤 11시 50분쯤에 행사가 있다고 생각했을까? 상석차례스님도 율원스님을 비롯한 스님들에게 12시 도량석 인사 받느라 바쁜 하루였다고 한다. 그날 저녁 상석차례스님과 얘기를 나누었다.

"스님하고 나하고 채공을 살라고 한 것 같으니 열심히 잘 살아야 될 것 같아요."

"나도 그렇게 생각하고 있어…."

나는 상석차례스님의 아름다운 마음에 감동하였다. 석차례스님을 잘 만나서 고맙다고 생각했다. 의기가 합쳐져서 그런지 음식이 맛있다고들 했다. 채공 끝나는 날, 학장스님께서 사시공양을 마치신 뒤에 정학 채공을 부르시고는 이름을 물으셨다. "정혜입니다." 하니 내 손을 꼭 잡으시고는 "이 정학은 나쁜 것이 아니야." 하시면서 좋은 말씀으로 위로해 주셨다. 순간 나도 모르게 눈물이 핑 돌았다. 나는 아무 생각 없이 그냥 채공 열심히 살고 있는데 걱정을 끼쳐 드린 것 같아 죄송스러웠다.

아무튼 상석차례스님과 함께 한 3박 4일의 석차례와 연달은 3박 4일의 채공의 시간 동안 마치 시공간을 초월한 세계를 산 듯한 기분이다. 상석차례스님에게 감사하고 모든 대중스님들께 감사하다.

청암사 흰죽

○ 글 _ 혜신 (2014, 84호)

●   달도 별도 얼어 있는 시간, 동이 채 떠오르기 전 절집의 겨울 새벽은 아직 별들 차지입니다. 도량석이 나지막하게 울리면 정밀한 어둠에서 산사는 조금씩 깨어납니다. 한 걸음, 한 걸음 법당으로 향하고……. 모두들 숨죽이고 자신을 들여다보며 하루를 시작합니다.

아침 5시 55분, 목탁 소리가 길게 도량을 한 바퀴 돌고 나면 이 내 세 번의 죽비소리와 함께 스님들은 일사분란하게 움직입니다. 이럴 때 보면 꼭 잘 훈련된 군인들 같습니다. 그리고 곧이어 까만 제 발우에 김이 모락모락 나는 뜨거운 흰 죽이 받아집니다. 호호 불어가며 죽 한 그릇을 말끔히 비우고 나면 빙긋이 미소가 지어집

니다. 온 몸에 가벼운 땀이 나면서 개운한 기분이 들기도 하는 것이 꼭 기분 좋게 동네 한 바퀴 뛰고 온 것 같습니다.

죽 한 그릇에 몸과 마음이 넉넉해지고 온 몸에 온기가 돌면서 얼굴이 환하게 피어납니다. 어찌 보면 연꽃 같기도 하답니다. 청암사 아침 발우는 흰죽과 짠무, 김치, 밑반찬 한 가지가 전부이지만 간소하고 정갈한 밥상입니다. 아침 공양이 끝나고도 아직 밖은 깜깜합니다. 이럴 때 섣불리 움직였다가 코 박기 일쑤입니다. 그래서 겨울철 아침에는 지대방에서 잠깐의 여유를 가져보기도 합니다.

절집에 '재찬조죽齋餐朝粥'이라는 말이 있습니다. 아침에는 죽을 점심엔 밥을 먹는다는 게지요. 그러나 이도 이제는 옛말이 되어가는 듯한 요즈음, 다행히 저희 청암사는 이 오랜 전통이 지금까지

좌충우돌 수행 이야기

이어지고 있습니다. 이러한 역사가 이어지는 데에는 커다란 가마솥이 걸린 공양간과 군불 때며 공양주 소임을 살았던 청암사 여러 행자님들 덕분입니다. 저 또한 청암사에서 행자시절을 보냈는데 행자복을 몇 번이나 태워 먹었는지 모릅니다.

　보통 공양간에서는 상上공양주와 하下공양주로 나누어 일을 합니다. 불을 때는 일은 차서가 낮은 하공양주가 맡아서 하는데 보통 행자님들이 도맡아 하게 되지요. 초보 행자의 최고 난이도 코스는 '죽불 때기'입니다. 아궁이 가득 불을 채워서 죽물이 팔팔 끓어오르도록 불을 때는 것이 초보 행자에게 쉬운 일이 아니니까요.

　새벽 일찍 공양간에 나와 먼저 상공양주가 조왕님께 초를 켜고 향을 사릅니다. 그리고 좋은 쌀을 골라 깨끗이 씻은 다음 그 물을 가마솥에 부어 팔팔 끓입니다. 그러면 하공양주는 신중하게 나무를 고르고 불을 지핍니다. 아래 받침이 되는 나무는 잘 마르고 튼튼해야 위에 나무를 쌓아도 무너지지 않습니다. 불이 제대로 붙어 타오르면 계속 나무를 넣어 화력을 최고로 올립니다. 그리고 쌀이 들어가면 그 화력을 계속 유지해야 합니다. 이 경지에 오르면 하공양주는 하산할 때가 된 셈이지요. 1시간가량 이렇게 불을 때고 나면 아궁이의 열기 때문에 두껍게 입은 옷들 사이로 삐질삐질 땀이 배어납니다.

　이렇게 공을 들여 죽을 만들지만 죽을 먹고 나면 언제 먹었냐 싶게 금세 허기가 집니다. 보통은 배고픔을 참지 못하고 다각실에서 간식을 챙겨 먹습니다만, 가끔은 그 빈 느낌이 좋아 그냥 내버려 두기도 합니다. 그러다보면 이내 허기는 사라지고 대신 맑은 에너지가 샘솟는 걸 느낄 수 있습니다. 몸도 마음도 가벼워지는 순간입니다.

저는 적당히 비어 있는 이 상태가 참 좋습니다. 위도 마음도 머리도 무언가로 꽉 차 있으면 꼭 나의 욕심을 보는 것 같아 어딘지 불편하고 답답한데 이렇게 적당히 가벼우면 가뿐하고 상쾌합니다. 어찌 보면 비움과 가벼움은 여백과 통하는지도 모르겠습니다. 여백이 없는 삶은 거칠고 무례하기까지 할 수 있으니까요.

오늘 아침 발우 시간, 어김없이 제 까만 발우에 흰 죽 한 사발이 담겨졌습니다. 뽀얀 죽물이 살짝 우러나온 흰죽을 받으며 저는 또 빙긋이 웃었습니다. 소박한 죽 한 사발이 오늘도 선물로 주어졌습니다. 이 선물이 관용과 부드러움으로 화하여 도량 곳곳에서 만나는 모든 분들께 보름달 같은 환한 미소로 회향할 수 있기를 바랍니다.

좌충우돌 수행 이야기

제1회 조계종
외국어스피치 대회 출전기

○ 글 _ 혜람(2015, 87호)

●   지난 9월 15일, 지난해 염불대회에 이어 조계종의 많은 학인들이 서울 조계사에 모였습니다.

'조계종 학인 외국어 스피치 대회'라는 현수막이 걸린 무대를 보는 순간, '내가 저 무대에 또 서는구나!'라는 생각이 들었습니다. 무대에 올라가는 것에 겁먹는 성격은 아니지만 굳이 즐기는 성격도 아니기에 작년 염불대회가 마지막이었으면 했기 때문입니다. 이번에는 설법을 모국어도 아닌 외국어로 10분간 해야 한다기에 어떻게든 대회에 안 나갈 궁리만 하고 있었습니다. 하지만 팀을 맡은 4학년 스님이 허허 웃으면서 "우리 욕심 없이 그냥, 그냥, 합시다!"라는 말에 그저 "네…" 대답하고 말았습니다.

어쩌다 보니 각 학년 대표가 한 명씩 모여 네 명이 한 배를 타게 되었습니다. 우리의 첫 모임은 시작부터 난항이었지요. 영어로 된 대본을 읽는 것부터 도전이기도 하고 내용 이해도 잘 안 되는데 연기까지 해야 하는 상황이 되니 부담이 백배 늘어났습니다. 각종 신문에는 이 대회의 목적이 "학인들의 어학 학습에 대한 관심과 수학능력을 제고해 자신감을 증장시키고자 마련됐다."고 하지만 우리가 탄 배는 목적과는 영 다른 방향으로 가고 있는 듯했습니다.

시간은 흐르고 흘러 어느덧 정신을 차리고 보니 예선전 전날이 되었고 우리는 무대에서 최종 리허설을 하고 있었습니다. 마지막 점검을 마치고 숙소에 돌아왔습니다. 다들 피곤해서 자리를 일찍 펴고 누웠는데, 긴장한 마음에 날이 밝도록 잠 못 드는 사람도 있고 조계사에서 철야로 정진하는 소리인 '화엄성중'님과 함께한 사람도 있었답니다. 뭐 저는 그냥 잘 잤지만요.

아침공양 때까지는 조용하던 조계사 주변이 예선전 시작 시간이 되니 전국 각 강원에서 올라온 학인스님들로 북적이기 시작했습니다. 중국어, 일어, 한국어, 영어 순으로 진행되었고 개인전과 단체전 모두 무대에서 공연하였습니다. 공개심사 형식이다 보니 참가자들의 전달력, 관객들의 호응 그리고 심사단의 평까지 모두 한자리에서 지켜볼 수 있었습니다. 하지만 많은 사람들 앞에 서야 하는 우리들의 마음은 더욱 긴장되었지요. 교육부장스님의 간단한 인사말 후, 첫 번째 참가자가 호명되고 무대 위로 모습을 보였습니

다. 저 사람은 얼마나 긴장될까 싶어 '모두 후회 없이 실수 없이 준비한 것을 다 보여주기를, 마음껏 기량을 펼칠 수 있기를' 간절히 바랬습니다.

일어 부문에는 청암사 1학년 도융 스님이 우리 중에서 제일 먼저 무대에 올랐습니다. 제가 하는 것처럼 얼마나 떨렸는지… 첫머리에 진행 팀의 실수로 준비해 온 영상물이 나오지 않아 다들 당황했는데, 본인은 차분하게 스피치를 진행해 많은 박수를 받았습니다. 한국어 부문은 한국에서 출가한 외국인 스님 두 명이 발표를 했는데요. 그 중 한 스님은 자신의 출가와 수행에 대해서 이야기하며 한국에서의 생활이 힘들었을 때 아잔 브라흐마 스님의 "고통스럽다, 힘들다는 그 마음을 다스리는 것이 수행이다."라는 법문을 듣고 다시 정진할 수 있었다고 합니다.

가장 많은 개인과 단체 팀이 출전한 영어 부문이 시작되자 긴장감은 고조되기 시작했습니다.

영어부문 개인전에 출전한 4학년 고우 스님과 서림 스님의 마지막 연습을 도우면서 잘할 거라며 기운을 팍팍 실어주었습니다. 두 스님 모두 중소임을 살면서 부지런히 준비한 것을 알고 있으니 정말 백배 더 잘했으면 했지요. 두 스님의 무대가 끝나고 관객들의 큰 박수 소리와 심사위원들의 창의적인 무대가 놀라웠다는 평을 들으니 역시 노력은 정직하다는 생각이 들었습니다.

단체전에서는 컵을 이용한 리듬과 손뼉소리를 배경음악 삼은 팀도 있었고 전문 연출가가 기획한 것 같은 춤과 악기 연주가 훌륭한 팀도 있었습니다. 동국대에서 준비했던 무대도 재미있었는데요. 2학년 스님들은 발우공양을 정적으로 준비하였고 1학년 스님들은 그와 상반되게 신나는 비트박스와 부처님과 달마의 랩배틀 공연을 준비했습니다. "Do you know what it means?"라는 후렴구는 예선전 후에도 입에 맴돌 정도였습니다.

어느덧 우리 순서가 다가왔습니다. 나가기 직전 서로 역할에 맞는 분장을 해 주면서 얼마나 배 아프게 웃었는지 부담감은 좀 덜어냈습니다. "연극이 재미있는 내용이니 즐겁게 하자!"라고 무대 뒤에서 마지막 파이팅을 한 뒤, 저는 반대쪽으로 옮겨가 무대에 나갈 순간을 기다리고 있었습니다.

마성의 목소리, 저희 팀 대장 능혜 스님의 나긋한 내레이션으로 시작해 능청스러운 노스님에 딱 맞는 명정 스님 그리고 귀여운 손상좌의 표본 같은 정빈 스님의 대사가 끝났습니다. 이제 숨을 고르고 거나하게 술에 취한 역을 맡은 제가 등장합니다. 허리에 곡차 병까지 끼고 표주박을 차고, "아!~신~~묘장구~~대~다라니~ 앗싸~." 막춤을 추고 나오는 모습에 관객석에서 웃음이 터집니다. 웃으라고 연출한 장면에서 웃으니 뭐, 부끄럽긴 했지만 기분은 좋았습니다. 마지막까지 번개를 맞고 나동그라지는 우리 모습에 관객들의 웃음소리와 박수로 무대가 마무리 되었습니다.

예선전이 끝나고 나서 잠시 휴식한 뒤 본선 진출자들을 호명하기 시작했습니다. 청암사에서도 개인전 2명과 단체 팀이 본선에 진출하게 되었습니다. 솔직히 아직도 기쁨보다는 생방송으로 나갈 딸기코에 술 취한 연기 때문에 눈앞이 깜깜합니다.

"사형님들, 너무 나무라지 말아주세요."

스피치 대회의 취지는 외국어에 대한 두려움을 내려놓는 것일 겁니다. 그러나 실전에 임해보니 나를 내려놓는 것이 더 어렵고 소중한 일이라는 것을 새삼 알게 되었습니다. 어쨌든 이보다 더 좋은 공부 기회는 없다고 생각하고 남은 일정 임해야겠습니다. 팀을 꾸릴 때 대장스님이 말했듯 그냥 그냥 하면 반드시 멋지게 회향할 수 있을 겁니다. 청암사! 화이팅!

냄새 맡고 다 아느니라

○ 글 _ 초결 (2018, 98호)

● 매년 여름철이면 법화경 독경 소리가 온 도량에 가득 울려 퍼진다. 웅장한 북 소리와 목탁, 징 모두 함께 어우러져 일주일간 쉬지 않고 기도를 한다. 치문반 때는 『법화경』이 어떤 경전인지 아무것도 모른 채 그냥 열심히 읽기만 했다. 경전 내용은 꼭 SF 영화를 보는 듯했고 경전 속에 "냄새 맡고 다 아느니라."라는 구절이 유행어처럼 한동안 계속 입에서 맴돌았다. 특히 후원에 가서 "오늘 반찬이 무엇인지 냄새 맡고 다 아느니라." 하며 다함께 웃곤 하였다. 그 당시로는 냄새만 맡고도 모든 것을 알 수 있을 것 같았다. 회향 후에는 어느 반에서 무엇을 먹는지 기가 막히게 찾아다니는 능력은 얻었으나 불행하게도 그 이상은 알 수가 없었다.

그렇게 사집반이 되었다. 사집반의 임무는 일주일간 기도 대중을 위해 정성스레 공양을 준비하는 것이었다. 반 스님들과 화합하며 준비했던 일도, 더운 여름날 가마솥 불을 피우는 일도, 몸은 힘들었지만 우리가 준비한 공양을 드시고 환한 웃음을 보여주신 분들 덕분에 고단함은 한순간에 눈 녹듯이 사라졌다. 일주일간 후원에서의 경험은 팔백의 몸 공덕을 얻은 바와 같이 무슨 일이 닥쳐와도 헤쳐 나갈 수 있는 힘이 생긴 듯했다.

드디어 사교반이다. 다각 소임이라 일주일간 대중스님들이 따뜻한 차를 마시며 기도하실 수 있도록 하는 일이었다. 당일 날 아침 가마솥으로 보이 차와 모과 차를 끓였다. 대중스님들이 이 차를 마시고 일주일간 건강하게 원만 회향하시길 기원했다.

그리고 또 다른 임무는 집전이었다. 메인 집전이 아니라 부담은 적었지만 반 스님이 힘들 때 언제든 교대해 주겠노라 약속을 했기에 걱정 말라며 안심시켰지만 속으론 '나 지금 떨고 있니?' 하며 근거 없는 자신감으로 덜컥 북채를 잡았다. 생각한 대로 손은 따로 놀았고 엇박자로 인해 등에서는 식은땀이 났다. 기도하시는 분들에게 죄송한 마음에 어디론가 숨고 싶었다. 그렇게 한 시간 동안, 경을 읽는 것보단 입으로 쿵짝 쿵짝 쿵짜작쿵짝……. 무한 반복을 하며 무한 후회하고 또 무한 반성을 했다. 내년엔 반드시 연습을 하리라 다짐하며 3조 스님들과 보살님들께 참회하는 마음으로 3일째 기도를 마쳤다.

우리가 독경하는 『묘법연화경』은 무엇인가? 『법화경』은 대승불교 대표경전으로 일승一乘 불교사상을 설한 것이다. "인법일여人法一如이신 제목봉창題目奉唱하면 기법일체機法一體 되어 즉신성불卽身成佛하느니라." 『법화경』은 불성을 가리키며 불성은 이미 우리 모두에게 본래 갖춰져 있는 것이라서 나무묘법연화경을 봉창하는 것만으로도 우리 안의 불성을 나타낼 수 있다고 한다.

그리고 경전 내용 중 훌륭한 의사와 아들의 비유가 나온다. 아버지가 집에 없을 때 독약을 잘못 먹고 괴로워할 때 아버지가 집에 와서 그 모습을 보고 약을 주었으나 본심本心을 잃은 아들들은 그 약을 먹지 않았다. 아버지는 아들들을 위해 멀리 길을 떠난 후 사람을 보내 "아버지가 돌아가셨다."라고 전하자 그제야 아들들이 정신을 차려 약을 먹고 회복하였다.

아버지인 의사는 부처님이고, 아들들은 중생이다. 본심을 잃은 아들들이 아버지의 처방을 듣지 않았으므로 아버지가 방편을 써서 본심을 되찾게 하였다는 것이다. 아버지의 죽음은 방편으로 나타내 보이는 열반이다. 따라서 부처님의 수명은 영원하다는 것을 설한다. 다시 말해 부처님은 오로지 중생에게 교법教法을 가르치기 위해 방편으로 입멸入滅할 뿐이며, 이미 오래 전부터 무한한 수명으로 상주불멸常住不滅한다는 것이다.

이 내용을 읽으며 많이 부끄러웠다. 부처님께서는 항상 가르침을 주시는데 어리석은 우리는 매순간 놓치고 후회하기를 반복하며

좌충우돌 수행 이야기

살아간다. 나는 본심을 잃은 아들 중 한 명이었나 보다. 이렇게 좋은 경전을 무슨 내용인지도 모르고 그냥 읽기만 했으니 말이다.

법화경 기도 이틀째 되던 날 하늘에서는 시원하게 법우法雨가 내려 도량을 촉촉하게 적셨고, 비가 갠 오후에는 마치 부처님께서 기도하는 우리들을 안아주시듯 무지개가 동그랗게 떠서 감싸주었다.

글을 쓰고 있는 지금 2조 스님들의 경쾌하고 신나는 독경소리가 들린다. 네 팀 중에서 제일 빠르고 신난다. 속도를 기차로 비유한다면 KTX급이다. 아마 기도가 끝나면 2조 스님들은 천 이백의 혀 공덕을 얻지 않을까? 북소리·목탁소리·독경소리가 끊임없고, 도량은 기도의 활기로 가득하다. 내년에는 열심히 연습을 해서 졸업하기 전 신나게 북을 치며 '묘법연화경 묘법연화경'을 외치고 싶다. 이렇게 좋은 도량에서 좋은 기도를 할 수 있음에 감사하고 행복하다. 부처님 감사합니다.

2

출가, 나를 찾아 떠나는 여행

불일佛日에의 향수

○ 글 _ 다휘(1996, 11호)

● 　　　비가 갠 후의 가을 하늘은 유난히 청명하고 눈부시다. 한 점의 티끌도 찾아볼 수 없는 그 순수한 곳에서 모든 살아 있는 생명들이 환희로움으로 가득한 안락의 빛을 듬뿍 담는다. 산길을 걷다 보면 푸드득 낯선 울음소리의 새가 날고, 발밑에 밟히는 낙엽은 그 육신을 깊이 묻어 이 가을 새로운 손님을 맞이하려 한다. 그윽한 이여! 지금 어느 곳에서 숨 쉬고 계시나이까?

　나는 이십대 초반이라는 젊음의 황금기를 부처라는 이상을 동경하며 그 단 한 분에 대한 그리움으로 보냈다. 그 길고 아름다운 시간들을 온통 한 생각만으로 채웠다는 게 지극히 좋은 집착이었는지는 몰라도 지금 생각해 보면 그 지나침이 어리석게 여겨져 웃음이 난다. 스무 살 나던 해. 불교와 처음으로 조우하게 되었다. 내 자신의 내면에서 돋아나는 생각들이 평범함이 아닌 어떤 다른 궤도를 지향하고 있다는 것을 알았을 때 그 앞에서 망설이지 않을 수 없었다. 누구나 젊은 시절의 홍역은 한번쯤 치러내는 것이지만 내 경우엔 강도가 좀 심했던 것 같다.

그해 추석 무렵. 생전 처음으로 절집이라고 찾아간 곳이 불일암이었다. 그것은 더할 수 없는 경이로움이었고 새로움에 대한 가늠할 수 없는 기쁨, 충만으로 가득한 환희심이 전부라 해도 지나친 감은 없다. 그 단 한 번의 인연이 조금의 주저도 없이 내 인생을 확연히 변화시켰다. 그곳은 지금까지 내가 가본 어느 곳보다도 아름다운 곳이었다. 늘 대하던 것들과는 다른 모습, 큰절 법당에서 예불 드릴 때의 가슴 울컥해지던 비장함. 그때까지 내 속에서 꿈틀대던 모든 삿된 것들이 일시에 녹아내리는 듯했으며, 내 몸을 휘감아 흐르는 전율에 아찔해졌다.

처음 그곳에 간 그날 밤, 계곡물 흐르는 소리가 마치 빗소리처럼 들려 단 한잠도 이루지 못한 가운데 이미 나는 출가를 생각했었다. 머리 깎고 먹물 옷 입은 스님들의 모습 또한 처음 대하는 것이어서 승가는 청정하고 감히 근접할 수 없는 신비감이 가득하며 늘 은은한 향내가 잔잔하게 퍼진다고 생각하였다.

아주 정갈한 곳, 사람의 정감어린 손이 이루어낸 자연적인 조형미, 해질 무렵 키 작은 굴뚝에서 풍겨나는 달콤한 연기의 소담스러움으로 불일은 처음 대하는 이들로 하여금 자연의 향연을 즐길 수 있는 기쁨을 선사한다. 또 이마에 송글송글 맺힌 땀방울을 씻으며 올라간 신심 있는 이들은 감로의 차 한 잔으로 잠시나마 모든 것에서 벗어난 해탈의 기쁨을 만끽할 수 있다. 그곳에는 따로 안내자가 없으며 또 필요하지도 않다. 조계산 한 모퉁이 산 속의 작은 집. 그 자체만으로도 구도의 열정을 채워주기에 충분하다.

이른 봄에는 매화의 청초한 자태와 그 향내가 수행하는 이의 지절을 더 빛나게 해 주고 신록이 무성한 여름에는 파초며 부용화, 도라지꽃, 치자꽃 그리고 불일암 오르는 한적한 구석에 피는 아름다움의 끝인 붓꽃이 군단을 이루어 지나가는 이의 찬탄을 끊이지 않게 한다. 가을에는 크고 넓은 음덕으로 모든 희로애락의 잔재들을 한 아름에 안고 햇빛을 가려주는 넉넉한 후박나무가 있어 더할 수 없이 좋다. 추석 때 그 나무 아래에서 삶은 밤을 파먹으며 이야기 나누던 때가 생각난다. 겨울에 눈이 내릴 때면 사방이 은화銀華의 화려함으로 치장하여 그 고요 속에 침묵은 더욱 빛난다.

만약 내가 그때 삭발수행승이었더라면 밤이 새도록 수행의 길에 대해서 이야기했을 것이다. 지금 나는 그때의 마음 그대로 오직 한 분에 대한 그리움만으로 살아가고 있다. 그 순수했던 영혼이 지금도 내 안에서 살아 숨 쉰다는 사실은 간혹 나태해지는 나의 마음에 큰 스승이 되어준다. 문득 그곳을 다녀와서 하룻밤 사이에 반야심경을 다 외워버렸던 기억이 난다. 그것은 아마 무명 속에 갇

좌충우돌 수행 이야기

혀 있던 내 전생에 한 걸음 다가간 것인지도 모른다. 늘 무엇엔가 끝없이 무상함을 느끼며 헤매던 가슴 아팠던 스무 살 시절, 스승의 온갖 핍박과 견딜 수 없는 고행에도 불고하고 끝내 도를 구한 위대한 성자 밀라레빠의 구도의 열정, 스승에게 팔을 잘라 바친 혜가 스님의 위법망구爲法忘軀의 정신처럼 한 생각을 저버리지 말아야 한다.

아! 그립다. 잊을 수 없는 곳. 아니 잊힐 수 없는 곳. 출가의 길에 자신을 던져 후회 없는 한 생을 살아가려면 그 출가가 정말 야무지고 한 치의 틈도 없는 자아의 이기성과 세속의 숱한 유혹들과의 혹독한 결별, 자신을 놓아버리는 끝없는 작업이 필요하다는 것을 불일은 나에게 가르쳐 주었다.

한 스승이 나에게 말씀하셨다. "중노릇을 후회 없이 하려면 수행에 미친 중이 되어야 하고 기본적인 계행에 절대 소홀히 하지 말고 잡사를 멀리하며 주위의 사람들이나 부딪혀오는 경계에 좋다 싫다 하는 마음을 두지 말며, 언제나 외로움을 즐기며 살아야 한다."고. 지금의 내 모습을 돌이켜 보니 참으로 부끄러울 뿐이다. 그러나 정신이 산산이 부서져 목숨이 다한다 하여도 전혀 아깝지 않을 이 길에서 반드시 돌아오지 않는 승리자가 되리라.

얼마 전까지 한창이던 종각 앞뜰의 코스모스가 한차례 비 온 후로 점점 시들어가고 있다. 그 애처로운 모습을 보고 있자니 세월의 무상함이 서럽다. 다례재 준비를 위하여 고봉 노사 탑전을 청소하는 스님들의 섬세한 손놀림이 정신의 정결로 스며들어 선사의 덕향이 온 도량에 가득 깃들일 것을 생각하니 가슴 뿌듯하다. 머리 깎고 사는 것은 얼마나 기쁜 일인가. 신새벽에 일어나 두 손 모아 님에게 예를 올리고 해 저물어 잠이 들 때 살며시 뜬 두 눈 사이로 온 우주가 와락 쏟아지는 그 기쁨을 누가 알겠는가.

진실로 출가한 이여!

진정한 연꽃은 자신이 썩어 없어진 그 자리, 그 비정의 못에서 피어난다고 한다. 아름다운 자태, 그 끝없는 향기에 울음 울 날 어찌 오지 않겠는가. 그곳에서 꽃 피는 날. 비로소 나는 이 길 위에서 우뚝 선 자가 되리라. 하늘이 가슴을 뚫고 들어와 영혼이 춤추는 푸르른 이 가을에 다시 불일의 후덕한 수호자, 후박나무 아래에서 밤이 새도록 도를 이야기하고 싶다.

좌충우돌 수행 이야기

꿈결 같은 세상

○ 글 _ 혜 장(2003, 39호)

●   조금씩 철이 들기 시작하던 나이에 좋아하던 노래가 있었다. 지금은 누가 작곡을 했는지 누가 가사를 썼는지 어떤 가수가 노래를 했는지 알 수 없지만 노래의 가사는 정확하게 기억하고 있다.

〈꿈결 같은 세상〉

사람들은 말하지 인생은 슬픔이라고
사람들은 말하지 세상은 무서운 곳이라고
난 믿지 않았지, 슬픔의 인생을

난 변치 않을래. 힘없는 어른들처럼

난 믿고 살 테야, 꿈결 같은 세상.

정말 그렇게 살고 싶었다. 권력이라든가 물질에 구애받지 않고 사람을 사귀되 이익을 따지지 않는 그럼 삶을 살고 싶었다. 그러나 세상을 살면서 그렇게 살기에는 내가 너무 나약했고 그런 모든 것들에 염증을 느끼며 세상살이에 의욕을 잃고 있을 때쯤 우연히 불법을 만났다.

"버리고 또 버려 그 버렸다는 마음조차 버렸을 때 비로소 진정한 해탈을 얻을 수 있다."

결국 난 그 열반의 세계에 가기 위해 출가를 했다. 정작 뭘 버려야 하는지도 모르면서 그저 버려야 한다는 말에 매달려 그때까지 속가에서 갖고 있던 모든 것을 다 버렸다. 하늘 아래 땅 위에 둘도 없는 동기간의 우애도, 서로 다독거려 주고 의지하며 지내라는 부모님의 유언도 버리고, 이제 세상에 나 혼자밖에 없다며 원망의 눈길을 보내는 동생도 아랑곳하지 않은 채 난 절집에 들어왔다. 그로부터 3년이 넘게 흐른 지금 내가 버린 것은 색깔 옷과 머리카락 외에 또 무엇이 있을까?

얼마 전 정랑 뒤 공터에서 풀 뽑기 울력을 한 적이 있다. 아무 생각 없이 우르르 몰려가 이쪽 끝과 저쪽 끝에서 작업을 시작했는데 조금 가다 보니 새끼손가락 굵기만 한 지렁이가 이곳저곳에서 꿈틀거렸다. 지금까지 그렇게 큰 지렁이가 많이 모여 있는 것은 처음 보았다. 마치 평화로운 지렁이 나라에 내가 침범을 한 것 같았다. 호미에 찍혀 반이 잘려나간 것도 있었고 발에 밟혀 죽은 지렁이도 보였다. 호미를 버리고 손으로 풀을 잡아 뜯으면서 조심스럽게 발걸음을 떼었지만 이미 자신들의 터전을 잃어버린 지렁이들은 갈 곳을 찾지 못하고 우왕좌왕 갈팡질팡하고 있었다.

그날 저녁 나는 몸부림치던 지렁이들이 눈앞에 아른거려 좀처럼 잠을 이룰 수가 없었다. 지렁이들 세계에도 권력과 재물이 필요할까? 내가 만약 그 지렁이였다면 사람은 어떤 모습으로 보일까? 사람에 의해 뜯겨나가는 풀숲에서 온몸으로 꿈틀거리던 모습은 마치 천재지변으로 모든 것이 쓸려간 자리에 주저앉아 하늘을 향해 울부짖던 우리네 모습처럼 느껴졌다. 또한 우리가 보지 못하는 거인 걸리버가 있어 너무나 많은 탐욕에 눈이 멀어 어리석어진 인간들에게 가끔씩 경종을 울리는 것은 아닐까?

한 달여가 지난 지금 그 공터에는 풀이 한 뼘쯤 자랐다. 그 안에서 다시 평화를 찾았을 그들을 생각해 본다. 자신들의 의사와 상관없이 하루아침에 터전을 잃어버리고도 반항 한번 제대로 못하고 받아들여야만 하는 그들. 문득 나를 돌아본다. 버리고 또 버려 열반의 세계에 가고자 했으나 나의 게으름과 아만도 버리지 못한 채

이기심 가득 찬 인간으로 이 자리에 서 있다. 나는 그만 부끄러워 얼른 그 자리를 피했다. 육화료 뒷마루에 앉아 뒷산 나무 위를 쳐다보며 내가 보지 못하는 거인 걸리버에게 시선을 보내본다. 혹시 날 일깨워주기 위해 그 풀밭을 만들어 놓은 것은 아닌지…. 그 이후 가끔씩 그곳에 가보는 버릇이 생겼다. 내 안에 있는 또 다른 내가 화를 내거나 게을러질 때 그곳에 가서 작은 세포 하나씩을 버린다. 화를 내는 나를 버리고 게으름 부리는 나를 버리고 욕심내는 나를 버린다. 그렇게 버리고 버려 고요해지고 넓어진 그 자리에 동생에 대한 사랑을 채우고 부모님을 향한 사랑을 채우고 인연 있고 인연 없는 모든 이들을 향한 사랑을 채우고 사람 몸으로 태어나 불법을 만난 것에 대한 감사를 채우며 조금씩 조금씩 해탈의 세계로 발걸음을 옮겨본다.

다만 너무 늦지 않기를

○ 글 _ 무행(2005, 46호)

●   '나의 출가할 때의 마음이 어디로 사라져 버렸는가?'

갑자기 더듬는다. 나의 마음 속! 마음속? 어디? 출가할 때는 아무런 걱정도 없었다. 수중에 돈이 없는 것도, 절을 들어설 때 스산하도록 추워 보이는 벌거벗은 나무들도, 약간 매서운 눈으로 훑어보며 "잘할 수 있겠어요?"라고 묻던 사무실 스님들도 그리고 무엇보다 모든 것이 생소하던 절의 분위기까지…. 왜냐하면 나에게는 깨달아 부처가 되고야 말겠다는 아주 커다란 포부가 있었으니까. 왜 출가하느냐고 묻는 사람들에게 장황한 설명으로 결국 그들의 고개를 끄덕이게 만들고, 이 좋은 출가를 하면서 누구들처럼 도망

치듯 하기 싫어 부모님을 설득하고 지인들에게 알리는 데 들인 시
간도 거의 6개월에 가까웠던 듯하다.

　그러나 지금 나의 모습을 돌아보면 긴 한숨만 나온다. 내가 무엇
을 하든 시간은 흐르고 있고 그만큼 주어진 시간들은 조금씩 소
모되어 가고 있는데 난 무얼 하고 있는 걸까? 다른 사람 홍보는 데

보내는 시간이 경經 보는 시간보다 더 많고, 잠자는 시간이 깨어 있는 시간보다 더 길고(자고 있지 않다고 다 깨어 있는 건 아니다), 바깥세상 이야기에 귀 기울이는 시간이 마음 돌아보는 시간의 열 배 이상은 되는 듯한데, 나는 무얼 하고 있고 어디로 가고 있는가? 출가하기 한참 전에 학교 후배가 이런 얘기를 했었다.

"선배님, 우리 인생을 돈으로 한번 생각해 보자고요. 앞으로 한 50년 더 산다 치고⋯." 하면서 100원짜리 동전과 10원짜리 동전 몇 개를 꺼냈다. "이 100원짜리 하나가 10년이라 치고, 음, 그러면 10원짜리 하나에 1년이니까. 우리가 가진 건 겨우 10원짜리 50개 정도밖에 안 되는 거예요. 그럼 1년을 보내면 동전 하나씩이 없어지는 거라고요."라고 하며 후배는 이미 한 해가 가버린 양 10원짜리 동전 하나를 손바닥에서 치웠다. 그리고 이어서 "그러니까 하루하루를 열심히 살아야겠죠?"라고 말했었다.

그 순간 큰 충격을 받았다. 나에게 주어진 시간이 그렇게 피부에 와 닿게 느껴진 건 처음이었다. 그렇게 돈으로 환산을 하니 남은 시간이 왜 그렇게 적어 보이던지. 그러나 우리에게 있는 망각이라는 존재는 그 순간 느꼈던 경각심을 금세 묽게 희석시켰고 난 어느새 다시 살아오던 대로 그렇게 살아가고 있었다.

그런데 요 근래 들어 '나를 힘들게 하고 즐겁게 하고 화나게 하고 애타게 하는 이 마음은 어디서 오는가?' 하는 생각이 머리를 떠나지 않는다. 고타마 싯다르타의 왕위를 버리게 했고, 혜가 스님의 팔 하나를 잘라갔으며, 수많은 조사스님들의 목숨을 걸게 한 그 마음자리는 도대체 어디에서 찾아야 하는가? 있는 것 같다가도 다른 모습으로 바뀌고 또 생겨났다 사라지기를 수시로 반복하는 이놈! 잊었던 다급한 마음이 머리를 든다.

출가할 때 내일 죽을지도 모른다는 절박함이 가득했었는데, 무슨 '빽'으로 이렇게 허송세월을 하는 것일까? 하루를 보내며 꼭 해야 할 일들을 몇 가지 정해놓고 나니 쓸데없이 보내는 시간이 얼마나 많은지도 새삼 알 수 있었다. 차 마신다고 한두 시간을 후딱 보내고, 피곤한 몸을 누이면 또 시간이 후딱, 그리고 나면 어느새 하루가 다 가고… 이암권 선사는 저녁마다 "오늘도 또 이렇게 헛되이 지나가니 내일 공부를 어찌 알랴." 하면서 눈물을 흘렸다는데 우리는 시간이 흘러가는 것을 얼마나 뼈저리게 느끼고 있으며 출가할 때의 다부진 마음을 얼마나 자주 되새기고 있는가?

지금 자신의 모습이 그대로 계속 이어져도 아무 후회가 없다면 정말 그 사람은 성불한 사람이거나 아니면 아무 생각 없는 사람일 것이다. 안일함에 빠져 '이 정도면 괜찮게 살아가고 있는 게 아닌가.' 하고 마음 놓고 지내다가는 꼭 후회할 날이 올 것이다. 다만 너무 늦지 않기를 바랄 뿐. 후회조차 하지 않는다면 더 무슨 말을 하리오.

출가, 비루한 생의 끝자락에
잡은 동아줄

○ 글 _ 혜범 (2015, 87호)

"굳센 믿음으로 허망한 욕망을 버리고 일찍이 발심發心한 젊은
출가자들은 영원한 것과 영원하지 않은 것을 똑똑히 분간하면
서 걸어가야 할 길만을 고고하게 걸어서 가라."
 - 우바리 존자

귀농 후 산속에 살기 10년, 새벽에 깨면 늘 눈물이 나왔다. 서글
퍼서도, 현실 삶이 곤궁하거나 답답해서도 아니었다. 오히려 어머
니를 모시고 산속에서 밭농사 짓고 나무 하고 장작 패고 산나물과
산새를 벗 삼아 소박한 생태건축과 아마추어 목공예를 하며 세월

을 낚는 한량의 유유자적한 삶을 꽤 즐기고 있었다. 눈물은 잠에서 깨면 자동반사적으로 그냥 흘러나왔다. 그건 마치 자신이 의식 못하는 저 밑바닥에 잠자고 있는 또 다른 분신이 울고 있는 듯한 느낌이었다. 난 그 울음의 의미를 해독할 수도 이해할 수도 없었다.

7년을 모셨던 어머니가 돌아가시고 100일 제사를 지낸 어느 날 나는 출가했다. 그때 내 삶은 커다란 전환의 기로에 서 있었다. 예전처럼 농사짓고 살 수도 있었다. 그 또한 나쁘지 않았다. 그러나 산속에서 홀로 사는 삶에 뚜렷한 가치관과 철학이 밑바탕 되지 않으면 그건 흘러가는 강물을 바라보는 수동적인 삶에 지나지 않는다는 사실을 외면할 수 없었다. 나는 몇 년 공부하고 돌아와 알찬 귀농 생활을 이어가리라 생각했다. 이렇듯 내 출가는 승가의 일원이 되어 '상구보리 하화중생上求菩提 下化衆生'하는 삶을 위한 초석을 쌓고자 하는 목적이 아니었다.

나는 스님이 되기 위해 출가하지 않았다. 그저 인류의 큰 스승이신 석가모니 부처님의 사상을 좀 더 체계적으로 배워보고 싶었을 뿐이었다. '경전 공부'를 통하여 자신의 내면을 살찌우고, 살랑거리는 마음을 붙잡아 줄 튼실하고 굵은 동아줄을 마련하여 산골생활을 좀 더 탄탄히 하고 싶었을 뿐이었다. 먹여 살려야 할 자식도, 추구해야 할 이상도…. 그 어떤 동아줄도 없이 나머지 생을 보내는 것, 그건 참 막연했고, 두려웠고, 무의미했다. 무위無爲의 적멸寂滅

을 통해 평안을 느끼기에 내 정신은 너무 얕았고 가난했고 너덜너덜했으며 피는 뜨거웠다.

절집 안에 들어와 생활한 지 3년 반이 되었다. 나는 부처님 앞에 무릎 꿇고 당신의 제자로, 스님으로 나머지 생을 살겠노라 다짐하는 것을 늦추기 위해 최대한 발버둥 쳤다. 마음을 내어 출가했으나 진정한 신심출가身心出家는 요원했다. 산속의 야생마는 우리에 갇혔다. 야생마가 공동체 생활에 녹아들기에는 녹록치 않은 시간들

이 필요했다. 눈빛은 초점 잃어 흐물거리고 발걸음은 흐느적거리거나 종종거렸으며 온몸과 마음의 세포들은 산속 야생의 삶으로 돌아가고 싶어 수시로 울부짖었다.

그러나 나가는 것은 쉽지 않았다. 누가 붙잡아서, 못 나가게 막아서가 아니었다. 승가의 삶속에는 분명 뭔가가 있었다. 그 무언가가, 힘이, 한 줄기 빛이, 부처님 사후 2,500여 년이 지나도록 승가를 존속시키고 유지시키고 인류의 문화와 정신에 커다란 나침반 역할을 해온 힘이라는 것을 조금씩 알게 되었다. 그 앎, 강렬하고 매력적이었다.

어둠의 바탕은 빛이다. 어둠은 진리의 등불 아래 서서히 무릎 꿇었다. 하지만 그 빛은 신기루처럼 쉽게 잡혀지지도 잡을 수도 없었다. 당연했다. 옛 조사스님들께서 '이 한생 태어나지 않은 셈치고 목숨 내놓고 정진해라' 하신 뜻을 조금씩 이해할 수 있었다. 불교의 시간 개념은 기본이 삼생三生(전생, 현생, 내생)이니 범부의 조급함은 발붙일 틈도 없다. 당연함을 인정하고 우보천리牛步千里로 걷고자 마음먹은 날, 비로소 도량의 연초록 새순과 눈이 부시도록 맑은 물빛이 보이기 시작했다. 승僧으로서의 삶과 농민으로서의 삶을 이분법적으로 나누었던 우매함은 서서히 난파되었다. 분별에 익숙해진 사고틀은 단단하고 질기나 서서히 찢겨나가고 있다.

3학년 여름 방학, 승가의 초학자가 배우는 『치문緇門』 책을 펼친다. 위산대원 선사 경책의 한 구절이 가슴에 들어와 박힌다.

"夫 出家者는 發足超方하여 心形異俗하며 紹隆聖種하여 震懾魔軍하며 用報四恩하고 拔濟三有니… 무릇 출가자는 세간을 초월하려 첫발을 내디뎠으면, 마음과 몸을 속인과 다르게 하고 불조佛祖의 종자를 이어 성숙시켜서 마군魔軍까지도 두려워 떨게 하고, 네 가지 은혜를 갚으며 삼계의 고뇌 중생을 건져 내야 한다."

출격 장부의 기개가 하늘을 찌른다. 대의大義를 위해 한 생 바치는 일이, 한낱 시대에 뒤떨어진 퇴물이거나 정치인들의 수사로 전락한 지 오래건만, 누군가에는 여전히 살아있는 언어요, 추구해야 할 가치다. '가치'를 추구하는 삶은 가난하나 비루하지 않다. 비루한 생의 끝자락에 잡은 동아줄 그게 나의 출가다.

나의 행자일기

○ 글 _ 혜근(2016, 89호)

●   오늘도 어김없이 새벽 4시가 되면 잠이 덜 깬 채 방문을 나선다. 차가운 바람에 잠을 깨며 법당 안으로 들어서면 쏴한 차가운 공기에 또 한 번 정신 차리게 된다. 108배로 새벽을 열고 부처님께 예불 드리며 하루가 시작된다. 이제 이런 일상도 벌써 4개월째 접어든다. 절집의 하루는 하루하루가 반복이면서도 같았던 적이 없었다. 지나온 짧은 행자생활을 돌아보면 새삼스레 이제는 먼 이야기처럼 아련하게 웃음이 난다.

한 번도 와 본적이 없던 청암사로 '출가'를 결정하고 인터넷을 뒤져 전화 한 통 드리고 찾아오게 되었다. 첩첩산중 굽이굽이 돌아 처음 도착한 청암사는 "한번 오기도 힘들지만 나가기도 힘들겠다."

는 동행했던 속가 오빠의 말처럼 깊은 산중에 자리해 있었다. 12월 초, 오후 6시가 조금 넘은 시각인데도 한밤중 같은 무거운 어둠과 안개, 어둠속에서 세차게 들리던 계곡 물소리에 꼭 다른 세계로 넘어온 느낌을 받은 첫날 기억이 아직도 뚜렷하다.

청암사에 출가하여 가장 먼저 한 일은 만 배였다. 만 배를 마쳐야 행자복을 입을 수 있다 하기에 나는 서둘러 첫날 하루에 삼천 배를 끝냈다. 그러나 다음날 『만배명호집』의 부처님 명호를 부르며 절을 하는데 어찌된 일인지 150분 부처님의 이름을 되풀이해서 부르는 상황이 발생한 것이다. 그런데 또 그 다음날은 250분 이름을 되풀이 부르며 절을 하고 있었다. 순간 화가 올라왔다. 곧바로 부처님께 절 조금 더 한다고 기분 상해 하는 자신을 보니 한없이 부끄러워졌다. 출가해서 처음 부처님 앞에서 뭔가를 시작하려고 하는데 정성을 다하기보다 만 배를 향해 달려가는 한 마리의 말이 된 것이다.

그때부터 정신을 차리고 부처님 명호 부르는 것에 집중하여 한 배 한 배 정성들여 천천히 절하기 시작했고 횟수가 점점 줄어 마지막 날은 천 배로 마무리하며 만 배를 무사히 마칠 수 있었다. 목표만을 위해 달려가던 오래된 습성에서 과정과 임하는 마음의 중요함을 부처님께서 넌지시 알려주신 거라 생각하며 그때 마쳤던 만 배는 지금까지도 기억에 남고 또 오래도록 잊히지 않을 것 같다.

그땐 행자복이 왜 그리 빨리 입고 싶었을까? 만 배를 끝내야 입

좌충우돌 수행 이야기

을 수 있기에 어떤 포상과 같은 느낌이었던 것 같다. 헌데 막상 행자복을 입어보니 여간 불편한 것이 아니었다. 꼭 무술하시는 분들이 착용하시는 행전이라는 것을 착용하며 허리띠는 고의 중앙의 바지선이 서로 만나게끔 허리선에서 잘 접은 상태에서 해야 하고 매듭 매는 법과 방향, 옷매무새 등등⋯. 행자복을 입던 첫날, 만 배를 좀 더 천천히 했어도 됐겠다(?)는 생각이 들기도 했다.

하지만 더 막막한 건 해우소에서다. 익숙하지 않는 행자복에 더 익숙지 않은 재래식 해우소는 넘어야 할 산과 같았다. 점점 액체를 마시는 양이 줄기도 했으나 어차피 넘어야 할 산이면 정면으로 맞서보자 다부지게 마음먹었다. 표현이 좀 비장하지만 당시의 심정을 정말 그대로 표현한 것이다. 그렇게 맘을 먹고 아무렇지 않은 척 해우소를 더 자주 드나들었던 기억이 난다. 지금은 하루 종일 잘 때까지 입고 있는 이 행자복, 해우소도 너무나 익숙해졌지만 당시의 심정을 떠올려보니 너무 웃긴 이야기가 아닐 수 없다.

부처님 법을 조금 일찍 알았더라면 어떻게 달라졌을까? 나는 3년 전 유학 중 아주 우연히 한 스님의 법문을 동영상으로 접하게 되었고 너무나 명쾌하고 쉽고, 실천적이며 이치에 맞는 말씀들에 신선한 충격을 받았다. 이치를 알고 원인을 아니 당시 내가 고민하던 대부분의 문제들이 해결되었다.

이때부터 삶을 한 순간에 이토록 밝게 변화시키는 부처님의 가르침이 무엇인지 찾아보기 시작했다. 부처님께서 깨달으신 '연기',

즉 "이것이 있어 저것이 있고, 저것이 있어 이것이 있다."는 어찌 보면 너무나 간단한 말 같지만, 이 연기법은 우주와 인생의 진리를 총체적으로 설하신 것이다. 나는 온 우주의 이치를 아우르는 이 가르침의 깊이에 충격으로 멍해졌다.

'나는 무엇을 위해 어디를 향해 그렇게 열심히 달렸을까? 모든 존재는 변화하고 나도 결국은 늙어 죽게 될 것이다. 사람으로 태어나 만나기 어려운 불법佛法을 만난 것에 감사드리며 이 생에 수행자가 되어 부처님 가르침으로 살아간다면 얼마나 좋을까……. 내가 불법을 전해 들었듯이 나도 나와 같은 이들에게 자신을 찾고 좀 더 자유롭게 살 수 있게 도와줄 수 있지 않을까…….'

이 시기에 머릿속을 떠나지 않던 생각들이다. 하지만 당시 용기가 없었다. 진실한 불자가 되는 것도 수행자의 삶과 다르지 않을 거란 생각을 하며 남은 유학생활을 마쳤다. 한국으로 돌아온 뒤 오빠의 결혼식을 마치고 거짓말처럼 개운하게 출가를 결정했다.

춥고 눈 내리던 겨울을 지나 완연한 봄의 기운이 청암사 온 도량에 넘치고 있다. 앙상하던 나무에는 새순이 돋고 꽃이 피며 어디서 왔는지 나비와 곤충들이 눈에 띈다. 나는 이 봄의 한가운데서 잠시 뒤에 사라질 생성하는 봄을 감사히 지켜본다. 온 천지가 부처님 법문임을 다시 한 번 느끼며, 그렇기에 매 순간 깨어 있는 수행자가 되길 간절히 발원한다.

늙은 행자의 월령가

○ 글 _ **혜겸**(2017 · 96호)

●   '좋은 스님이 되거라.' 등을 두드리는 여인과 '석 달만 있다가 나와.' 잡은 손을 놓지 않으려는 여인을 주차장에 남겨 두고 청암사 일주문을 들어서는 내 심경도 그 두 여인의 바람만큼이나 배반적이었다. '그냥 농부로 살면서 먹고 사는 일을 수행처럼 하면 되지 않을까?' 하는 마음과 '이왕 사는 거 밥 먹고 하는 일이 수행이면 좋지 않을까?' 하는 마음을 양날의 검처럼 품고 7월 28일 어스름 무렵 입산이란 걸 했다.

    하필 입산 다음날이 '어린이 템플스테이'여서 나는 만 배도 시작하지 못한 채 후원 한 귀퉁이에 어정쩡하게 비켜서서 이틀을 보냈다. 그 와중에 첫 소임이랍시고 열심이었던 것은 빈 박스를 납작하게 접는 일이었는데, 입체를 평면화 시키는 그 작업이 여태껏 나라고 주장하며 빳빳하게 세워 올린 각들을 무참하게 해체시키는 어떤 은유처럼 여겨져서 두고두고 상념이 많았다.

'2주가 참 길구나.' 정말이지 두 달을 지낸 느낌으로 그 한 문장을 썼다. 하루하루가 녹록치 않았다. 나의 일기는 온통 혼난 일들의 기록으로 채워졌는데 모르면 모르되 내가 똥오줌 못 가리는 똥싸개였을 때에도 그토록 혼꾸멍나며 하루하루를 살지는 않았으리라. 잠깐 공양주 소임을 살 때는, 늘 젖어 있던 옷고름이 개숫물이 아니라 마치 눈물에라도 젖은 양 스스로 가여운 느낌에 빠져들기도 했다. 축축한 8월이었다.

9월 9일 삭발을 했다. 입산한 지 40여 일 만이었다. 극락전 대방, 나는 부처님 앞에 무릎을 꿇었고 오로지 나의 삭발을 위해 가사 장삼을 입으신 스님들께서 빙 둘러앉아 다라니를 읊으시는 가운데 학장스님께서 손수 가위질을 하셨다. 안경을 벗어 흐릿한 시야에 희끗한 머리채가 들어왔다. '많이 셌구나.' 담담한 시선이었는데 한순간 무연해지는가 싶더니 참을 수 없는 눈물이 새 나왔다. 삭발이 처음은 아니었다. 10여 년 전 카트만두의 이발사에게 바가지를 쓴 이래로 내 삶이 뭉텅뭉텅 가벼워져 휘청일 때마다 삭발을 하곤 했다.

낯선 것은 잘린 머리칼의 가지런함이었다. 머리칼이란 내 몸에서 떨어져 나가자마자 밟기도 께름칙한 부정不淨한 어떤 것일 뿐이었는데 지금 저 반백半白의 무명초는 내 반백半百의 삶을 담고 있으면서 또한 그것을 부정否定하려는 그 무엇이었다. 돌아나가기에 늦은 건 아닐까? 아무튼 그날은 길일이어서 나는 머리를 깎았고 육화료는 머리를 이었다. 새벽에 목탁 쥐고 도량석도 하고 공양간 아궁이 앞에 앉아 옷고름도 말리면서 9월을 보내는데 복장식이 있던 24일 북적이는 사람들 틈에서 바람결에 묻어온 바깥소식 하나. 친하게 지내던 사람과 개가 각각 공황장애와 우울증에 걸렸다는….

10월 1일. 이제 2주가 아닌 두 달이 정말로 지났다. 육화료 대방 부처님 앞에 의젓하게 앉아 발우를 펴고 죽 공양을 하기 시작했다. 두 달, 바깥에서라면 그날이 그날인 2주 같은 시간이었으리라.

"행자님 여기서 이러시면 안 됩니다." 어지간한 잘못은 다 해보고 어지간히 혼도 난 것 같은데 언제 무슨 일로 터질지 모를 지뢰들은 여전했다. 잘 못하는 일은 아예 안 하고 살았다. 어렵고 불편한 자리를 피하면 그만이었다. 그랬는데, 여기서는 되나 마나 해야 한다. 주는 대로 입고, 주는 대로 먹고, 되는 대로 섞여 잔다. 몸에 물 한바가지 끼얹는 데도, 하다못해 볼일을 보는 데도 시간과 장소가 까다롭다.

이 모든 사소한 불편함에 익숙해지면 정작 사는 일은 쉬워질 것인가? 아무튼 여법하기 짝이 없는 발우공양을 하면서 '식은 죽 먹기'라는 속담은 제대로 이해했다. 뜨거운 죽 먹기는 눈물 나는 일이라는 것을. 그래도 죽을 받아 들고 정대 하는 시간, 마치 거울 속 나를 바라보듯 '행자'라는 내 이름을 마주하는 그 짧은 시간, 그 짧은 눈길이 퍽이나 은근하다. 그리고 10월 14일 이름을 받았다. 혜겸慧謙. 은사스님께서는 내가 겸손하지 못한 줄 어찌 아셨을까?

인연이랄까, 운명이랄까. 새 옷을 입으신 청암사 부처님이 빛을 보신 11월 5일은 내가 입산한 지 만으로 백 일 되는 날이었다. 곰은 백 일 동안 마늘과 쑥을 먹고 사람이 되었다는데 백 일 동안 마늘과 파를 못 먹은 나는 이가 흔들렸다. 한두 개가 아니라 틀니처럼 통째로 빠질 기세였다. 힘든가?

"지금 행자님들은 편한 거예요. 나는요…." 같은 방을 쓰는 행자들끼리도 이 소리를 하니 절집의 하루하루는 오뉴월 햇살만큼 무서운 것인지도 모른다. 그리고 어쩌면 우리 모두는 날로 편해지는 시절 덕에 이 행자 시절을 날로 보내고 있는지도 모른다.

그러나 솔직히 나는 힘들다. 사막을 걷는 심정이다. 서 있을 수도, 돌아갈 수도 없다. 11월의 마지막 날, 가장 심하게 흔들리던 제1의 어금니를 뽑았다. 그랬더니 바로 그 옆 제2의 어금니에 금이 가 이가 시렸다. 법당 안에서 내뿜는 입김이, 섣달그믐 떡 방앗간에 피어오르는 김처럼 맹렬했던 12월 어느 날 살점이 묻어나도록 생니인 제2의 어금니를 뽑았다. '제1의 행자가 자리를 비웠더니, 제2의 행자가 죽을 맛이었다.'의 지독한 은유 같았다.

3

나는 누구! 여긴 어디!

방황록

○ 글 _ **지범**(1995, · 6호)

●   세 번째였다. 말 한마디 남기지 않고 떠나버리기.
입산 후 꼭 세 번째였다. 언제부터인가 삶이 다람쥐 쳇바퀴 돌리듯
그저 정해진 틀에서 같은 코스만을 반복하여 오가고 있다는 생각
을 하게 되었고, 그런 생각들이 누적되어 어떤 전환점을 찾지 않으
면 안 될 정도로 치달을 땐 주섬주섬 걸망을 꾸려 무작정 본사를
떠나곤 했다.

    이번에는 어디로 가야 하나? 무엇을 해야 하나?

    목적도 방법도 정해진 바 없이 그저 어디라도 가야 했고, 무엇이
라도 해야 했다. 거친 세파에 여리고 게으른 마음과 사고를 단련시
키고 싶다는 아련한 의지와 가사 한 벌만이 내 전부였다. 새벽 거

리를 무거운 상념 속에서 걷고 있는 나. 몹시도 초라한 존재라는 생각이 스치기도 했으나 가슴 속에서는 다가올 시간들에 대한 설렘과 기대감이 슬그머니 고개를 들고 이것저것 계획을 세우고 가늠해 보곤 하였다.

정지되어 버린 듯한 무미한 삶, 온실 속의 화초처럼 은사스님께 의지해 온 스무 해. 많은 사람들이 일상에 주저앉아 목적을 잃고 살아가는 모습들을 이해할 수 없었다. '나 또한 저리 살게 될 것인가?' '이렇게 일상에 머물러 버리고 말 것인가?' 이런 생각, 느낌들로 나는 몹시 불안했다. 받아들이고 포용하기엔 너무도 벅찬 현실이었다. 먹물 옷 입고 불전에 예배하는 것만으로는 수행자라는 확신을 가질 수 없었다.

어느새 서울역. '벌써 지하철을 몇 번이나 갈아타고 여기까지 왔단 말인가.'

막상 역에 들어서고 보니 막막하기만 할 뿐이었다. 아는 스님, 아는 절로 찾아다니는 것도, 이젠 더 이상 갈 만한 곳도 없었다. 이번만은 방황과 도피가 아닌 진정 철저한 구도행각으로써 나 자신을 자신 있게 단단한 수행자로 키우고 싶었다. 명목이 서지 않는 가출은 이제 은사스님 뵙기도 민망하지 않은가?

"저, 계십니까?"

경주의 어느 암자 앞에서 요사채 쪽을 보고 소리 내어 불렀다. 잠시 후, 안에서 노스님 한 분이 방문을 열고 나오셨다.

"저어, 부전을 살아볼까 합니다."

또박또박 찾아온 목적을 말씀드렸으나 딴에는 간신히 용기를 낸 것이었다. 노스님의 안내를 받아 주지스님을 뵙고 "한번 살아보라."는 허락을 받고 간단한 차담을 하고나서 내가 거처할 방에 건너와 걸망을 내려놓았다.

'앞으로 한 달 동안 여기서 살아야 하는구나.'

막상 텅 빈 방에 혼자 우두커니 앉아 있으려니 낯설고 적막하여 묘한 느낌이 들었다. 지난 철 도반스님으로부터 이곳에서 부전스님을 구한다는 얘기를 들었다. 서울역 대합실에 앉아 망상으로 시간을 보내다가 언뜻 생각이 거기에 미치자 그대로 이곳으로 내려와 버린 것이다.

사분정근에 하루에 한 번은 시식이 있었다. 그야말로 손에서 목탁 놓을 시간이 없는 바쁜 생활이었다. 본사에서는 무슨 이유를 붙여서든 시식 때마다 빠지곤 했다. 대중이 많이 모여 있으면 왠지 긴장이 되어서 엉터리 염불을 하게 되었기 때문이다. 그러나 이곳에서는 각오가 새로웠다. 열심히 기도하고 염불하며 그렇게 뭔가 목적을 향하여 수행하면서 하루하루의 고달픔을 잊었다.

그렇게 20여 일. 저녁 기도를 마치고 법당 문을 나서는데 토함산 봉우리에 걸려 있는 보름달이 크고 환하게 눈에 들어왔다. 그 순간, 갑자기 밀려오는 어떤 느낌, 형언할 수 없는 그 느낌으로 인해 이제 본사로 돌아가도 좋겠다는 생각을 갖게 되었다. 조금 알 수 있을 것 같았다. 모든 문제가 자신에게서 일어났을 뿐, 결코 다른 이들의 잘못이 아니며 내 작고 국집된 소견으로 그들을 저울질하고 판단했다는 것을. 그로 인해 망상의 병을 더욱 깊이 앓았던 것을.

기도회향일까지 열심히 기도하고 떠나왔다는 사실이 기뻤다. 은사스님께 돌아와 부끄럽고 죄송한 마음으로 삼배를 올렸을 때 "그래 잘 왔다." 하시면서 손수 저녁상을 보아주시는 모습을 대하면서 이것 이상의 아픈 채찍이 없음을 가슴 깊이 느꼈다. 비로소 내 마음에 작은 새싹이 꿈틀 돋아나는 것 같았다. '심여공화사心如工畫師', 마음을 반조하여 허공 가운데 그림을 잘 그릴 수 있는 참 수행의 길을 닦아갈 것을 부처님 전에 서원하며 두 손 모은다.

●

잠자리 씨 뿌렸습니까?

○ 글 _ 오상(1997, 14호)

●   꾸밈없는 그대로의 조화를 즐길 수 있는 이곳 청암에 공작꽃 패랭이가 거의 자취를 감출 즈음 여름 장맛비가 며칠 계속 내리더니 계곡의 물이 불어 선녀탕 올라가는 징검다리를 감춰버리고 그 소리는 온 도량을 덮고 말았다.

어제는 운력으로 밭에 고구마를 캐러 갔었다. 잠자리 떼들이 고구마밭 위에 앉아 한바탕 춤마당을 이루며 노닐고 있다. 그것을 보고 어느 스님께서 "농감스님이 잠자리 씨 뿌렸습니까?" 하는 물음에 그렇다며 빙긋 웃으시는 모습을 보며 '자연은 우리에게 얼마나 많은 풍요를 가져다주는가!' 하는 생각과 함께 말이라는 것에 대해 생각해 보았다. 말을 많이 하고 살면서도 '진정 바른 말인가?'

라는 생각으로 무척 어려움을 느꼈기 때문이다.

아무리 좋은 말일지라도 상황에 맞지 아니하면 필요 없는 말이 되며, 또한 상대가 들을 수 있는 여건이 되어 있지 아니하면 그 말 또한 스쳐지나가는 바람소리에 그치며, 마음과 다른 얘기를 한다면 그 또한 가면극을 하는 것이며, 자신의 감정을 추스르지 못하였을 때는 짜증스런 말, 화내는 말, 들뜬 말, 의심하는 말, 또는 시기의 말을 하게 됨을 본다.

마음(생각)을 잘 전달할 수 있는 하나의 방편으로서 말이 될 수 있어야 함에도 불구하고 전혀 다른 사고를 하는 사람과의 대화는 더욱 어렵게 느껴진다. 타국인과 우리나라 사람과의 사고가 다르고 남자와 여자의 사고가 다르고 어린아이와 어른의 사고가 다르며 같이 사는 대중들도 각 개개인의 사고가 다르다.

그러면서도 대화를 할 때면 자주 이러한 사실을 잊어버리고 말이 감정에 끌려 나뒹구는 것을 보게 된다. 즉 선배에게서 꾸중을 듣고서는 그 감정을 누그러뜨리지 못하고 후배에게 짜증스럽게 얘기를 한다든지, 부부와의 갈등으로 인하여 그 감정의 영향으로 자녀에게 화를 내며 얘기한다든지, 자신의 생각에 몰두하여 상대의 말에 귀를 기울이지 않아 자신의 생각으로 판단하고 엉뚱하게 오해하여 말하기도 한다.

이렇게 말의 어려움을 생각할 때면 부처님의 말씀을 떠올려본다. 대화를 할 때면 그 마음을 대화하는 것에 두어 될수록 상대방의 말을 바로 듣기를 원하며, 또 말을 하게 되는 경우에는 어떤 마음에서 하게 되는가를 다시 되돌아보기도 한다.

말은 무척 어렵다. 그리하여 옛 선사들께서는 입을 재앙의 문이라 하여 적게 얘기하기를 권하셨으며, 묵언도 하셨다. 허나 자주 그 사실을 잊어버리고 화를 내기도 하며 다투기도 하며 화를 불러 많은 것을 잃기도 한다. 어느 스님께서 설법하시기를 "말은 마음에 의해 나타나는 것이므로 먼저 마음을 다스릴 수 있어야 된다."고 하시며, 부정적인 말보다 긍정적인 말을 하길 권하시면서, 우스갯소리로 어릴 때 스님의 어머니께서 '빌어먹을 자식, 빌어먹을 자식'이라는 말을 많이 하셨기에 지금 중이 되었다고 하셨다.

어찌 이 말씀을 그냥 스쳐 지나치리오. 간혹 사람들을 대하다 보면 어떤 이는 희망을 안겨주는 이가 있으며, 어떤 이는 비애를, 어떤 이는 의심을, 어떤 이는 시기심을 안겨주는 이가 있으니 어찌 희망을 안겨주는 말을 아니 하겠는가. 또한 말을 들을 때에도 자신의 감정과 생각에 싸여 똑같은 말을 했는데도 불구하고 어떤 때는 좋게 들렸다가 또 어떤 때는 나쁘게 들려 기분이 상하기도 한다.

치문반 어떤 스님은 이번 철에 몸이 아파 채공 순서를 뒤로 돌려놓았는데 채공이 모자라게 되자 자진해서 채공을 살아야겠다고 생각했었다. 그러던 중 저녁 입선시간에 논강 죽비를 쳤는데 다른 생각에 몰두하다 방선 죽비인 줄 알고 잠깐 나갔다 급히 돌아왔다. 방선 후 입승스님의 채공을 살라는 말에 단지 그 스님은 낮

에 생각을 하고 있었던 바이기에 쉽게 "예, 알겠습니다."라고 대답했다. 입승스님께서는 "쉽게 대답을 해 줘서 좋군요."라고 말씀하시며 나가셨다. 치문반 스님들이 "정학으로 채공 사는 것을 아느냐?"고 물었더니 그 스님 잠깐 동안 어리벙벙. 잠깐 나갔다 왔기에 그생각을 전혀 못했던 것이다.

이렇듯 사람은 자신의 생각으로 얘기를 하고 듣기에 상대방이하고자 하는 의사 전달은 달라질 수밖에 없는 것이리라. 그러나 진정 마음에 자비로움이 가득 있다면 듣고 말함에 설령 습으로 인하여 약간 거칠거나, 화를 내어 말할지라도 어찌 그것을 모르겠는가?

살아 있음을 느끼며

○ 글 _ 길상(1998, 20호)

● 　　　절집에 살면 생각은 단순해지는 반면 느낌은 풍
부해진다. 지난 가을은 여태껏 겪었던 가을 중 최고였다고 할 수
있다. 화려하게 울긋불긋한 단풍은 아닐지라도 날마다 조금씩 채
색의 깊이를 더해가는 나뭇잎들과 단풍이 물든 계곡을 보니 봄과
여름은 가을을 위한 준비기가 아니었나 싶다. 붉은 벽돌색으로 물
들어진 낙엽을 주우며 "나뭇잎도 정신적으로 성숙하면 이런 색깔
을 내나 봅니다."라고 반 스님들에게 그럴듯한 소리도 해 본다. 어
느 곳이나 그곳에 알맞은 분위기가 있는 법. 청암사에 맞춤한 계절
과 스님들, 그 속에서 나는 살아 있음을 느낀다.

출가하고 처음 속가의 인연들을 만났을 때 그들은 같은 질문을 했다. 출가해서 제일 좋은 점이 뭐냐고? 괜시리 애달픈 표정을 하고 묻는 그들에게 '불법 속에서 살아가는 생활이 좋다 하면 이해할 수 있을까?' 싶었지만 이렇게 말했다. 살아 있다는 느낌을 매일 받을 수 있고 그것에 감사할 수 있어 좋다고. 새벽 도량석 목탁소리가 들리면 밀려오는 잠에 대한 욕구를 떨치고 쏟아지는 별빛을 밟으며 법당을 향한다든가, 아침 공양 후 동터 오르는 붉은 구름을 늙은 소나무 사이로 볼 때 오늘도 한번 살아보자는 희망이 가슴 가득하다.

장난꾸러기 막내스님들의 착하고 맑은 눈동자를 볼 때, 앓아누워 있으면 이불을 들춰보는 반 스님들의 챙김 속에서 나는 살아 있음을 느낀다. 힘든 밭 울력을 마치고 저녁 해가 뉘엿뉘엿 질 무렵 산길을 돌아 도량이 가까워짐에 때맞춰 울리는 마치 입선을 알리는 듯한 법고소리를 들을 때, 주먹만한 감자를 캐내며 모두들 신기해하던 모습들과 수확을 끝낸 대지에 푸근히 눈이 내려 뜨거웠던 여름의 수고로움을 잊고 긴 휴식에 들어간 모습에 숙연해질 때 나는 또 살아 있음을 느낀다.

또 가끔씩 별 뜻 없이 늘 외우고 다니던 염불의 한 게송이 어느 날 가슴에 와 닿을 때, 이리저리 해석해도 이해가 안 되던 치문의 한 구절이 어느 한순간 환하게 들어올 때의 상쾌함, 그와 더불어 정신세계까지 고양된 듯한 뿌듯함을 느낄 때 머리 깎고 절집에 산다는 것에 감사드린다.

"그러니 그대들이여, 나는 출가해서 비로소 사는 것처럼 살고 있으니 부디 서글픈 마음일랑 버리고 충실하게 그대들의 삶을 살아가세요. 좀 더 많은 세월이 흐른 후 다시 만나게 되면 굳이 불법을 말하지 않더라도 모습에서 넉넉히 풍겨날 수 있도록 저도 노력하겠습니다."

이제 또 긴 겨울이 시작된다. 이번 겨울은 얼마나 눈이 내릴지. 지난겨울은 참으로 많은 눈이 와서 한 달 가량 녹지 않고 쌓여 있었다. 스님들은 눈사람 부처님을 만들어 그 위에 낙엽으로 가사까지 입히는 추억거리를 만들곤 했다. 말보다는 침묵이, 행동보다는 정적이 요구되는 긴 시간 속에 나의 몸과 마음은 어디를 향할 것인가? 환희용약까지는 못할망정 일단의 도약은 있어야 하지 않겠는가? 강원공부도 의식작법도 하다못해 나의 잣대로 남을 재지 않는 조그마한 아량이라도. 이렇게 나는 오늘도 도약을 꿈꾼다.

좌충우돌 수행 이야기

우리를 아름답게 하는 것

○ 글 _ 지우 (1998, 20호)

●   겨울 아침 무심히 내린 서리꽃을 보며 우리를 아름답게 하는 것은 과연 무엇인지, 지금 우리는 어떠한 수행자로 살아가고 있는지 생각해 봅니다. 헐벗어 앙상한 몸짓으로 밤새 내린 서리를 거부감 없이 온몸으로 수용하는 자연의 참아냄이란 참으로 더없는 스승임이 분명합니다. 그것은 오직 알몸으로 가식 없이 받아들일 줄 아는, 또 수순할 줄 아는 무소유의 삶이 보여주는 신비한 감동이요, 성스러움이기에 우리에게 기쁨을 주는 것일 겁니다.

승가에서 더불어 사는 우리 삶의 빛깔은 어떠할까요? 오로지 자신의 내면을 향하여 스스로 판단하고 선택하고 거부해야 하는

우리는 너무 쉽게 타인의 행동과 사고에 대해 판단 내리기를 주저
하지는 않는지요? 겉으로만 가식적으로만 안정을 취해가는 우리
의 모습을 보며 "밖으로 모든 연을 쉬고 안으로 헐떡거림이 없어
야, 마음이 마치 담장과 같아야 비로소 가히 도에 들어감이라." 하
셨던 달마 선사의 간절한 말씀이 이른 아침 하얗게 도량을 감싸
안은 상화霜花와 함께 피어나 제 무딘 영혼을 일깨워 주었습니다.

불설 8대 인각경에 이르기를 "수행인은 완벽한 이해에 대한 깨
달음을 유일한 직업으로 하라."고 하였습니다. 깊은 이해와 위대한
자유 그리고 진정한 사랑을 수행인의 직업으로 실현시켜야 할 것
입니다. 우리는 말할 수 있습니다. 그러나 행할 수 없는 불협화음으

166
—

로 인해 시비에 익숙한 절름발이 붓다가 되어버린 것은 아닐는지요. 지금 우리는 풀타임으로 수행할 수 있는 기회와 환경에서 살아갈 수 있음이 얼마나 다행스러운지 느낄 수 있어야 합니다.

강원은 결코 졸업장만 따는 세속의 대학이 아닙니다. 하여 나날이 진정으로 살아 있는 날이어야 합니다. 논어 공야장公冶長에서도 "힘써 쉬지 않고 자신을 강하게 하라."라고 강조하고 있습니다. 이것이 바로 부처님께서 마지막으로 말씀하신 "방일하지 말고 정진하라."의 정신일 것입니다. 성냥이 없던 시절 부싯돌로 불을 일으켜 명주솜에 불을 붙여 꺼질세라 그 불씨를 금지옥엽하던 그 옛날 선사들의 오롯한 마음을 신심이라 할 것이며, 불퇴전의 정진으로 일념 상응하여 위없는 보리를 얻어 "나와 내가 모두 일시에 불도를 이루리라."는 것이 원력일 것입니다. 이러한 대신심 대원력이 없는 강당이라면 이미 죽은 강당임이 분명합니다. 지금 우리가 서 있는 이 강당은 진정 살아 있는 강당일까요?

진실은 항상 우리 가슴 속에 있습니다. 진실로 자기를 주시하는 자, 그 내면의 가슴을 향해 걸음 걷는 수행자, 그는 저 상화霜花보다 아름다운 꽃으로 저마다의 가슴에 피어날 것입니다.

다시 언제를 기약할 수 있으랴

○ 글 _ 남견(2000, 26호)

● 　　　　　동터오는 시간에 일제히 기립한 산봉우리들이 맞
아들이는 햇살은 당당하다. 큰 나무들이 먼저 온 몸을 눈부시게
밝히고 나면 나지막한 풀들까지도 따사로운 햇살에게 몸을 내민
다. 높으나 낮으나 자연은 분별하지 않는다. 불두화가 만개하고 엷
은 초록, 진초록, 초록, 입만 열면 초록빛 이야기들이 쏟아져 나올
것 같은 아름다운 도량. 넓고 끝없는 하늘 아래 점찍어 놓은 것보
다 작은 내가 있다. 소쩍새보다 짧게 울다 갈 내가 있다.

　오늘 하루 이 몸뚱이 운전수는 이정표를 잘 살펴 안전하게 운전
해 가야 한다. 부처님 마음을 닮고 부처님께서 행하신 것을 행하
고자 노력하며 마음 운전을 잘해야 하는데 내 마음 길은 울퉁불

좌충우돌 수행 이야기

통 험한 자갈길에 잡초도 무성하다. 붙잡히고 끄달리는 윤회의 길목에 선 오늘, 무언으로 이끌어 손잡아 주시는 부처님의 바른 법을 만났고, 스승님을 만났고, 인간 몸 받았을 때 주먹 불끈 쥐고 차라리 이 육신을 버릴지언정 지혜재산 모으려고 맹세한 마음은 결코 잃어버릴 수가 없다. 안 태어난 셈치고 닦고 가야 한다는 스승님의 말씀이 가슴 속에 박하사탕 같은 싸아~함으로 서려 있다.

다시 언제를 기약할 수 있으랴. 내일부터, 내일부터 하면서 무턱대고 미뤄 놓은 무지한 다짐은 헛될 뿐이다. 마음 깊숙이 싸 놓은 보퉁이를 찾아 꺼내어 불보살님들께 지혜의 불빛을 비춰 주십사 하고 오로지 일심으로 원을 올리고 정성을 드려서 본래면목을 찾아야 한다. 잃어버리고 있었던 본마음을 이제는 만나야 한다.

부처님의 살림살이, 부처님의 지혜농사, 탐심 밭은 이렇게 하니까 매어지고, 진심 밭은 이렇게 매면 되고, 치심 밭은 이렇게 한번 매 봐라. 아상·인상·중생상·수자상 이 사상四相은 조복하고 거친 밭은 하심의 도구로 매 봐라. 그러면 쪼들리고 힘겨운 살림살이가 노력하는 만큼씩 펴지고 수확할 때가 있으리라. 선지식께서 귀한 체험과 방편들로 낱낱이 가르쳐 주셨어도 어리석은 마음 식구들은 놀고 싶어 하고, 쉬고 싶어 하고, 꼭 그렇게 힘든 마음농사를 지어야 하느냐면서 돌아앉는다.

쪼들려서 내 마음을 마음대로 자유롭게 쓸 수 없으면서도 물러서려는 마음, 왜 그리 힘들게 살아야 하느냐고 반문하는 마음, 좀 쉬었다 하자고 드러눕는 마음들, 대충대충 시간만 흘려보내려 하고 농사지어 볼 생각조차 못 하는 어두운 치심, 수행하면서 받는 고통은 이빨 치료 받아서 고통에 끄달리지 않는 행복한 마음을 쌓고, 안 닦으면서 받는 고통은 계속 뿌리까지 썩어 들어가 세세생생 끝없는 고통에 끄달리는 마음만 더할 뿐.

그러기에 둘 다 아픔일지라도 결과는 엄청난 차이가 있다. 밝혀 나가기만 한다면 무궁무진하게 꺼내 쓸 수 있는 보물창고 열쇠가 손에 쥐어져 있다는 깨침. 여름태풍과 가뭄의 업력에 마음농사가 뿌리 뽑히지 않도록 단단히 각오를 해야 한다. 바람보다 시원한 마음의 단도리, 햇살보다 부드러운 표정의 단도리, 삶보다 소중한 화두의 단도리, 무슨 면목으로 참 생명을 만나 풀 수 있는 지극히 아름다운 행렬에 발맞추게 된 것일까. 늦저녁, 남아 있는 햇살에 이파리들은 초록빛을 반사시켜 하늘을 덮고 불령동천은 소리 없이 도량을 건너간다.

몸 벗고 갈 곳, 눈길 한번 돌리지 않고 입은 몸 위해 편안을 쌓는 일밖에 한 것이 없다. 끝내 버리고 가야 함은 안다지만 그저 머리로만 알고 가슴 저 밑바닥에서는 천년만년을 꿈꾸고 있다. 주인공아, 깨어나라. 무엇을 위해 이 한 몸 삭발 출가하고 먹물 옷을 입었는가? 깨어나라. 깨어 있어도 몽롱한 의식으로 흩어지는 생각을 바로잡지 못해 어지르고 다니는데 업의 얽힘 속에 목덜미 잡혀 끌려다녀서야… .

170

좁고 거칠어 남을 배려하지 않는 잡초 무성한 무명의 마음을 대장부의 넓은 마음으로 바꿔가자고 손을 내밀어 마음의 대화를 한다. 좁은 마음길 닦고 넓히기 힘들어도 참아야 한다. 마음가족들이 떠돌이로 헤매 다니면서 황무지로 버려둔, 넓어서 다함이 없다는 마음밭을 매기 싫어도 매야 한다. 하고 싶다는 생각, 욕심내는 생각, 구하려고 하는 생각. 호흡지간에 수없이 생사를 넘나드는 이 생각들. 헐떡이는 마음을 쉬어라. 일렁이는 마음을 쉬어라. 일렁이는 마음이 쉬어질 때 비로소 강물에 비친 달을 볼 수 있게 된다.

몸은 도량에 머물러 있으면서도 마음은 어둠의 미련으로 얽혀 연연해하는 중생심을 일도양단一刀兩斷해야 한다. 이 육신의 집을 비워주고 나면 어둠속에서 탐내고, 미워하고, 불같이 화를 내며, 갈 곳 없어 고통 받아야 할 텐데… 삶이 하루하루 허물어져 붉은 석양 아래 깔리는 자잘한 돌이 되고, 미망을 두드리는 대종 소리에 황망히 밀려가는 순간순간의 생각들이 흔적 없이 사라질 이 몸뚱이를 육도윤회의 수레에 태우려 하는구나.

종일 껴안고 몸 부비고 살아도 가슴과 맞닿을 수 없는 거리에서 잰걸음으로 멀어지는 오늘이여~.

"이 몸뚱이를 어떻게 벗고 갈 것인가?"

"이 몸뚱이를 벗고 나면 어디로 갈 것인가?"

"이 몸뚱이는 무상하고 허망하고 깨질 수가 있기 때문에 나는 마음 닦아 미리 준비하노라."

선지식들의 사무치도록 간절한 화두를 떠올리면, 사방 천지에 그리움으로 녹아내리는 부처님을 만난다. 허공에도, 구름에도, 별빛에도, 어둠이 가로막은 산 위에도, 무명에 가려진 마음 속에도. 당신의 자비와 지혜의 밝음으로 숨 쉬고 있다는 감사함이 온밤을 저며 내도록 피어오른다. 아무도 붙잡지 않는 세월의 흐름 속에 우리가 스스로 참회하고 헐떡이는 마음을 쉴 때까지 조건 없이, 변함없이, 그렇게 부처님 계신다.

마음의 붓으로
그리는 부처님 앞에
절 하옵는 이내 몸아,
법계의 끝까지 이르러라.
티끌마다 부처님 절이요,
절마다 모시옵는
법계에 가득 찬 부처님
목숨 다하도록 절하고 싶어라.
아, 몸과 말과 뜻에 싫은 생각 없이
어서 부지런히 사무치리.
 -『고려의 화엄가 군여均如 노래』

그것은 다 니 생각이고

○ 글 _ 시운(2000, 28호)

"그것은 다 니 생각이고."

은사스님께서 내 걱정을 하실 때마다 항상 맨 앞자리를 차지하는 경책의 말씀입니다. 이 짧은 말 한마디면 시시비비是是非非를 들추어낼 엄두조차 나지 않습니다. 마치 모든 것이 나의 아집으로 빚어진 허물 같고 단지 내 좁은 소견에 갇혀 이랬다저랬다 한 것은 아닌가? 자기반조의 시간을 갖게 됩니다.

'그래, 어쩌면 그것은 내 생각뿐일지도….'

살아가면서 얽힌 모든 일들은 그 무엇이라도 실마리가 풀어지면 매듭지어진 일들도 풍선에 바람 빠지듯 사라집니다. 문제는 그 매듭이 묶인 자리를 맴돌면서 어떤 것이 첫 번째로 당겨야 하는 실타래인지 모른다는 사실입니다. 그러한 가운데 온갖 옳고 그름과 좋고 싫음과 자타自他가 죽 끓듯이 일어납니다. 높고 넓기로는 허공과도 견줄 수 없지만 편협되고 좁기로는 바늘 하나 꽂을 틈이 없는 것이 마음입니다. 그러다보니 자연히 요동하는 마음이 엎치락뒤치락하게 되고 결국에는 중생으로 미끄러지기 시작하는 것입니다.

사실 대중생활 속에서 가장 힘든 것이 화합입니다. 많은 사람들이 인정하는 보편타당한 쪽으로 의견을 모아간다는 것이 쉽지가 않습니다. 어떤 경우이든 우리들은 다 자기 깜냥만큼만 받아들입니다. 좋은 마음일 경우에는 좋은 만큼만, 싫은 마음일 경우에는 싫은 만큼만, 그러면서도 그것이 주관적인 견지에서의 좋고 싫음인 줄은 알지 못합니다. 오히려 '나는 이러한데 너는 왜 그러는가?'라는 아상我相만 높아지기 시작합니다.

자타를 분별하는 것에서부터 불화합과 몰이해와 시비와 분별이 일어납니다. 아마 현재 대중처소에서 살아가는 우리 학인스님들 대부분이 겪는 시비의 코스일 것입니다.

사실 자신의 견해를 대중에게 얼마나 조화시키고 대중의 의견을 또 얼마나 받아들일 수 있는지, 그 편차를 얼마만큼 좁힐 수 있는지가 장애 없는 대중생활의 시작입니다. 대개 주체적인 삶의 영위자라는 가치로 보면 '승僧'보다도 개성이 강한 존재는 없습니다. 이 말을 돌이켜 생각하면 그 독특함을 부처님 진리라는 큰 바다

속에 쏟아 붓기로는 이보다 힘든 사람들도 없다는 뜻이 됩니다.

출가 이후부터 승가 법도를 익히며 승僧으로서의 위의를 갖추고 가깝게는 도반에서부터 멀리는 뭇 생명 있는 것에 이르기까지 우리들은 얼마나 자주 주관적인 생각으로 받아들이고 부딪히며 편협을 담아왔는지 모릅니다. 저 또한 '나'라는 상에 걸려 대중과의 생활도, 은사스님과의 관계에서도 항상 힘들어했습니다. 또한 그것이 '나'라는 상에서 비롯되었다는 것조차도 모른 채 말입니다.

단지 '나는 이러한데 왜 저 사람들은…' 항상 그런 분별 속에서 무엇이 진짜 옳은 것인지에 대해 괴로워했습니다. 하지만 어느 때부터인가 은사스님의 이 말씀이 새겨지기 시작했습니다.

"그것은 니 생각이고!"

얼마나 통쾌했는지 모릅니다. 그 말속에 모든 분별과 시비가 다 풀어지고 자타를 분별하던 이분법적인 사고가 조금씩 풀어질 실마리가 보이기 시작했습니다. 지금도 저는 많은 경계 속에서 항상 이 말씀을 새기려 합니다. 특히 누군가와의 견해 충돌이나 이해관계에서 비롯되는 어려움에서는. 혹여 우리들 가운데서도 자신의 아집과 독선으로 생긴 불화합의 경계 속에서 어지럼증을 느끼고 계시지는 않는지요? 단지 인간이기에 결코 자타가 동일시 될 수 없다는 그 굴레의 말로, 이 몰이해의 골을 깊게 만들고만 있다면 한번 이렇게 생각해 봄이 어떨까요?

'그것은 다 내 생각이고!'

175
—

어느 하루

○ 글 _ 진묵(2002, · 35호)

●   지난여름은 장대비로 얼룩져 사람들의 마음을 아프게만 하고 물러갔다. 우리도 수해를 당했지만 간혹 접하게 되는 수재민들의 소식은 하늘을 쳐다볼 때마다 우울하게 했다. 허물어져서 흉한 모습을 드러낸 집들과 물에 잠긴 논밭들, 이젠 씨앗도 없어서 내년 농사일이 까마득하다는 어느 아저씨의 말씀, 집이 물에 잠겨 보호시설에 누워 있는 장애인 형제의 "우리보다 더 어려운 이웃들이 걱정"이라는 말에 가슴이 아팠다.

여름이 시작할 무렵에 올해는 작년보다 더위가 덜하다 해서 좋아했었는데, 이렇게 갑자기 많은 비가 계속 내려 모두의 마음을 힘들게 하였다. 지구온난화 때문에 이런 일들이 있다고 하는데 옛말에 하나가 좋으면 다른 하나는 고통이 따른다고 하더니 여름에 덜 덥고 겨울 추위가 예전만큼 사납지 않은 대신 이렇게 기상이변이 해마다 곳곳에서 나타나 특히 농민들의 마음을 아프게 하고 있다. 기상이변도 환경을 정화시켜 조금씩 막아야 하겠지만 이제는 제발 인재人災라는 말이 없었으면 하는 바람이 간절하였다.

지난여름엔 내게도 이변이 찾아왔었다. 바람도 없이 후덥지근 하던 어느 날, 주지스님이 그동안 혼자 있어서 보지 못했던 볼일을 보러 가신다 하셨다. 출타하시면서 오늘 제사를 내게 맡기고 다음 날 오신다는 말씀을 남기시고는 오랜만의 외출이라 기분 좋게 나가셨다. 순간 긴장이 되었다. 목탁은 많이 쳐봤지만 법주는 한 번도 해보지 않았기에 신경이 쓰였다. 제사 손님이 서너 사람 올 거라는 말을 듣고 한숨을 내쉬며 그나마 참석 인원이 적다 해서 긴장이 조금은 누그러졌다.

하지만 법주로서 요령을 잡고 재를 처음 지내는 거라 장엄염불을 할 때 '나무아미타불' 부분에서 앞뒤로 꺾는 연습을 해 봐야 할 것 같아서 과일을 재빨리 올리고 법당 뒤로 갔다. 역시 요령 꺾는 소리가 이상했다. 작년에 선배스님이랑 재를 지냈는데 그 스님도 법주가 처음이라 장엄염불을 하면서 간혹 요령소리가 이상하게 나는 바람에 서로 웃고 했었는데… 어색한 요령소리를 뒤로 하고 순식간에 사시마지 올릴 시간이 되었다.

법당에 자리하고 시선에서 비껴서 있는 시계를 보았다. 열한 시에 시작인데 시간이 다 되었는데도 재주齋主들이 오지 않아 더 긴장이 되기 시작했다. 빨리 시작했으면 좋겠는데, 시간이 지나면서 마음만 자꾸 작아지는 기분이었다.

결국 11시 30분이 되어서야 여섯 명의 제사 손님이 왔다. 사시마지는 항상 하던 거라 무난히 지나갔지만, 드디어 긴장된 마음으로 요령을 잡은 법주가 되어 제사를 시작하였다.

그런데 재가 시작된 지 얼마 되지도 않아서 돌발사태가 발생했다. 재주 분들이 절 몇 번 하더니 헌식하고 자리 정돈하고 좌복마저 제자리에 갖다놓고는 가만히 나를 향해 서서 빨리 끝나기만을 기다리고 있는 게 아닌가.

황당했다. 돌발사태에 긴장되었던 마음이 날아가 버리고 요령소리가 어떻게 나는지 신경 쓸 겨를도 없이 나의 두 눈은 그 재주들 행동에 가 있었다. 순간 빨리 끝내야 되겠다는 생각이 들어 가능한 한 축소해서 끝을 맺었다. 뒤에 알아보니 이분들은 처음 초재 지낼 때부터 그런 식이었다고 한다. 아, 미리 알았더라면. 긴장하지 않고 좀 더 잘해 드릴 수 있었을 텐데.

그런데 나를 더욱 당황하게 만드는 일이 또 하나 일어났다. 공양을 끝내고 법당을 정리하고 있는데, 보살님 한 분이 와서 어젯밤 꿈이 이상해서 의논을 하고 싶다는 말을 꺼냈다. 순간 난감했다. 내 꿈도 내가 모르는데 다른 사람의 꿈 해몽을 어떻게 한단 말인

좌충우돌 수행 이야기

가? 나는 꿈에 대해 아는 바가 없었다. 다만 '그때그때의 마음상태에 따라 그럴 것이다.'라고 짐작하는 게 다였는데 보살님이 원하는 것은 그런 게 아닌 것 같았다. 분명히 저 보살님은 사주 봐주는 사람들처럼 콕콕 집어서 이건 이렇고 저건 저렇다는 식의 대답을 원할 텐데⋯. 불현듯 우리 반 백씨스님 생각이 났다. 반 스님들의 다소 엉뚱한 질문에도 웃으면서 대답을 잘해 주던 백씨스님이 갑자기 너무도 그리워졌다.

정리하고 갈 테니 먼저 사무실에 가 있으라고 보낸 다음에 나는 최대한 늦게 정리를 시작했다. 하지만 잠시 후 보살님이 다시 오시는 바람에 어쩔 수 없이 무거운 발걸음을 질질 끌다시피 해서 사무실로 들어갔다.

아니나 다를까. 내 예상이 적중했다. 꿈 얘기를 다 듣고는 절 열심히 하고 기도 많이 하면서 집에서 경을 꾸준히 매일 읽으라고만 하였다. 보살님의 상태를 정확히 알 수 없는 나로서 최선의 답을 한 것이었다. 보살님은 "예, 예." 대답을 하시면서도 꿈속에서 남편 옆에 이상한 옷차림으로 서 있던 여자가 누구냐고 계속 묻는 바람에 속으로 진땀을 흘렸다. 꿈에 너무 신경 쓰지 말라고 이해시킨 다음에야 그 자리를 벗어날 수 있었다.

그 뒤 나는 발걸음을 법당으로 옮겨서 절을 하기 시작했다. 한참 절을 하다가 영단으로 눈길을 돌렸다. 조금 전에 제사를 지낸 영가의 사진이 눈에 들어왔다. 그리고 그 옆에는 3년 동안 사귄 여자 친구가 떠나가서 25세의 젊은 나이에 자살을 한 영가의 사진도 보였다. 이 사바세계에 살아가는 중생들의 모습도 여러 가지지만 생을 마감한 영가들의 사연도 참 다양하였다. 정성껏 몸을 숙일 때마다 비록 각자의 생각에 따라 다양한 삶을 살아가지만 모두 불법佛法 속에서 안락함을 얻기를 기도하며 한 배 한 배 절했다.

우리 수행자의 모습도 참으로 다양하다. 그러나 매순간 자신을 새롭게 하고 한결같이 정진하는 수행자의 모습은 하나인 것 같다. 그 모습이 너무도 아름답다. 나 역시 그날의 당황했던 일들로 인해 내일은 더욱 성숙된 모습으로 한걸음 나아가게 됨을 의심하지 않는다. 내 안에 든든한 힘이 되어 주시는 부처님이 항상 계셔서 정말 행복하다. 우리 모두가 부처되기를….

아직도 흐린 날씨가 계속되고 있다. 가을이 다가와 그런지 귀뚜라미 소리가 요란하다. 신선한 바람과 높고 맑은 가을 하늘이 보고 싶다.

항복받지 못한 마장

○ 글 _ **보성**(2002, 36호)

코끝이 찡한 찬바람이 도량을 감싸고 있는 새벽, 잠이 묻어 있는 얼굴을 찬물로 대충 헹궈내고 법당에 들어섰다. 법당에 들어서면 나는 항상 부처님과 눈을 맞춘다. 청암사 부처님은 살짝 고개를 숙이시고 언제나 깊고 단 삼매에 들어 계신다. 그리고 그 고요한 삼매 속에서 시끄러운 우리의 일상을 낱낱이 주시하고 계신 것이다. 운판 소리가 나지막하게 울렸다.

부처님께 삼배를 올린 후 나도 부처님과 같은 모습으로 앉았다. 예불 시간은 아직 20여 분 정도 남아 있었다. 바람결에 사각거리는 나뭇잎소리를 들으며 내가 왜 이 법당에 앉아 있는지를 다시 한 번 돌이켜 생각해 보았다.

대웅전에 봉안되어 있는 대부분의 석가여래상은 '항마촉지인降
魔觸地印'을 하고 계신다. 오른손으로 땅바닥을 살며시 짚은 듯한
모습은 석가여래께서 대각大覺을 얻기 직전에 마왕 파순을 항복시
키는 마지막 순간을 상징화한 것이다. 파순은 최후로 억지를 썼다.

"당신의 성불을 증명할 이는 어디 있는가? 증명이 될 수 없는 성
불은 헛된 것이다."

그때 석가모니께서는 지신地神을 청하며 오른손을 땅에 대었고
홀연히 모습을 나타낸 지신이 석가모니의 성불을 증명하며 파순
의 잘못을 크게 꾸짖었다. 그 순간 석가모니께서는 부처가 되셨다.
석가여래께서는 대웅전 안에서 그 모습 하나만으로도 번뇌에 찌
들려 있는 중생들에게 무언의 진리를 설파하고 계신 것이다.

법고소리에 이어 대종소리가 은은하게 울리기 시작했다. 어느덧

법당 안은 부처님을 향해 엄숙하게 앉아 있는 대중스님들로 가득 차 있었다. 석가여래부처님과 같이 무상정각無上正覺을 이루고 끝없이 회향할 수 있기를 발원하고 또 발원하였다.

항상 느끼는 것이지만 나는 마의 경계에 잘 걸려드는 것 같다. 공양 목탁을 치면, '배고프니 많이 먹어야지.' 하면서 탐심부터 낸다. 대부분은 과식을 하고 꺽꺽대며 후회한다. 내일부터는 적게 먹고 맑은 심신을 유지해야지 하고 다짐을 해 보지만, 색다른 반찬이 나올 때면 벌써 눈이 동그래지고 침이 입안에 가득 고이면서, 어제의 결심은 온데간데없고 어느덧 분주한 젓가락소리만 요란한 것이었다. 나무아미타불….

나른한 오후 입선시간, 소임 때문에 오후 입선에 들어가지 않으니 그 시간을 활용하는 것은 순전히 나의 의지에 달려 있다. 왔다 갔다 하며 그날의 일을 마무리하고 경책經册을 손에 들어보지만, 어느새 몰려드는 수마를 주체하기는 힘들다.

눈을 이리저리 굴려보고 몸을 좌우로 비틀어도 보며 정신을 가다듬으려 무진장 노력하지만 나도 모르게 깜빡깜빡 졸고 있기가 일쑤다. 눈꺼풀은 왜 이리 무거운지. 천하장사도 못 드는 게 눈꺼풀이라고 하더니 강의시간에 졸아 강주스님의 걱정을 들어도 졸음을 어찌할 수 없는데, 아나율존자는 어떤 마음으로 수마를 이겨내고 천안통을 얻었을까. 나무아미타불.

"이거 몸에 아주 좋은 겁니다."라는 도반스님의 한마디면 다른 일을 하고 있다가도 귀가 솔깃해진다. 우린 반에는 코고는 것으로 유명한 스님이 나를 비롯하여 몇이 있다.

'드르릉 후우'에서 오토바이 소리까지 다양한 음색을 내며 다른 스님들의 안락한 수면을 방해한다. 게다가 한 도반스님의 치문 때 했던 잠꼬대는 유명하다. 한밤중에 "고기 다 탄다. 뒤집어!"라고 고함치는 바람에 곁에서 자던 스님들이 다 놀라 벌떡 일어났던 것이었다. 그 후 두고두고 그 스님을 심심찮게 놀려대곤 했다. 온갖 핀잔을 받으면서 코 고는 것을 고쳐보려고 하나 매번 실패를 하였는데 누가 코골이를 고쳐주는 베개가 있다는 말에 두말 않고 선뜻 구입해서 쓰고 있다. 하지만 피곤한 날은 베개도 소용이 없었다.

몸은 마음먹기에 달린 거라는데, 매번 좋다는 선전에 귀가 솔깃해지면서 때로는 거금을 들여서 구입하기도 한다. 스스로 또 내 몸에 속은 거 아닌가 하면서도, 몸을 내 뜻대로 굴리는 것이 아니라 몸의 노예가 되어 버린 것은 아닌지. 나무아미타불.

"그 스님이 그랬단다. 어떻게 그럴 수가 있지?"

여럿이 모여 있는 곳이라 항상 시시비비가 존재한다. 지나고 나면 딱히 옳은 것도 그른 것도 없는데 큰일이라도 난 것처럼 당시에는 모두들 심각하게 이야기를 한다. 과연 그런가 하고 고개를 갸웃거려 보기도 하지만 일단 그런 말을 들으면 벌써 반 이상은 그런 쪽으로 마음이 기울어져 버린다. 그리고는 알게 모르게 선입견이 생겨버린다. 그 스님을 볼 때마다 그 이야기가 떠올라 나도 모르게

좌충우돌 수행 이야기

편안한 마음으로 보이지 않는다.

귀로 듣는 이야기에 상相을 만드는 것은 얼마나 위험한 일인가. 나에게 보이지 않는 벽을 한 겹 두 겹 만들어 수행의 길과는 먼 곳으로 이끌고 갈 것임을 알면서도 다른 사람의 입과 내 귀에 속아버리는 것이다. 결국은 자신의 몫인 것 같다. 항상 좋고 나쁜 것을 분별하니 언제 적멸락을 이룰 수 있겠는가? 나무아미타불….

세월이 흐르면서 그나마 위안으로 삼는 것은 그렇게 분별하는 것이 조금씩이나마 줄어든 자신을 발견하는 것이다. 때로는 졸고 때로는 식탐도 하고 다투기도 하지만 부처님께서 이루신 길을 나 또한 이루리라는 원을 잊지 않고 흩어져 있는 마음을 수십 번 되풀이하여 돌이키는 것이다. 그러나 그 또한 순전히 나의 힘이라기보다는 대중의 힘이 대부분이다. 대중 속에서 생활하면서 대중에 비친 나의 모습을 보고 그들의 눈을 나의 거울로 삼은 덕분이다. 함께 탁마하는 도반들이 있다는 것은 얼마나 다행스러운 일인가! 이 청정한 대중 속에 존재하고 있다는 사실에 무한한 감사를 드리며 자신을 연마하는 데 좀 더 가속도를 붙여보리라 다짐해 본다.

마魔에는 씨가 없다. 결국 마음이 흔들렸던 것뿐이다. 모든 것이 나로 말미암은 것이기에 다른 어느 누구도 치유해 줄 수 없는 것 아니겠는가. 서산 대사 휴정 스님의 말씀이 떠올랐다.

"마가 아무리 치성을 부릴지라도 마음이 흔들리지 않으면 무슨 상관이 있으랴."

마음호수의 고요

○ 글 _ 량우(2009, 61호)

●   육바라밀에는 보시·지계·인욕·정진·선정 그리고 지혜바라밀이 있다. 육바라밀은 깨달음을 얻기 위한 여섯 가지 실천덕목으로 풀어 말하자면, 재시財施·법시法施·무외시無畏施 삼시를 통해 일체 중생에게 이익을 골고루 베풀며, 계율을 잘 지켜 악을 멀리 하고 수행의 힘든 과정을 잘 견뎌 이겨내면서도, 안팎의 수많은 경계 속에서 여일하게 삼매에 들도록 노력하여 모든 경계에 걸림 없는 지혜를 갖추는 것이다.

육바라밀 중 선정바라밀은 진정한 이치를 궁구하고 산란한 마음을 가라앉혀 삼매에 드는 것을 말한다. 그것은 마치 밝은 달밤, 한낮의 바람에 일렁거리던 호수의 물결이 잔잔하게 가라앉는 것과 같다. 이렇게 고요해진 호수에 밝은 달이 숨김없이 그대로 드러남이 지혜바라밀이다. 이렇게 호수가 고요해져야만 달빛이 비칠 수 있듯이 반야의 지혜도 적적성성寂寂惺惺한 선정삼매에서 얻어질 수 있는 것이다. '마음이 항상 일여—如할 수 있다면 얼마나 좋을까.' 하루에도 수백 번 갈팡질팡하는 그 마음에서 벗어나 맑고 고요한 평화로움에 이르고 싶은 마음은 정말 간절하고도 간절하다.

나는 학창시절, 선정을 익힐 기회가 있었다. 대학입시 준비로 한창 바쁠 즈음, 더 깊은 불법의 인연이 도래했던지 우연한 기회로 참선수행도량과 인연이 닿았다. 그곳에서 법문을 듣고 참선법 등을 배우면서 신기하게도 새로운 세계에 대한 호기심이 새록새록 피어나기 시작했다. 처음에는 화두 참구가 무엇인지 알 수 없었지만 해를 거듭해 갈수록 그 묘한 매력에 심취되어 갔다.

'이렇게 의미 있는 공부가 있었구나!'

당시 단편적인 지식공부가 아닌 영원한 참 공부를 찾고 있었던 내게 화두를 참구하여 선정에 이르는 길은 더할 나위 없이 기쁘고 즐거운 발견이었으며, 동시에 당시 내가 맞닥뜨린 스스로의 한계를 극복할 수 있는 유일한 방법이기도 했다. 나는 그것이 인생을 송두리째 던져 볼 가치가 있는 일임을 믿어 의심치 않았다.

그렇게 공부한 지 몇 해가 지나 결국 출가를 했고, 출가만 하면 화두 공부는 자연 순일해질 것이라 생각했다. 그러나 승가생활의 바쁜 일정 속에서 공부보다는 힘들고 지친 몸을 먼저 생각하게 되고 현실에 안주하는 마음이 생기는 등 크고 작은 번뇌들로 인하여 오히려 참선에 대한 의지는 약해져갔다. 그렇게 스스로에게 실망과 회의가 찾아들 때쯤 다행히 생각의 전환이 이루어졌다. 『서장』에 나타난 대혜 선사의 날카로운 참선 지도를 통해서다.

화두 참구는 고요한 곳을 찾아 하는 것이 아니라 하루 온 종일 말하고 움직이고 하는 가운데, 즉 그 온갖 경계들 속에서, 그 자리에서 하는 것이라고 선사께서는 누누이 강조하셨다.

그때부터는 복잡다양하게 돌아가는 주위여건 속에서 화두를 자꾸 챙기려 노력하게 되었다. 이렇게 애써 지어가다 보면 언젠가는 화두가 성성밀밀惺惺密密해져서 마음호수에 밝은 달이 훤히 드러날 때가 분명 오리라.

오늘도 화두 한 번 제대로 참구치 못하고 몸 따라 마음 따라 이리저리 분주하다가 하루가 저문다. 도량에 내려앉은 어스름을 보고서야 또 "안광락지시眼光落地時(임종시)에 생사를 무엇으로 대적하겠는가?" 하신 옛사람의 말씀이 절실해져 온다.

좌충우돌 수행 이야기

인연을 대하는 태도

○ 글 _ 종안(2009, 63호)

●   예부터 선가에서 수행자의 숙세 업력을 녹여 정신을 집중시키는 다라니로 많이 지송되어 왔던 '능엄주'. 여기에는 부처님의 10대제자 중 한 명이었던 아난존자와 관련된 사연이 담겨 있다.

부처님께서 기원정사에 계실 때 아난존자가 하루는 별청을 받고 홀로 기원정사로 돌아오던 중 한 마을에 이르렀는데 몹시도 목이 말라 우물가에 있는 어느 젊은 여인에게 물을 청하게 되었다. 그때 물을 대접한 여인은 '마등가'라는 인도 최하층민이었는데 아난존자의 수승한 모습에 반해 그 후 짝사랑으로 열병을 앓게 된다. 탁월한 주술가였던 그녀의 어머니는 상사병으로 시름시름 죽어가는 딸의 모습을 지켜보다 못해 마침내 주술을 부려 아난을 혼미한 상태로 만든 후 그녀의 집으로 들어오게 한다. 이때 신통력으로 아난의 모습을 지켜보시던 부처님께서 정수리 백호광명에서 주문을 내며 아난을 타락의 못으로부터 구하게 되는데 이때 부처님의 정수리 광명에서 설해진 것이 바로 능엄주이다.

다음날 부처님께서 그녀를 불러 모든 감각적 쾌락의 허환에서부터 참으로 동경해야 할 진리를 보여주시자 그녀는 몹시 부끄러워하며 정법正法을 듣게 된 계기로 출가하여 수도생활을 하게 된다. 하지만 정작 아난은 자신이 한때 주술에 걸렸던 부끄러움을 견디지 못했다. 이에 제자들이 부처님께 여쭈었다.

"세존이시여, 아난이 지난 세상에 무슨 인연을 지었기에 저렇게 뛰어난 재주, 훌륭한 인물, 또 훌륭한 집안에 태어났음에도 마등가녀와 같은 천한 여인의 사랑을 받게 되었습니까?"

이때 부처님께서는 아난의 전생에 대해 말씀하셨다.

"옛날 바라나성에 범덕왕이 있었는데 '희근'과 '파노'라는 아들이 있었다. 희근은 마음이 평등하여 뭇사람들을 존경하고 선을 닦았으나, 파노는 선행은 행하면서도 사람을 차등하며 멸시하였다. 어느 날 둘은 산에서 넓은 바위 위에 단정히 앉아 도닦는 어떤 선인을 보게 되었는데, 이때 희근이 '나도 저처럼 훌륭한 선인이 되어 저와 같은 스승을 모시고 도를 얻게 해 주십시오.' 하자 파노도 따라서 '나도 희근과 같이 항상 함께 도 닦기를 원합니다.' 하였다.

대중이여, 그때의 희근은 오늘 저 아난이고 파노는 마등가녀이며 그때의 선인은 바로 나였느니라. 희근은 항상 뭇 생명을 공경하고 선을 닦았기에 왕족으로 태어나 뭇사람들의 공경을 받고 뛰어난 인품과 총명한 지혜를 얻어 원에 따라 나의 제자가 되었다. 하지만 마등가녀는 비록 선행은 즐겼으나 마음이 평등하지 못해 사람을 멸시하던 과보로 천한 가정에 태어나 모든 사람들의 멸시를 한 몸에 받다가 그 원을 반연하여 아난을 만나고 또 나를 만나 불도를 닦게 된 것이다."

부처님께서는 현상계에서 우리가 만나는 모든 일들은 반드시 스스로 지은 어떠한 원인에 의해 형성된 것이라고 하셨다. 이것을 인연법, 다른 말로는 연기법이라고 한다. 그리고 "이 연기법은 부처님이 세상에 나오든 나오지 않든 정해진 법이며 우주법계의 법칙이다."라고 하셨다. 연기란 '의존하여 함께 일어난다.'는 뜻이다. 모든 현상은 반드시 원인이 있어 나타나기 때문에 만약 원인이나 조건이 없었다면 자연히 결과도 있을 수 없다는 것이다.

또한 이 결과는 하나의 결과만으로 끝나는 것이 아니라 또 다시 새로운 원인이 되어 또 다른 결과를 낳기 때문에 이 세상 모든 일들은 서로 끊임없이 얽혀간다는 것이다. 다시 말해 이것은 변화하지 않는 실체는 있을 수 없다는 무상無常을 의미하면서, 또 한편으로는 인과관계로부터 괴로움의 원인을 찾아 그것을 소멸시켜 괴로움에서 벗어날 수 있다는 또 다른 희망이기도 한다. 따라서 가장 중요한 것은 현실에서 모든 일들의 실상을 제대로 볼 수 있는 우리들의 바른 안목일 것이다.

내가 만나는 모든 것들은 과거 인因에 의한 것이요, 이것은 동시에 또 다른 인연의 시작임을 자각하며 매순간 수행자로서의 바른 인연을 지어가야 할 것이다. 차茶의 세계에 일기일회一期一會라는 말이 있는데 '일생에 한 번뿐인 소중한 기회'라는 뜻이다. 나에게 어떤 인연이 기쁨 혹은 슬픔이 되든지 간에 그것이 내 생애에서 단 한 번뿐인 소중한 만남이라고 생각하다 보면 간절함이 삶에서 배어나오지 않을까 생각된다.

좌충우돌 수행 이야기

몸의 소중함

○ 글 _ 대안(2011, 76호)

버스에 앉아 내면의 세계를 돌아보던 어느 날, 창 밖의 풍경처럼 잔잔한 음악이 들려온다. 방송인의 말인즉 우리 자신에게 고마워하는 노래란다. 순간, 정신이 번쩍 든다. 자신에 대한 고마움이라……. 나는 얼마나 나 자신에게 고마워했던가?

"감사합니다. 고맙습니다." 이런 말들을 무수히 쏟아내지만, 정작 나 자신에게, 특히 이 몸에게 고마워해 본 적은 없었다. 청암사의 맑은 기운 속에서 사시사철 자연의 고마움을 잘 모르듯이, 너무 가까이 있기에 뜻대로 움직여 주는 사대육신의 소중함을 잊고 살아온 것 같다. 평생 동안 한시도 떨어지지 않고 함께 해 왔기에, 등한시해 버린 몸. 그동안 주인 따라 다니느라 얼마나 고생했는지 생각해 주지 못했다. 두 눈을 보호하지 않고 방치하여 제 기능을 발휘하지 못하고 아파하게 했고, 먼 산 바라보며 망상하느라 다친 다리를 숨통이 막히도록 꽁꽁 묶어두었다. 입맛을 좇아서 넘치게 먹기도 하고 위장을 놀라게 하여, 기어이 손끝에 바늘을 찔러 피까지 보게 한다.

무거운 체중을 지탱하는 발과 다리로 하여금 준비 없이 높은 산도 오르게 하고, 발이 부르트도록 뛰어다니면서도 이 몸이 고마운 줄 몰랐다. 반듯한 자세를 게을리 하여 척추를 어긋나게 하고, 다른 사람 시선을 의식하느라 얼굴을 고치고, 못된 생각으로 스스로에게 상처 주고, 가슴에 구멍이 나도록 얼마나 육신을 혹사시켰던가? 조심하고 배려해 주지 않아, 제 수명대로 늙지 못하고 이곳저곳 벌써부터 고장 나 버렸다. 거기에 독한 약을 무리하게 먹여서 다른 곳까지 병들게 한다.

부처님께서는 사람 몸 받기가 우담발화 핀 것을 만나는 것과 같고, 백 년에 한 번 바다 위로 떠오르는 눈 먼 거북이가 구멍 뚫린 나무판자 만나는 것과 같다고 하셨다. 이처럼 지중한 인연으로 만난 몸뚱이, 이 몸이 있기에 부처님 법 만났고, 육근이 있기에 부처님 말씀을 절절히 느끼는 것이 아닌가! 집착하는 것과 아껴주는 것의 경계를 몰랐고, 사랑하는 것과 고마워하는 것의 차이를 몰랐던 나는 지혜롭지 못한 탓에 오장육부를 힘들게 했다. 부처님 가르침을 이야기하고, 수행을 말하면서도, 이 모든 것을 가능하게 해

주는 몸뚱이의 소중함을 잊고 있었다. 마음이 전부라고 하지만, 마음을 담는 그릇은 육체이다. 담는 그릇이 제대로 닦여져 있지 않으면, 훌륭한 음식을 담아낸들 빛을 잃기 마련이다.

오늘만큼은 육체의 고마움을 생각해 보고 싶다. 거친 행동, 험한 말, 나쁜 생각을 멀리하고 함부로 먹지 않고, 함부로 행동하지 않는 것. 닦아주고, 정돈하고, 간소화하는 것으로써 육체의 고마움에 보답할 수 있을 것 같다. 안으로는 마음을 맑히고, 밖으로는 자신의 육신부터 살펴주는 것이 '상구보리上求菩提 하화중생下化衆生'의 작은 출발일 것이다.

봄이 오는 도량에서…

○ 글 _ 지안(2012, 77호)

● 　　　　　도량 곳곳엔 꽃나무마다 방울방울 맺혀 꽃을 피우기 시작한다. 졸린 눈을 뜨려고 건물 밖으로 나와 경을 보면 봄기운의 따스함이 와 닿는다. 바람이 아직은 시샘하듯 냉랭하게 꽃가지들을 흔들지만 새들의 청량한 소리를 듣고 있노라면 전엔 느껴보지 못한 경이로움과 신비로움 그 자체다.

　화엄경을 배우기 시작해서일까. 도량을 거닐다 무심코 주변을 보다가 언제 돋아 올랐는지 뽀송뽀송한 솜털 투성이의 진붉은 꽃을 피운 것을 본 순간 마음이 활짝 열리면서 탄성과 함께 웃음이 번졌다. 새싹들이 돋아나고 꽃이 피기 시작하는 이 자연에 귀 기울이며 보고 듣는 이 모든 것이 화엄법계 그 자체인 것이 아닐까?

—
좌충우돌 수행 이야기

강원생활 동안 아니 행자시절부터 지금껏 내내 마음! 마음! 오직, 마음만을 밝히려 가르침을 받으며 지내왔던 그 마음이 이 사바세계 실상實相 그 자체에 녹아 있는 것일까. 그렇다면 아침에 눈을 떠서 몸과 마음을 깨워 시작함도 근본인 마음바탕을 쫓아 작용을 일으킴이요, 봄기운이 도래함에 꽃나무들이 꽃을 피워도 그 근본바탕을 쫓아 작용을 일으킴이요, 뭇 생명들이 생生함도 또한 그 성품을 따라 작용을 일으킴이다.

부처님께서 정각을 이루시고 법희선열로 다시 3~7일(21일)을 해인삼매에 드셔서 화엄경을 설하시니 그 광대하고 깊고 미묘하며 웅장하고 헤아릴 수없는 장엄구로써 법계를 장엄하시고, 그 대중 또한 헤아릴 수 없으니 이 경은 마치 아침 해가 떠오르매 가장 먼저 제일 높은 산정상을 비추듯 근기가 예리하고 뛰어난 상수제자만이 알아들을 수 있는 모든 경들을 총 망라한 대승법문인 것이다. 마치 일차원 이차원 삼차원을 넘어서 사차원을 보이시니 우리 같은 중생은 도대체 무슨 말씀을 하시는지 알아들을 수가 없는 대방광의 화엄경이었던 것이다.

영단을 향해 외는 법성게 또한 화엄사상이다. 한 송이 꽃잎 속에도 우주법계를 다 포함하고 일천 잎의 꽃잎들 또한 한 티끌이 머금고도 남음이 있는 유有와 무無, 일一과 다多, 일념一念과 무량겁無量劫, 9세九世와 10세十世가 서로 사사무애事事無礙한 법계연기로써 일체 중생이 이 일심一心에 의지하여 보리심을 발하여 보살행을 닦아 등정각을 이룰 수 있음을 보이신 것이다. 인간이 아니면 이런 삼차원 사차원적인 삶을 누릴 수도 깨달음을 이룰 수도 없을 것이다.

끝없이 생멸하는 환幻과 같은 마음과 괴로움덩이인 몸이지만, 다시 그 환과 같은 마음을 의지해 잠시 머무는 이 순간의 짧은 행복. 아름답게 꽃피워 주는 꽃들을 보고도 웃을 줄 모르던 행자시절을 떠올리며, 언제 스승님처럼 웃을 수 있을까 했는데 요즘 여유로이 경행하면 온 도량이 아름답게 보인다.

이 또한 꿈속의 환이지만 이 사바세계가 아니면 보살도도 이루지 못할 것이고 꿈도 꾸지 못하리니….

저렇게 작은 꽃들도 있는 힘껏 아름답게 장엄하는데, 이 곳이 불국토가 되는 그날까지 장엄 장엄해야 하리라.

가난, 출가자의 스승

○ 글 _ 덕문(2013, 80호)

●   언젠가 누군가가 자신의 어린 시절에 대해서 들려준 적이 있습니다. 몸이 아픈 동생을 보며 자신은 너무 건강해서 불행했다고 했습니다. 동생의 일이라면 열일을 제쳐놓고 달려오는 부모님을 보며, 한번이라도 몸이 아파보고 싶어지기까지 했다고 합니다. 누구나 한번쯤 이런 비슷한 경험들을 해본 적이 있을 것입니다. 공부 잘하는 형은 성적을 신경 쓰지 않고 노는 자유분방한 동생이 부럽고, 신나게 놀 줄만 아는 동생은 공부 잘하는 형을 부러워합니다. 부러움, 남과 비교해서 가지지 못한 것을 갈망할 때 우리는 가난이라고 합니다.

    사실 삼시 세끼 먹을 것이 있고, 입을 옷과 몸 뉘일 장소만 있다

좌충우돌 수행 이야기

면 살아가기 충분한데도 우리는 더 맛있는 음식, 더 세련된 옷, 더 넓은 집에 사는 다른 사람들을 보며 상대적인 결핍을 느낍니다. '저 사람은 피부가 저리 고울까? 나는 저런 재주도 없을까? 나도 저렇게 멋진 집에서 살고 싶어……' 이렇게 내가 가지지 못한 것으로 인해 소외감을 느낄 때, 괴롭고 가난한 사람이 됩니다.

그러나 이 모든 것은 마음이 만들어낸 생각일 뿐입니다. 우리는 쓸데없는 생각에 구속되지 않는 법을 알아야 합니다. 용모가 뛰어나지 않더라도 덕스러운 미소로 화합하면 됩니다. 재주가 많지 않더라도 맡겨진 일에 충실하며 보람을 찾으면 됩니다. 멋진 집이 없더라도 잘 정돈된 곳에서 편안하게 쉴 수 있으면 됩니다.

이것이 바로 가난하되 가난하지 않고, 부족하되 행복해지는 비법입니다. 용모가 뛰어나서 자만하고 실수할 수도 있습니다. 재주가 많아서 바쁘고 피곤할 수 있습니다. 멋진 집을 신경 쓰느라 편안하지 않을 수도 있습니다. 모든 것은 동전의 양면과 같아서 좋을 수도 있고 나쁠 수도 있습니다. 그런데도 우리는 습관처럼 가난해지는 법에 더 익숙합니다. 행복이라는 파랑새를 우리 스스로 놓쳐버리지 않도록 남과 비교하는 습관을 버려야 합니다.

그러기 위해서는 각자에게 주어진 인연을 소중히 여기고 감사할 줄 알아야 합니다. 부처님께서는 만족하고 감사하는 마음을 가질 수 있도록 인과법을 말씀하셨습니다. 쌀 한 톨도 그냥 주어진 것이 아닙니다. 농부의 새벽 땀과 365일 대지의 자비와 하늘의 은혜를 담아 우리와 만난 것입니다. 풍족함으로 인해 쉽게 낭비하지 않도록 꼭 필요한 만큼 주어진 것에 오히려 고맙기만 합니다. 꼭 필요한 만큼 쓰고서 남은 것을 다른 사람들과 나누면 행복은 어렵지 않습니다. 넘치듯 많아서 나누는 기쁨보다 작은 것을 나누는 기쁨이 더욱 오래 갑니다.

요즘은 돈만 있으면 된다고 생각하는 사람이 많습니다. 돈만 있으면 대우해 주는 세상입니다. 그러나 마음이 넉넉한 사람, 베풀 줄 아는 사람을 존경하는 세상이 더 따뜻하지 않을까요? 출가문 중에 들어선 우리들은 모든 것의 기준을 마음에 둡니다. 거친 하루일지라도 마음은 부드럽고 따뜻했는지, 부족한 조건일지라도 넉넉한 마음으로 베풀었는지 끊임없이 살피는 것이 중요하다고 배우고 있습니다. 그래서인지 풍요보다는 가난이 좋은 스승이 됩니다.

저희 노스님께서는 새 옷은 아껴두셨다가 필요한 분에게 나누어 주시고 당신은 겹겹이 옷을 기워 입으십니다. 은사스님께서는 겨우내 신었던 털신의 다 닳은 발목을 잘라 여름에도 슬리퍼로 신으십니다. 청암사 어른스님 방에는 20년도 넘었음 직한 금성 선풍기가 한여름 더위를 식혀줍니다.

이런 가난한 모습들이 오히려 살아 있는 법문으로 다가옵니다. 가진 것이 없어서 길을 가다가도 논두렁을 베고 죽을 수 있어야 출가자라던 큰스님 말씀을 다시금 새겨봅니다.

좌충우돌 수행 이야기

4

응답하라, 나의 초발심

청암의 학인 시절,
가장 소중한 날들

○ 글 _ 성륜(1994, 1호)

● 　　　　　육화료 큰방 창호지 너머로 초열흘 달빛이 고즈넉이 도량을 싸안고 내려오는 밤, 찬 공기를 가르며 경 읽는 학인스님들의 목소리가 솔바람 소리처럼 청아하게 들린다. 방부를 들이기 전, 나는 이미 청암사를 서너 번 다녀간 적이 있었다. 옛 절집 그 모습대로 손때 묻은 대들보며, 단아하고 조촐한 도량과 빽빽이 늘어선 노송 숲들은 나에게 장엄한 감동을 불러일으키기에 충분했다. 새삼 청암사와 맺은 인연에 감사한 마음을 가져본다.

강원에 오기 전 은사스님께서는 항상 이런 당부를 하셨다. "부처님께서 설하신 일대시교一代時敎를 일념으로 간경하여 장애 없이 잘 마치게 되면 중노릇의 기반은 다 마련한 것이다."라고. 그러시면서, 50여 년 전 남장사 강원에서 공부하실 때에 하나뿐인 인조 적삼을 빨아 널었는데, 그만 메뚜기가 다 쓸어버려 무척이나 당황했었다는 말씀도 들려주셨다. 예전이나 지금이나 물질이 풍족하고 육체적으로 너무 편해지면 공부는 점점 멀어지는 것이라고 걱정하셨다. 불령산佛靈山, 말 그대로 청암사의 골짜기마다, 정법루 앞을 흐르는 계곡물 소리에도 부처님의 신령스러운 정기가 서려 있는 것 같다.

이번에 3일기도를 드리면서 나는 이렇게 발원했다. 부디 초심자로서 다시 일념으로 재발심하고, 신심을 돈독히 해서 대중에 화합하고, 방일하지 않고 간경에 최선을 다하기로 다짐했다. 같은 배를 탄 치문반 스님들이 모두 용광로의 쇳물처럼, 바다로 흘러 모여드는 강물처럼, 육화료에 모여 생활하는 커다란 인연을 항상 명심했으면 한다.

'일념진심기一念瞋心起, 백만장문개 百萬障門開'라고 조사스님께서 설파하셨다. 행주좌와行住坐臥 어묵동정語默動靜. 어느 한 곳이라도 부처님의 가르침 아닌 것이 없다. 머리는 차가운 얼음장 같은 이성으로, 가슴은 구도전법을 향한 뜨거운 열정으로 항상 여일하게 평상심시도平常心是道를 실천해 나가고자 한다. 그리하여 여무로중행如無露中行하야 수불습의雖不濕衣나 시시유윤時時有潤함과 같이 어른스님들의 고구정녕苦口丁寧한 가르침을 잘 새겨서 수행자로서의 위의와 자질을 키워나가는 데 부지런히 정진해야 할 것이다. 아직은 서툴고 미흡해서 실수도 연발이고, 대중생활에 서먹해 하는 스님도 있지만 선배스님들의 포용력 있는 지도와 조언으로 잘 적응해 나가리라 믿는다.

능엄경 반 스님들의 논강이 시작되면 그 팽팽한 긴장감과 공부를 향한 진지한 열정이 이쪽 치문반 스님들의 폐부까지 스며든다. 모두가 서로를 탁마하는 소중한 도반들로서 서로를 존중하고, 양보하면서 부디 대교까지 한 명의 낙오자도 없이 한 번 열심히 공부해 보자고 다짐해 본다. 그리하여 청암사의 학인시절이 우리의 수행과정 중 가장 소중한 날들로 기억되기를 바란다. 나무 석가모니불.

무소유의 적정수행처

○ 글 _ **현 재**(1997, 13호)

● 　　　　몇 해 전 늦가을 저녁 대종소리를 들으며 처음으로 절집에 발을 들여놓은 후 지금까지 '승려란 어떠한 사람이다.'라는 것에 자리매김도 못하는 풋내기 사미니이다. 세상과 사람에 대해서 결코 이해할 수 없는 그 무언가에 대한 답을 찾으려 방황하던 끝에 결국 지금의 삭발염의한 모습이 되었다. 어떤 스님들은 가끔 해태심이 날 때 슬며시 자신의 깎은 머리를 만져보고 스스로를 경책한다고 한다. 그러나 삭발한 모습이 나에게는 별다른 의미를 주지 않는다. 아직은 세속의 습을 버리지 못한 탓인지도 모르지만 무엇보다도 승속을 겉모양으로 구분하는 데 별 의미를 느끼지 못하기 때문인 것 같다.

얼마 동안의 시간이 지나자 주변에서는 강원을 권유하였다. 뒤늦게 불문에 들어온 나로서는 이 4년이라는 세월이 결코 작은 장벽은 아니었다. 그러나 이 몸 역시 업신이라 '인연 따라 흘러간다.'는 진리를 어찌할 수는 없었다. 강원 문제로 고민하던 중 우연히 「승가대학」이라는 간행물을 보게 되었다. 정확히 기억나지는 않지만 강원교육의 여러 문제점과 수행자의 자질, 포교, 기타 등의 내용이었는데 그중에는 강주스님의 글도 실려 있었다.

내 관심을 끈 것은 그 책의 전체적인 요지인 '현대적 승려의 상'이었다. 결국 이에 대한 나름대로의 견해가 필요했고, 이를 인연으로 해서 강주스님의 진보적인 사상을 믿으며, 사형의 권유와 함께 그야말로 미지의 수행처 청암사에 입학하기로 결정했다.

무거운 걸망 하나를 짊어지고 김천에서 출발하는 증산면 행 버스에 올랐다. 버스는 복잡한 김천 시내를 빠져나와 시골마을로 이어져 불령산을 향해 계속해서 내달렸다.

출발한 지 한 40분쯤 지나자 갑자기 내 눈앞에 펼쳐지는 아름다움, 강원도 미시령고개를 방불케 할 정도의 고갯길이 고산 깊숙이 굽이굽이 이어져 이대로 가다가는 하늘 끝까지 곧바로 치달릴 것 같은 장관, 계곡이란 계곡은 여기 다 모여 정연히 옹립하고 있는 듯했다. 이윽고 발길은 조촐한 청암사 일주문에 이르렀고 어설픈 강원생활도 어느덧 첫 철 중턱을 넘었다.

내가 기대했던 것 이상으로 이곳의 체계는 법다웠으며, 하반에 대한 상반의 권위주의적 태도도 엄히 금하고 있었다. 넉넉지 못한 절 살림이지만 없어도 애써 구하려 하지 않고 그저 무소유의 적정 수행처로서 남고자 하는 청암의 고집스러움이 도량의 곳곳에서 배어나온다.

10여 년 전 그 황량하고 인적 끊긴 이곳을, 직접 기왓장 올리고 못질 하고 모래 실어 나르며 인고의 세월을 보내신 선배스님들의 거친 숨소리가 계곡 물소리를 따라 끊임없이 들려오는 듯하다. 오직 참다운 불제자佛弟子를 양성하겠다는 대원력 하나만으로 지금 껏 이 청암을 키우고 외호하시는 어른스님들의 학덕에 절로 머리가 숙여진다.

아직도 냉랭하게 느껴지는 도량의 아침 공기는 무미건조한 일상에서 일어나는 해태심에 수행의 준엄함을 일깨워 주며 옛 맛을 그대로 간직한 소박한 절 분위기, 도량을 에워싸고 있는 유연한 산등성이는 어리석은 중생의 사량 분별과 번뇌를 조용히 내려앉히는 듯하다.

도량이 사람을 키운다는 말처럼 삼라만상 그대로가 무상법문이다. 무엇보다도 나를 경책하는 것은 해발 500m를 넘는 외지고 깊은 산골짝, 육지 속의 울릉도라 불릴 만큼 마을로부터 격리되어 있는 곳에서 내가 지금 수행하고 있다는 사실이다. 이런 훌륭한 도량에서 어느 한 순간을 함부로 흘려버릴 수 있단 말인가.

시간이 많은 것을 해결해 준다고는 하나, 아직은 털고 깎고 씻어
버려야 할 업장들이 두터운 탓에 이제 막 시작한 강원생활이 적잖
이 걱정된다. 그러나 수행인으로서 언젠가는 뛰어넘어야 할 과정이
므로 겸허한 마음으로 그 모든 것들을 받아들이련다.

부처님의 경을 배우고 대중생활을 통해 인격을 다듬어가야 할 4
년의 세월. 그 대장정을 마치고 난 뒤에는 진정한 불제자로서 입지
가 확고히 선 여법한 수행자의 모습이 되어 나는 다시 이 일주문
을 빠져나가리라.

나의 아만과 어리석음을 질책해 주는 도반들과 인연 맺은 모든
스님들이 다함께 성불하기를 간절한 마음으로 염원하며, 오늘도
법당으로 발길을 향한다. 첫 새벽 음성공양 올리는 석차례 스님의
조용한 목소리가 은은하게 법당을 장엄한다.

원차종성변법계願此鐘聲遍法界
철위유암실개명鐵圍幽暗悉皆明
삼도이고파도산三途離苦破刀山
일체중생성정각一切衆生成正覺

살아 있는 자비의 실현

○ 글 _ 서광(1999, 21호)

● 이른 아침 어스름히 불두화 가지가지에 대롱대롱 매달린 물방울의 안간힘에 재촉하던 발걸음이 멈칫한다. 내내 많다 싶을 만큼 내리던 비 사이로 봄볕이 빼꼼히 고개를 내미니 대중 스님네 발걸음은 분주해지고, 법회에 온 아이들 웃음소리는 정법 루 앞마당을 가득 메운다.

도량이 좁아라 뛰어다니는 아이들을 보노라니 문득 먹물 옷만 봐도 괜시리 가슴 설레던 시절이 눈 안에 들어온다. 출가하겠다고 스님을 찾았던 그때 조용히 만 배를 권하시던 은사스님. 회향 날 뜻이 확고해졌느냐는 물음에 연신 "예." 하니 보살로서 마지막 기도가 될 거라며 중노릇 하다 힘들 때면 이날을 기억하라시던 말씀을 귀 너머로 넘기고 행자실로 올라왔다.

행자시절. 새 환경과 대인관계 적응이 원만치 않아 힘들어 할 때 "그 말이 너를 죽이더냐?"는 따끔한 경책의 말씀에 마음이 흩어질 때마다 오뚝이처럼 일어날 수 있었다. 대중생활을 익힌다는 게 사람에 익숙해진다는 걸까? 신경을 무디게 만드는 걸까?

모태에서 갓 탈출한 아이들처럼 송광사 고찰에서 큰스님들로부터 입문의 걸음마를 한 발짝 한 발짝 배우던 행자교육기간은 짧지만 소중한 기억으로 남아 있다. 그때의 엄숙한 묵언 속에서 간혹 강원 운운 소리가 들리기도 했지만 내게는 먼 훗날 일이려니 생각하고 웃고만 넘겼는데 정말 세월은 빨라서 어느새 강원에 발을 내딛게 되었다.

우연이었을까? 낙엽이 수북한 일주문 앞을 스님 두 분이 장난스레 쓸고 있는 모습을 담고 있던 「청암」지는 풋풋한 인간미를 느끼기에 주저함이 없게 했다. 입학시험 치러 오던 날, 기차로 와서 김천역에 도착했는데 길을 몰라서 청암사행 버스를 어디서 기다려야할지 몰라 얼쩡거리다가 많은 행렬들 속에서 먹물 옷을 발견하고는 조심스레 길을 물었더니 흔쾌히 같이 가면 된다면서 앞장을 서시기에 혹시 윗반 스님일지도 모른다는 생각에 괜시리 주눅이 들고 조심스러웠다. 어색한 분위기를 좋아하지 않는 성격이라 음료수로 환심을 사기로 결심하고 나는 먹지도 않고 다 줬다.

입방식 날 우리들 서로는 말을 잊은 듯 너무나도 여법하게 대방

에 모였다. 어간에는 하늘같은 학장스님, 강사스님, 중강스님… 상하좌우 아무리 둘러봐도 층층시하 윗반스님들뿐. 고개도 못 들고 애꿎은 구들장만 뚫어져라 구들장 정진에만 몰입하던 도중 드디어 나의 소개 순서가 왔다.

내 차례인 줄도 모르고 덜덜 떨고 있는 찰나. 내 앞의 뒷번호 스님이 벌떡 일어나 너무나 당당하게 자기소개를 하는 게 아닌가? 알고 보니 우리 반 백씨스님(최고연장자). 돌아가며 자기소개를 하는데 정신이 번쩍, 두 귀가 쫑긋. 조심스럽기만 하던 예의 그 음료수 스님들이 다 치문반, 즉 나와 같은 반 새내기스님이 아닌가? 전국 방방곡곡에서 심지어 제주도에서까지. 어찌 이리도 고루고루 모였을까?

소임방을 짤 차례. 여러 가지 소임 중에 대중스님 시봉하겠다는 거창한 포부를 담아서 힘껏(실지로는 작았다고 함) ○○소임 살겠습니다! 얼굴색 변해가며 다시 ○○소임 살겠습니다. 삼세판 ○○소임 살겠습니다. 드디어 성공. 회심의 미소를 짓게 한 나의 소임은 밭 갈고 씨 뿌리는 원두.

며칠이 지나자 안면 있는 스님들은 서로 인사도 주고받고 대방에서 제법 의젓하게 경상에 앉아 보기도 했다. 대중울력 목탁에 총알같이 빠른 치문, 사집, 사교반 스님들. 거름 내는 울력에 동쪽해는 진작 두 손을 들어 서쪽으로 향하고 상반 스님들의 노련미에 치문반 스님들 입이 떡 벌어졌다. 울력 중에 다칠세라 알뜰살뜰 세심하게 살피시는 스님들께 경의를 표하면서 대중울력을 마쳤다.

하루는 출입금지 구역인 줄도 모르고 선녀탕 개울을 건너서 "으이구 좋다, 좋다."를 연발하며 호흡을 크게 들이쉬며 내 세상인 양 하고 있는데 상반스님들의 "거기는 가는 데 아니에요." 하는 소리에 혼비백산 초고속 삼십육계로 줄행랑을 쳤다. 극락교를 감싸고 돌아가는 개울물 소리를 따라 새벽을 깨우는 도량석 목탁에 하루는 어김없이 시작되고 혼미한 정신을 말끔히 씻어 내리는 듯한 청량한 새벽공기는 가히 대강백이 많이 나왔다는 청암사의 학풍을 자연의 덕으로 돌리지 않을 수 없게 만든다.

언젠가 발우공양 하는 자리에서 이 산의 주인은 우리가 아니라 바로 이 산의 풀 한 포기, 나무 한 그루, 개울물과 바위 등등이라고 하신 강주스님의 말씀은 마냥 타성에 젖어 있는 나의 의식을 일깨워 주셨다. 잠깐 빌려 쓸 뿐이니 함부로 꺾고 베고 옮기지 말고 그대로 두어야 한다는 가르치심은 이 공간이 그저 주어진 것만이 아님을 느끼기에 충분하였다.

또한 우리가 무심코 쓰기 쉬운 화학세제를 안 쓰고 사는 것도 깨끗한 개울물을 아랫녘으로 흘려보내기 위한 살아 있는 자비의 실현이리라. 괜시리 가슴이 뿌듯해지며 불편에도 제법 무뎌져간다.

강원에 오기 직전 유난히 하실 말씀이 많으시던 은사스님. 제자가 살아갈 날을 미리 앞서서 기다리시며 당신을 떠날 그날. 홀로 설 수 있게 하려고 물거품이 될 수도 있을 하찮은 일을 귀찮게 여기지 않으시던 그 자상함을 우둔한 상좌 이제야 느낀다.

"중노릇만 잘하면 된다. 더 바랄 것도 없다." 하시던 당신의 따뜻한 미소가 곁들인 오룡차烏龍茶 향이 더욱 그리워지는 이 시간이다. 오늘은 제가 오룡차 한 잔 따끈히 달여 스님께 올리고 싶다.

상반스님들의 독경소리가 정겹고 주위의 서늘한 시선에도 아랑곳하지 않고 이중창으로 열심인 치문반 스님들의 경 읽는 소리가 왠지 싫지 않은 입선시간이 기다려지는 오후. 댓돌 위에 가지런히 놓인 고무신을 바라보며 이렇게 나도 청암에 익숙해져 간다.

—
좌충우돌 수행 이야기

일생의 단 하루뿐인 오늘

○ 글 _ 찬영(1999, 21호)

● 　　　　청암사에서는 여러 가지 재미난 소리들을 느낄
수가 있는데 바위에 부딪히며 요란스럽게 흘러가는 물소리는 물론
이요, 부드럽게 젖은 흙이 고무신 바닥을 찰박찰박 두드리는 소리,
종류를 알 수 없는 여러 가지 새들 속에서 확연히 구분되는 까마
귀 울음소리.

　단지 그 첫 느낌은 '더도 말고 덜도 말고 딱 이 정도면 됐다.' 하
는 것이다. 크지 않은 법당에 바싹 붙어 앉아 어렵사리 절을 하고
염불을 외고 하루가 어떻게 지나가는지 모를 만큼 죽비소리, 목탁
소리에 빠져 이리 뛰고 저리 쫓아가지만 어느 것 하나 내 마음을
건드리는 일 없이 조용히 20여 일의 시간이 지나갔다.

청소시간에 들려오는 느닷없는 음악소리에 충격과도 비슷한 감동을 받고 "발우를 위한 발우는 아녀. 그 다 뭣 하는 것이여?" 하는 강사스님 말씀에 파격적인 신선함을 느낄 때도 있지만 지금까지 내가 바라본 청암사의 본래 성격은 무덤덤하고 유하고 수수하지만 인간미 넘치는 잔잔함 그 자체라고 하는 것이 옳으리라.

부처님 법을 배우기에 대중이 한 호흡으로 살아가기에 이만하면 충분하지 않을까 하고 감히 생각해 본다. 그리고 이렇게 원만한 환경 속에서도 장애가 생기고 불화거리가 생긴다면 그것은 다 내 스스로의 문제일 수밖에 없다는 생각에 '찬영이 너 정신 똑바로 들고 살아라.' 하는 엄중한 부처님 음성을 떠올리게 된다.

일전에 있었던 일이다. 모처럼의 짬이 생겨서 선녀탕에 포행을 갔었는데 함께 간 도반이 청암사가 왜 청암사인 줄 아느냐고 물어왔다. 잘 모르겠다는 대답에 도반은 유독 푸르디푸른 바위가 유명한 탓이라고 했다. 그제야 무심했던 내 눈에도 족히 10m는 넘어 보일 듯한 나무들 사이로 듬성듬성 솟아오른 바위들이 들어왔다. 온통 빈틈없이 바위를 뒤덮어서 그 자체가 푸른 빛깔이라는 착각이 일 정도로 무성하게 자란 이끼들.

이 이끼들은 웬만큼 공기가 맑은 곳이 아니면 결코 자랄 수 없는 무공해의 척도, 즉 청암사가 얼마나 깨끗하고 자연 그대로의 환경이 잘 보존되어 있는 곳인지를 보여주는 훌륭한 증표라고 했다.

그 말을 듣는 순간 우리 일행의 눈가에는 누가 먼저랄 것도 없이

좌충우돌 수행 이야기

예사롭지 않은 생기가, 황송하다고 할 정도의 감탄이 역력히 흘러넘쳤다. 그리고 한마디, "우와아아, 우린 정말 복 받았어요." 온갖 촌티 나는 사투리들을 난무하며 치문반 특유의 활기를 띠고 씩씩하게 돌아오면서 은근히 기분이 좋았음은 말할 필요도 없는 일이다.

어찌 그날뿐이랴. 일생의 단 하루뿐으로 가득한 앞으로의 4년 동안 그날처럼 기분 좋고 마음 훈훈한 날들이 얼마든지 있을 것 같은 막연한 기대감을 느낀다. 오늘은 예불시간보다 조금 먼저 들어가 아직 채 인사도 제대로 드리지 못한 부처님께 짤막한 기도라도 올려야겠다. 선녀탕에서의 그 맑음과 상쾌함을 고스란히 공양 올리며 이렇게 말씀 드리리라.

부처님 감사합니다.
저에게 이러한 도량을 주시고
부처님 감사합니다.
저에게 이러한 대중을 주시고
부처님 감사합니다.
저에게 성장의 토대를 주시니
저 또한 제 몫을 다하여 노력하며 살게 하소서.
청정도량을 몸과 마음으로 닮아가는
청정한 사미니가 되겠습니다.
나무 석가모니불 나무 석가모니불 나무 시아본사 석가모니불.

나를 찾아 떠나는 여행

○ 글 _ 경태(2003, 38호)

● 　　저 심연의 밑바닥까지 두들기는 듯한 새벽의 도
량석 목탁소리에 이끌려 혼침의 나락으로부터 재빨리 정신을 차
려보지만 몇 근이나 되는 쇳덩이를 매단 듯 무거운 몸뚱이는 움직
임이 더디기만 하다. 잠이라는 놈을 빨리 내쫓으려고 새벽 별을 동
무 삼아 길을 나서보니 5월에도 살얼음이 언다는 이곳 청암의 새
벽공기에 혼미했던 정신은 차츰 맑아졌다.

　청암이라는 이름이 좋아서 이곳에 발을 디딘 지도 벌써 반년이
지났다. 강원은 내가 머물던 선방과는 사뭇 달랐다. 일체처一切處
일체시一切時에 화두 하나만을 들고 살아가는 선방과는 달리 강
원은 어려운 한자 외우기와 대중 규칙을 익히는 과정 등 머리가 썩

좌충우돌 수행 이야기

좋지 않은 내게는 스트레스와 긴장의 연속이었다. 낮은 근기지만 오로지 화두만이 내 공부라 생각하고 온 힘을 다해 매달렸는데 이렇듯 갑자기 공부가 달라지니 혼동이 되고 갈등도 많았다.

그러나 '내가 한 곳에 치우쳐 공부해 오지 않았나.' 하는 생각도 들었고 경을 배우고 강원생활을 하는 것도 또한 더 깊게 공부를 지어가는 것이라 생각하니 힘들게만 느껴지던 것들이 조금씩 편안하게 받아들여졌다. 그런 내게 치문반 스님들의 따뜻한 마음은 보이지 않는 힘이 되었고 소중한 불연인 도반스님들 속에서 나의 존재를 반조해 보는 새로운 계기가 되었다. 어른스님께서는 청암사에 가면 공부도 중요하지만 대중스님들과 화합을 잘 해야 한다고 늘 강조하셨는데 그 말씀의 의미를 지금은 조금이나마 알 것 같다.

나의 아상을 깨는 데는 강원생활이 적합하리라 생각하게 되었으며 불법에서는 모든 존재가 하나이며 나 또한 우주 전체에 둘러싸인 하나의 존재라는 것을 더불어 알게 되었다.

나무를 보면 나무가 되고 물소리를 들으면 물소리가 되고 푸른 하늘을 보면 푸른 하늘이 되는 내 안을 보았다. 바위 하나하나에도 그 나름대로의 표정이 존재하고 있으며 내 모습 속에서 어머니, 아버지, 조상들이 있다는 것을 알게 되었다. 미명의 새벽부터 내 영혼을 울려주는 새소리, 풍경소리는 미소 그 자체였다.

한문공부에 지친 내게 풍경소리는 마음을 상큼하게 맑혀주기에 충분했다. 그리고 몸이 지치고 마음이 나태해질 때는 『원각경』 게

송으로 신심을 내어보기도 한다.

보안이여, 그대 마땅히 알라.
시방세계 중생들이 모두 환幻과 같아서
몸뚱이는 사대로 이루어지고
마음은 육진에 돌아감이라.
사대 뿔뿔이 흩어지고 말면
어느 것이 화합된 것이런가.
이와 같이 차례로 닦아나가면
모든 것이 두루 청정하여서
움직이지 않고 온 법계에 두루하리라.

사대육신에 대한 허망함과 끄달려 사는 그 자신을 경책하여 주는 글로 가슴 깊이 다가오는 게송이다. 나는 나무를 무척 사랑한다. 나무를 보고 있으면 대개 나무는 어머니이고 잎사귀는 자식에 불과하다고 생각한다.

하지만 뿌리가 받아들이는 수액은 단지 물과 무기질뿐이어서 그것만으로는 나무를 성장시킬 수 없다고 한다. 그래서 나무가 뿌리로부터 수액을 잎사귀에 전달하면 잎사귀들은 자연 그대로의 그 수액을 태양과 공기의 도움을 받아 영양이 풍부한 수액으로 만들어서 다시 나무에게 보내어 성장시킨다고 한다. 그러므로 잎사귀

좌충우돌 수행 이야기

들이 나무의 어머니라는 것이다. 수명을 다한 나뭇잎들은 땅에 떨어져도 행복해 한다고 하셨다. 뿌리와 다시 만나기 때문에… 나뭇잎을 바라보면 미소가 지어지고 더욱 더 새롭게 다가온다.

좋아하고 싫어하는 모든 근본적인 문제는 나로부터 비롯됨을 알면서도 이것저것에 끄달리고 욕망에 이끌리고 분노에 끓는 나 자신을 본다. 요즈음 좀 나태해진 느낌이 들었는데 마침 얼마 전 병에 걸려 곧 죽는 꿈을 꾸었다. 그 순간 '난 아직 깨닫지 못했는데 죽으면 어떡해. 눈 먼 거북이가 망망대해에서 겨우 의지할 나뭇조각을 만나듯 사람 몸 받고 뒤늦게 불법 만나 이 길을 가게 되었는데 벌써 죽으면 어떡하나.' 하며 괴로워하는 자신을 보면서 꿈에서 깨어났다.

아득하였다. 왠지 막막하기만 한데 물소리는 어서 정신 차리라고 내게 쉼 없이 소리치고 있었다. 그 순간, 나에게 무엇이 가장 중요한지를 다시 한 번 깨달을 수 있었다. 이 생에 깨치지 못하고 죽는 것이 정말로 두려운 일이었다. 죽으면 다시 사람 몸 받을 수 있을지, 불법을 다시 만나게 될지 어떻게 장담할 수 있겠는가!

다시금 마음을 가다듬었기에 지금은 마음이 많이 편안해졌고 공부를 지어 나가는 방법도 나름대로 찾았다. 무엇이든 정성스럽게 최선을 다해 산다면 성불의 길도 멀지 않으리라 생각한다.

소리 없이 나무들이 자라고 이름 모를 꽃들이 피었다 지고
소리 없이 아침이 오고 또 어느덧 어둠이 찾아오며
소리 없이 봄이 가고 여름이 찾아오듯이
청암사 도량에서 나 또한 고요히 자라고 싶다.

생사 없는 영원한 존재인 '나'를 찾기 위해, 아직은 모나고 뾰족하지만 둥글둥글 다듬어가며 그리고 언제나 '나'를 지켜보면서 공부를 지어나갈 것이다. 저녁 8시 죽비 삼성에 맞춰 대중들이 입을 모아 외우는 논강 게송은 어둠이 고요히 내려앉은 도량에 별이 되어 반짝이는 듯하다. 여름날의 따가운 햇볕에 달디 단 과실이 주렁주렁 영글어가듯 이 여름, 한 방울 한 방울 수행의 땀방울들을 모아 헛되지 않은 결실을 맺어보리라. 이런 내 마음에도 부처님의 자비광명이 가득하길 빌어본다. 지금 바깥에는 풍경이 바람에 화답하며 맑은 소리를 내고 나뭇잎들은 저녁 달빛을 받아 신비스럽게 흔들리고 있다. 어둠 짙어가는 저 숲 어딘가에서 새소리 평화롭게 들려오고 있는 지금, 난 행복한 스님이다.

—
좌충우돌 수행 이야기

나의 거울 나의 스승

○ 글 _ 현국(2007, 53호)

●   청암사에도 봄이 찾아와 육화료 마당에는 사목련
이, 경내 곳곳에는 매화, 개나리, 진달래, 백목련 등 각양각색의 들
꽃들이 만개하였다. 첫 철 소임이 정통이라 '정확한 시간에 좀 더
정미롭고 편하게'라는 구호 아래 시간과 앞서거니 뒤서거니 하며
분주하게 보내다가 언제부터인가 나무와 꽃, 새소리, 물소리가 내
안으로 들어와 숙였던 머리를 자연으로 향하게 하는 것을 보면 이
곳 생활도 조금은 익숙해지는 듯하다.

   며칠 전부터 짬을 내어 북 연습을 시작하였다. 왼손 150번, 오
른손 100번, 동시 치기 10분. 바쁜 일상의 분주함에서 벗어나 혼
자만의 시간을 가지기 위해 시작한 북 연습은 울력이나 다른 일로

못할 때는 섭섭한, 또 다른 나의 일상으로 자리 잡아가고 있는 것 같다. 그리고 북 연습을 좋아하는 이유는 또 있다. 며칠 전 연습하다 문득 멈췄을 때 귓전을 가득 채우던 물소리, 새소리, 자연 빛에 반해 눈을 감고 두 팔을 벌려 바람을 맞이하고 햇살을 품에 안았다. 그리고 눈을 떴을 때 시야를 가득 채우던, 이전에 보지 못했던 아니 볼 수 없었던 자연의 싱그러운 푸른 빛.

행복이란 이런 걸까? 이 대지에 두 발을 디디고 서 있음에 감사함을 느꼈다. 청암의 자연이 이렇게 빨리 나에게 다가올지 몰랐다. 강원에 입학하기 전 '꼭 강원에 가야 하나, 그리고 꼭 청암사이어야 하나.' 하는 잡념이 들었지만 은사스님의 "중물 들이려면 강원에 가야 한다. 강원에서 중물 안 들면 평생 중물 못 들인다."라는 단호한 말씀에 속내는 비춰보이지도 못한 채 4년이란 시간이 길게만 느껴졌었다.

그리고 도대체 '중물이 뭘까?' 하는 의구심에 몇몇 분들에게 여쭤보았으나 가슴에 와 닿는 답을 얻을 수 없었다. 그 중 한 선객스님이 하신 말씀이 가슴에 들어왔다.

"중의 향기예요. 장미는 장미의 향기가 있고 진달래는 진달래만의 향기가 있듯이 중에게도 중의 향기가 있어요. 상판으로 갈수록 그 향은 짙으며 공심으로 살 때 중물이 빨리 들고 향기가 그윽해집니다."

좌충우돌 수행 이야기

4부 응답하라, 나의 초발심

그때는 공심이 공空인지 공共인지 여쭤보지 못했지만 얼마 안 되는 강원생활 동안 아마도 공共이 아닐까 하는 생각이 든다. 더불어 산다는 것. 어른스님께서 "중은 대중생활을 해야지 중물 안 든 상태에서 독살이나 토굴생활을 하면 비승비속非僧非俗으로 전락하기 쉬워." 하시며 대중생활의 필요성을 강조하신 이유를 조금은 알 것도 같다.

100여 명이 넘는 대중이 한 공간에서 더불어 산다는 게 어찌 쉽기만 할까. 다른 환경과 습성 속에서 살아온 습들이 부딪치면서 불쑥불쑥 튀어나오는 나의 아만과 이기심, 욕구, 욕심 등이 도반과 대중을 통해 반영되니 그들은 나의 거울이며 동시에 스승임을 알게 되었고 도반들의 모습도 이제는 한걸음 물러나 볼 수 있게 되었다. 입학 전에는 '왜 저러지, 저게 아닌데~.' 하던 모습들이 이제는 그들 특유의 개성으로 다가오면서 가슴에 일던 진심嗔心도 조금씩 가라앉는다. 남아 있는 강원생활 속에서 서로 부딪치면서 마모되어가고 어른스님과 도반들의 모습에서 배우고 나의 머트러운 습들을 하나씩 버리는 과정을 통해 정화되고 속인의 물이 빠진 중물이 잘 든 오롯한 참된 승려로서의 모습을 갖추게 되지 않을까 싶다.

부처님, 청암에 모인 이 대중들이 어떠한 장애 없이 참 승려로서의 모습을 갖추어 진정한 불제자의 삶을 살아갈 수 있길 머리 숙여 바라옵니다.

좌충우돌 수행 이야기

나를 깨우는
길 위의 인연들

○ 글 _ 초은 (2007, 54호)

● 　　　　강원 입방이 결정되고 대중 소임을 모두 마무리
하고서 출가 후 처음으로 며칠 여가를 받아 길을 나섰다. 1년 반
전, 인간 로봇의 갑갑한 경계를 넘어 자유의 맛을 직접 보고야 말
겠다는 충천한 의지로 오른 덕숭산 산행. 그 길을 이제 엄연한 승
의 모습을 하고 안정된 발걸음으로 내려가고 있었다. 고된 행자생
활과 서툰 일솜씨에 만만치 않았던 대중 소임으로 쌓인 피로에도
불구하고 마음은 벌써 일종의 만행을 기획하고 있었다.

　강원 4년 생활을 어떻게 하면 내 수행의 연장선상에 놓을 수 있
을까 하는 것이 주제였으며, 계 받고 인사도 못 드린 내 고마운 스
승들을 찾아뵙는 것을 여정으로 삼았다. 솔직히 바로 실참으로 들

어가고 싶은 마음이 컸던 내게 강원행은 맥 빠지는 행로였기 때문에 확실한 동기 유발이 필요했다. 생활에 빠지지 않고 공부 마음을 유지할 수 있는 비결을 찾아야 했다. 깨끗이 삭발하고 가사, 장삼 수하고 정성스레 삼배 드리면서 스스로도 감격스러웠지만 인사받으시는 스승들께서 내가 드디어 수행 길에 들어선 것에 대해 얼마나 반가워하시는지 쌓인 여독이 말끔히 가시었다. 붙박이 수행인들에게서 간만에 듣는 법의 소리와 격려의 말씀들에 마음이 화합하여 기쁨과 감사의 눈물이 흐르기도 하였다.

하지만 내 첫 만행의 진짜 소득은 뜻밖에도 거리에 있었다. 서울 지하철 입구에 들어설 때는 잠깐 긴장했다. 10년 가까이 매일같이 활보하고 다녔던 공간이지만 승복을 입고 서니 두려웠다. 신심이 두텁다 못해 타인의 사생활 침범도 불사하는 맹렬 기독교 신도들, 혹시라도 걸려들면 침묵을 유지하는 것이 상책이라는 선배들의 조언을 되새기며 열차를 기다리고 섰었다.

그때 한쪽 팔에 책을 끼고 내 옆에 선 파마머리 아가씨가 자꾸 나를 쳐다본다. 종종 미소를 보내기도 하는 것이 금방 말을 걸 태세다. '앗, 걸렸구나.' 싶어 바짝 엄숙함을 유지하고 눈을 내리깔았다. 잠시 후 흘낏 옆을 보았더니 없어졌다. '휴!' 안도의 한숨을 내쉬며 내 과잉 경계 태세에 약간 겸연쩍어 하고 있던 찰나. 뒤에서 누가 "스님!" 해서 쳐다보니 그녀다. 한 손에는 '아침햇살' 한 병을 들고 "스님, 이걸 좀 드려도 될까요?" 나는 그때까지도 멈칫했다. 과

좌충우돌 수행 이야기

잉 친절 후 올 그것에 대비하여…. 그러나 그녀는 따듯하게 데워진 아침햇살을 건네주고는 유유히 저쪽으로 멀어졌다.

또 어느 시골버스 안에서의 일이다. 창밖을 보며 이러저런 생각에 잠겨 있었다. 그때 갑자기 앞자리에서 머리 하나가 쑥 올라왔다. 이번에는 잘생긴 청년이다. 청년이 대뜸 묻는 말이 "스님, 공부하십니까, 아니면 경 외우십니까?" 이것도 저것도 안 하고 있던 내가 잠깐 멈칫하는 사이 그는 지갑에서 파란 지폐 한 장을 꺼내 내게 던지듯 놓고서는 "스님, 이거 스님 하시거나 주고 싶은 분 주십시오." 하고는 쌩하니 버스에서 내렸다.

갑작스레 벌어진 의외의 사건을 해석하느라 머리는 바삐 돌아가고 시선은 그 청년을 따라갔다. 버스에서 내린 그는 내게 꾸벅 목례를 하고는 씩씩한 걸음으로 제 갈 길을 간다. 나는 여전히 해석이 안 된 그의 질문을 되뇌고 있었다. '공부하십니까, 아니면 경 외우십니까?' 할 때 앞의 공부가 뜻하는 바는 참선이나 명상이 아닌가 짐작했다. 그렇다면 이 청년은 나 같은 옷을 입은 이는 혼자 말없이 있을 때 명상 아니면 경 외우기 둘 중 하나를 하며 공부를 이어가는 것으로 기대한다는 결론이다.

한 손에 그가 던져놓고 간 만 원짜리를 들고, 창밖으로 내게 인사하며 수줍은 미소를 보내는 그 젊은 청년을 보며, 가슴에 꽂히는 뭔가가 있었다. 한창 젊음이라는 축복에 취해 있을 저런 청년도 수행자에게 희망하는 바가 있는 것이다. 자신이 누리고 있는 것과 다른 어떤 것, 그것이 무엇일까?

출가 전 수행지도를 받았던 곳에서 몇몇 도반들이 나의 방문소식을 듣고 찾아왔다. 도반들과 밤이 늦도록 이야기를 했다. 다들 퇴근 후의 피곤과 다음날 출근 일정에도 불구하고 먼 곳까지 와서는 진실 된 반가움과 승에 대한 존중까지 갖춰 맞아 주었다.

도반들은 다음날 부족한 잠으로 인한 부스스한 모습으로 새벽같이 선원을 나서며 내게 단정하게 접은 봉투를 쥐어 주었다. 뭉클하지 않을 수 없었다. 특히 오랜 학업을 마치고 이제 막 직장생활을 시작한 도반의 월급봉투에서 나온 돈 오만 원… 물론 이번 만행 길에서는 가는 곳마다 여비를 두둑이 주셨지만 이제 막 출가한 햇병아리 스님에게 도반이 쥐어주는 이 소중한 돈 오만 원에는 감동을 넘어 의미심장함이 있었다.

돈이 중심인 세상, 돈 벌기 너무 힘들어 주는 것이 옹색해진 세상에 나가서, 나는 내게 뭔가를 주려고 애쓰는 참 이상한 사람들을 만났다. 이들은 내게 강원에서, 그리고 수행자로서의 내 평생에 내려놓을 수 없는 화두를 던져주었다. 이들이 내게 희망하는 것은 무엇인가? 따뜻하게 데운 아침햇살과 청년의 관심과 도반의 보시에 대해 나는 어떤 자격을 갖추어야 그들이 결국 내게 미소로써 화답할까? 앉고 눕고 행함에 있어 늘 이 질문을 놓지 않고 이 4년을 보낸다면 뜻하는 바 과실이 있지 않겠느냐고 이번 만행 길에서 만난 길 위의 인연들이 말하는 것 같다.

좌충우돌 수행 이야기

궁전을 떠난 왕자

○ 글 _ 도림 (2013, 79호)

● 　　　　외국인 스님에게 불교와의 첫 인연에 대해서 묻
는다면, 뭔가 특별한 것을 기대할지도 모릅니다. 불교를 만난 후,
사고방식과 생활이 모두 바뀌었다는 감동적인 경험들이 대부분이
기 때문입니다. 그러나 불교와 저의 만남은 솔직히 첫눈에 반하는
사랑이 아니었습니다. 제가 불교를 처음 만났던 장소는 아름다운
산사가 아니라 고속도로 길가에 세워진 고장 난 자동차 안이었고,
처음으로 모셨던 법사는 지혜로운 큰스님이 아니라 언제나 나를
괴롭히기 좋아하던 이웃집 오빠였기 때문인지 모릅니다.

　　열한 살밖에 되지 않았던 내게 오빠가 들려준 이야기는 옛 인도
의 어느 왕자에 대한 이야기였습니다. 궁전에 살면서 원하는 대로

모든 것을 가지고 있던 왕자는 누가 보아도 행복하고 걱정 없는 삶이었습니다. 그렇지만, 왕자는 행복을 느끼지 못하고 '참 나'를 찾기 위해 궁을 떠났습니다. 그 이야기를 들으면서 '참 나'가 무엇인지 몰랐지만, 원하는 대로 모든 것을 가질 수 있으면 '참 나' 없이도 충분히 잘 살 수 있다고 생각했습니다.

저는 가난한 나라에서 태어났습니다. 누구라도 이런 말을 들으면 "오스트리아가 가난하다고?" 반문하며 고개를 흔들겠지요. 물론 경제적으로나 문화 예술적으로 볼 때, 오스트리아는 분명 잘 사는 부자 나라지만, 정신적으로 영적으로는 오랫동안 굶주려 온 가난한 나라입니다. 오스트리아 국민들의 98%가 천주교를 믿고 있지만, 실제로 신심 있게 종교 생활을 하는 사람을 찾기는 무척 어렵습니다. 오스트리아 사람들에게 그 이유를 묻는 다면, 아마도 유럽의 천주교가 언제부턴가 과거의 잘못을 인정하지 않고 젊은 세대가 가진 문제들을 해결해 주지 못했기 때문에, 사회에서 뒤처지고 발전이 멈추었다고 대답할 것입니다.

저희 부모님도 그런 생각을 가지고 있었습니다. 아버지와 어머니는 살아 숨 쉬는 종교가 아니라면, 종교는 굳이 필요하지 않다고 생각하셨습니다. 그래서 저희 형제 세 명은 모두 종교 없이 컸습니다. 그러면서도 혹시라도 저희 중 누군가 종교를 가지게 된다면, 선택은 자유롭게 하라고 하셨습니다. 저는 종교 없이도 선과 악을 구별할 줄 알았고, 별다른 문제없이 보통 아이들처럼 자랐습니다.

그렇지만 조금씩 자라면서 겉으로 웃고 행복한 인생을 살고 있었지만, 마음 어딘가에 무엇인가 부족하다는 것을 느꼈습니다. 그리고 그런 공허함은 저 혼자만이 아니라, 주변의 친구들도 느끼고 있음을 점차 알게 되었습니다. 그러한 빈자리를 좋지 못한 방법들로 채우는 친구들을 보며, 그때서야 저는 옛 인도의 왕자 이야기가 다시 생각났습니다. 궁전을 떠나야 했던 왕자의 마음을 조금은 알 것 같았고, 좀 더 알고 싶었습니다. 불교를 한 번 더 만나기로 했습니다.

한국에 살면서 "스님, 일본 불교나 티베트 불교가 잘 알려진 유럽에서 왜 한국 불교를 선택하셨어요?"라는 질문을 많이 받았습니다. 특별히 제가 한국 불교를 택한 적은 없습니다. 어쩌면 제가 한국 불교를 택한 것이 아니라, 한국 불교가 저를 택한 것 같습니다. 아무것도 모르던 제가 처음으로 가 본 절이 한국 포교당이었고, 처음으로 만나 뵌 비구니스님이 바로 지금의 은사스님이셨기 때문입니다. 그렇게 오스트리아의 수도, 빈 포교당에서 다른 고등학생들과 함께 기초부터 불교를 배우기 시작했습니다.

17세였던 그때, 처음으로 진짜 법문을 들었을 때의 기분이 아직도 생생합니다. 마음이 시원해지면서, 오랫동안 헤매고 다니던 사람이 마치 고향 가는 길에 들어선 것만 같았습니다. 포교당의 불교반 학생들에게는 일 년에 한 번, 한국 여행의 기회가 있었고, 저는 구례 화엄사에서 한국 사찰 생활을 체험했습니다. 그리고 유명한 고찰들을 순례하는 프로그램에 참석하면서 많은 훌륭한 스님들 가운데서 처음으로 알게 된 비구니스님을 다시 만나게 되었습니다.

한국 방문을 통해 마음공부를 하시는 스님들의 모습을 보고 난후, 일반인의 삶으로 돌아갈 수 없게 되었습니다. 이번 생에 다행히 부처님 법을 만났으니, 인생을 부처님께 모두 바치고 싶었습니다. 그리하여 고등학교를 졸업하고 나서 부모님 허락을 받고, 화엄사 금정암으로 출가하게 되었습니다. 어린 나이에 외국으로 건너가 출가한다는 것은 특별한 용기가 필요한 어려운 결정으로 보이겠지만, 저에게는 그저 흐르는 강물처럼 자연스러운 일이었습니다.

금정암이 있는 이곳 구례에는 독일인 거사님이 한 분 계신데, 그분은 향수를 느끼게 되면, 한국인 보살님과 딸을 데리고 저를 찾아옵니다. 향수병이 아주 심할 때면 독일 말을 들어달라며, "스님, 그 속담 아시죠? 사람이 고향을 떠나게 할 수는 있지만, 고향은 사람을 떠나지 않는다."는 말씀을 하셨는데, 참 많이 와 닿았습니다.

처음에는 저로 인해, 대중스님들이 수고롭지 않도록 무엇이든 한국 사람처럼 해내는 것이 저의 큰 바램이었습니다. 하지만 아무리 애를 써도 항상 부족했습니다. 한국 생활에 적응해 가며, 문화와

4부 응답하라, 나의 초발심

생각의 차이가 적어지긴 했지만 완전히 같아질 수 없었습니다. 이제는 그러한 차이가 서로에게 힘들고 어려운 일이 될 수 있지만, 넓은 마음으로 보면 서로가 다양한 것들을 배울 수 있는 기회가 되지 않을까 생각하게 되었습니다.

크고 작은 일들을 만나 실수했던 에피소드는 책으로 몇 권을 엮어도 모자랍니다. 한번은 청암사에서 채공 소임을 살며, 오스트리아에서 인기 있는 생 콩나물 샐러드 요리를 하게 되었습니다. 콩나물을 씻어서 다듬기만 해서 만든 요리인데, 한국에서는 콩나물을 반드시 데쳐서 사용한다는 것을 한참 후에야 알았습니다. 생 콩나물 샐러드 요리를 좋아한 사람은 저뿐이었는데, 더 놀라웠던 것은 그 당시 청암사 대중스님들께서 저를 사랑하는 마음으로 그 샐러드를 남김없이 다 드셨다는 것입니다.

또, 저는 반말을 잘 할 줄 모르고, 외국인이 가장 어려워하는 존댓말이 오히려 더 편해서 고양이에게 밥을 주면서도 "공양 맛있게 잡수세요!"라고 합니다. 언젠가 "스님, 저는 연세 많이 드신 옷을 좋아합니다."라고 말씀드린 적이 있는데, 스님들께서는 아직도 그 말을 기억하고 계십니다.

외국인으로서 한국에서 수행생활을 하면, 사소한 것들도 문제가 될 수밖에 없습니다. 그렇지만 포기하지 않겠다는 저의 마음을 알고 도와주신 여러 스님들 덕분에 모든 것들이 저절로 해결되었습니다. 저를 아껴주시고 마음 써주신 많은 분들을 떠올리면 편안해 집니다. 어쩌면, 포기하지 않겠다는 저의 고집은 얼굴도 모르는 청암사 선배스님 덕분이 아닐까 생각합니다. 어려움을 만났을 때마다 청암사 후배들을 위해 벽에 남겨주신 그분의 글 한 줄을 늘 떠올렸습니다.

"포기라는 말은 배추를 헤아릴 때만 필요한 것이다."

처음 한국 땅을 밟던 순간부터 지금까지, 그림자처럼 따르는 마음은 감사의 마음입니다. 출가 인연을 맺을 수 있게 해 주신 본사 어른스님, 청암사의 어른스님, 청암사 모든 선배·후배스님, 그리고 도반스님들께 진심으로 감사드립니다. 항상 저의 스승이 되어 주시고, 어떤 상황에서도 넓고 따뜻한 마음으로 사랑해 주셨습니다. 뿐만 아니라 한국의 모든 분들, 그리고 대한민국에 감사드리고 싶습니다.

돈으로 지은 빚은 돈으로 갚고, 말로 지은 빚은 행동으로 갚는 법입니다. 한국에서 받은 자비와 귀한 가르침은 어떻게 갚아야 할까요? 아마도 한국과 한국문화를 아끼고, 자비와 가르침을 다른 분들에게 돌려주는 것이 아닐까요? 한국에서 배운 수없이 좋은 것들을 마음에 담아 우리 오스트리아 사람들에게 보여주는 것이 저의 꿈 중 가장 큰 꿈입니다.

외국에서 포교하기 위해 제일 중요한 법문을 잘하지도 못하고, 선 공부에 대해서도 많이 알지 못하고, 염불과 경전 공부도 아직 부족한 제가 오스트리아 사람들에게 무엇을 어떻게 가르쳐야 할까 생각하면 걱정이 많았습니다. 하지만 며칠간 고향집에 머물면서 어머니께서 들려주신 말씀으로 마음이 편안해졌습니다. 불교에 대해서 많이 알고 말씀을 잘하는 분들은 많지만, 그 가르침을 마음으로 이해하고 실천하는 분은 찾기 어렵다는 내용이었습니다.

틱낫한 스님의 말씀을 떠올려 봅니다.

"모든 경전 다 외우고 불교를 모두 아는 것은 물론 좋지만, 남에게 큰 이익이 되지는 못합니다. 많은 사람들이 글을 스스로 읽을 줄 알기 때문입니다. 진실로 이익 되는 것은 그 가르침을 가슴으로 알고 가르침대로 실천하는 것입니다. 결국은 자비심밖에 없습니다."

저는 참으로 그런 수행자가 되기를 소원하고 있습니다. 옛 인도의 왕자가 궁을 떠나 '참 나'를 깨달았고, 메마른 땅에 달콤한 비를 내려 중생들을 오랜 목마름의 괴로움에서 제도하셨습니다. 저는 달콤한 그 비의 단 몇 방울만이라도 가슴에 깊이 담아, 고향 땅에 뿌릴 수 있기를 간절히 합장하고 발원합니다. 비록 오랫동안 메마른 땅이었지만, 비를 만나면 가끔은 아름다운 꽃도 피어날 수 있다고 믿습니다.

좌충우돌 수행 이야기

나는 누구?
여긴 어디?

○ 글 _ 혜소(2014, 81호)

● 　　　　　　새 스님이 되어 동안거 기간 동안 소임을 살러 간 선방에서의 일이다. 법랍이 기라성 같은 입승, 노전스님 등 몇몇 분과 차를 타고 가다가 우연히 출가 발심에 대한 얘기들이 나왔다.

"출가하겠다고 노스님을 찾아갔더니 학교 졸업하고 오라 하대요. 그래서 학교는 가기 싫고 주유소에서 8개월 동안 알바 하면서 출가 결심을 굳혔어요."

"그때가 몇 살인데요?" "16살인가?"

"우리 노전스님은 '주유 발심'을 하셨네요. 하하하."

큰방 입승스님의 재치 있는 농담으로 차 안은 웃음바다가 되었다. 앳된 얼굴의 노전스님은 17살에 청암사 강원에 들어왔고 졸업

한 지 벌써 10여 년이 넘었다고 했다.

"우리 새 스님은 어떻게 출가하셨나?"

갑작스럽게 내게 질문이 돌아왔다. 아⋯⋯. 나의 출가 발심은 무엇이었던가? 잠시 생각하던 나는 무덤덤하게 말을 했다.

"세상이 재미없었는지 연신 곡차만 먹었던 것 같아요. 그러다 어느 날 눈 뜨니 절에 있었어요."

"어이구, 우리 새 스님은 '음주 발심'인데? 하하하."

졸지에 음주 발심으로 출가한 사람이 된 나는 스님들과 한바탕 웃음을 터뜨린다. 이렇게 웃으면서 지난날을 말할 수 있는 여유가 얼마 만인가⋯ 정신없이 살아온 인생을 한 달 만에 후다닥 정리하고 들어온 절집. 가는 날이 장날이라고 그날은 '108산사 순례단' 버스가 줄을 이었고, 청암사는 인파로 발 디딜 틈이 없었다.

낯선 스님들에게 물어물어 찾아간 교무스님은 눈코 뜰 새 없이 바빠 말도 붙이기 힘들었다. '이곳은 관광사찰인가? 내가 잘못 찾아온 거 아닌가?' 하면서 빙빙 돌던 첫날. 다음날부터 나는 커피 파는 물을 낑낑거리며 나르고 있었고 절도 못하는 내가 만 배에 도전하고 있었다.

먹고 입고 자는 것 전부가 낯선 하루하루가 지나갔다. 마치 타임머신을 타고 한 5백 년 전 세상으로 돌아간 것 같았다. 짧은 커트머리가 더벅머리가 되어가도록 삭발하자는 말이 없던 어느 날.

"미장원 다녀와도 되겠습니까?"

"누가 마음대로 머리 자르래!!!!"

고래고래 소리 지르며 야단하는 도감스님을 오히려 황당하게 쳐다보던 나. 파란만장한 행자시절의 서막이었다.

무조건 시키는 대로 해야 하심이라는 행자시절, "왜요?" 소리를 입에 달고 살았던 나는 문제아로 찍히기 일쑤였다. 지적을 당할 때마다 속에서 우욱 올라오는 또 다른 나 때문에 울기도 많이 울었던 시간들⋯⋯. 같은 상황에서도 지시사항은 제각기 달라서 어떻게 해야 될지 난처했던 적이 한두 번이 아니었다. 도대체 절집의 원칙은 무엇이냐며 나 홀로 성토대회를 벌여도, 행자라는 이유로 쏟아지는 질책에 울그락푸르락 해도, "자비 문중에 자비는 어디 갔느냐?"며 따져보아도 조직은 요지부동했고, 그 안에서 터지고 깨지던 나는 조금씩 변하고 있었다.

'아! 나는 누구? 여기는 어디?' 아침마다 눈을 뜨면 떠오르는 생각들을 구기고 접어서 가슴 속에 집어넣고 살아가다 보니 겨울이 지나 봄, 여름이 가고 가을로 접어들어 수계교육을 마쳤다. 15일 동안의 수계교육을 마치고 돌아오니 은사스님이 물으셨다.

"그래, 잘하고 왔는가?"

"무슨 조직 입단식을 치르고 온 것 같습니다."

'아, 또 사고 쳤다.' 다행히 웃어 넘기시는 은사스님이 또 한 번 푸근하게 느껴진다.

행자복을 벗자 도감스님이 한마디 하신다.

"이상하네. 분명히 새 스님인데 스님은 왜 헌 스님 같지요?"

그 말이 칭찬인지 욕인지도 모르고, 곧장 보덕사 선방으로 소임을 살러 갔다. 그 곳에서 다른 사람의 마음을 살피고 챙긴다는 것이 얼마나 힘든 일인지 뼈저리게 배웠다. 그 100일 동안은 마치 인간이 되기 위해 쑥과 마늘만 먹던 곰처럼 사람이 아닌 스님이 되기 위한 환골탈태의 시간이었다.

"수행이란 별거 아니다. 내가 남의 꼴을 얼마나 잘 보아 주는가이다. 내가 남의 꼴을 잘 봐주어야 남도 내 꼴을 봐주는 거다."

좌충우돌 수행 이야기

사형스님들의 조언들이 와 닿는 것도 나의 변화 중 하나였다.

'꼴' 봐주기란 무엇일까! 남의 꼴을 못 보는 건, 그 사람의 상황과 감정과 생각을 나의 분별력으로 판단해서 틀렸다고 생각하기 때문이리라. 그것이 '틀림'이 아니라 '다름'을 인정하는 순간 다른 사람의 모습이 보이기 시작했다. 그제야 비로소 내 꼴도 보였다.

그리고 착각 속에 내가 쌓아 놓은 허상의 내 모습들을 하나하나 지우는 데는 엄청난 용기가 필요함을 알게 됐다. 공부란 자신의 현 위치를 아는 데서부터 시작된다고 한다. 목표를 정해 놓고 그 목표선상에서 과연 나는 어느 위치에 있는가를 제대로 알 때 그때가 공부의 시작 지점이다.

곧 강원생활이 시작된다. 어디로 튈지 나 스스로도 알지 못하지만 분명한 것은 남의 꼴 봐주기와 나의 현 위치를 착각하지 않기. 이 두 가지를 위해 최선을 다해 볼 요량이다.

맑은 향내 나는 매화처럼

○ 글 _ 명정(2015, 85호)

● 　　　며칠 전 봄비가 내린 뒤라 청암사 곳곳에서 봄의
전령이 꿈틀거리며 기지개를 펴고 있다. 정랑 앞에 핀 보랏빛 현호
색, 진영각 마당의 매화, 불령산 선녀탕으로 오르는 길에 수줍게
핀 생강나무 노란 꽃, 분홍빛 진달래가 마음을 흔들어 놓는다. 아
직도 진달래를 보면 "나 보기가 역겨워 가실 때에는 말없이 보내
드리오리다."라는 김소월의 시구가 먼저 떠오르며 애상에 젖어드는
미혹한 중생이다. 출가하여 사미니계를 받고 강원에 오면 이런 색
깔 있는 오묘한 감상에서 벗어날 줄 알았다. 그러나 여전히 봄꽃을
보며 봄앓이를 하고 있는 나를 아프게 바라본다.

다시 출가하는 마음으로 청암사에 왔다. 재출가 다짐과 원願이 바래지지 않기 위해 첫날부터 자신을 채찍질했다. 매일 108배와 다라니 독송을 잊지 않았고, 소임자 예불 시간에도 선배스님들의 눈치를 보며 예불을 빠뜨리지 않았다. 나이 탓이라는 말을 듣지 않기 위해 1분이라도 더 빠르게 행동하려고 애썼다. 스스로 만들어 놓은 틀에 자신을 가두어 놓고 벗어나는 것을 용납하지 않았다. 보름이 지나자 몸에 이상 증상이 일어났다. 상기上氣가 되면서 열꽃이 피고 눈의 실핏줄이 터지고 몸살감기까지 겹쳤다. 과유불급이라 했던가, 역시 넘치는 것은 모자람만 못했다.

입승스님의 자상한 보살핌으로 열 손가락과 발가락, 귀까지 수지침으로 찔러 피를 보는 수고로움을 당하고서야 정신을 차리고 숨을 제대로 쉴 수 있었다. 잠자는 것도 미루시고 모두들 잠든 밤 지대방에서 랜턴 불빛에 수지침 놓아주시며 당신 손에 묻은 내 피는 아랑곳하지 않고 후배 몸 먼저 챙기시는 입승스님의 따뜻한 마음에 감동하고 그동안 도닥여주지 못하고 채찍질만 했던 내 몸에게 참회하며 밤잠을 설쳤다.

새벽예불을 드리는데 울컥 뭔가가 올라왔다. 여기서 하루 이틀 살고 말 것도 아닌데 왜 그랬을까? 한참 홍역을 치르고 나서야 봄꽃이 제대로 보였다. 하늘의 별도 달도 나무도 특히 봄꽃처럼 청암사에 계시는 색깔 다른 스님들의 모습도 아름답게 보인다. 처음에는 선배들의 눈빛이 다 무서웠다. 매 같은 눈매로 나의 잘못된 점만 보고 지적할 것만 같았다. 삐걱거리는 마루를 밟으면서 내 발소리에 소스라쳐 놀라고, 발우공양 할 때는 어른스님들이 나만 보고 있는 것 같아 죄지은 듯 가슴이 오그라들곤 했다. 강원이 이런 곳이구나! 숨이 막히는 곳, 내 의지가 무색해지는 곳, 모든 것이 낱낱이 공개되는 곳, 답답했다. 그러나 한마음 돌이키면 이렇게 쉬운 것을…….

한마음이 청정하면 우주법계가 청정하다는 부처님 말씀처럼 내 마음이 평안해지니 세계가 다르게 보였다. 각기 다른 개성을 가진 스님들의 모습에서 많은 것을 배우고 나를 들여다볼 수 있는 여유가 생겨났다. 나를 들여다보니 잘하려고 스님들 눈에 잘 보이려고 용을 쓰고 있었음을 알아차릴 수 있었다.

'잘 하려고 애쓰지 말자, 있는 그대로 나를 인정하고 이곳 청암사에 가랑비에 옷 젖듯이 그냥 젖어들자.'

이런 결론을 내리니 봄이 생명의 소리로 들렸다. 생명을 부르는 봄은 왠지 '시작'이라는 이미지가 떠오른다. '시작'이라는 말에는 설명할 수 없는 어떤 내공이 느껴진다. 새 학기에 노트 첫 페이지에 쓴 깔끔한 글씨처럼.

새로운 시작을 알리는 2015년 봄, 나는 청암사에서 새롭게 태어나 새 인생을 시작했다. 이제 내 나이는 겨우 한 살, 한 살은 어떤 실수도 할 수 있는 나이다. 실수를 두려워하지 말고 하나하나 다시

좌충우돌 수행 이야기

배우면 된다. 세속의 나이도, 알고 있던 어설픈 알음알이도 다 잊을 것이다. 그것은 전생의 기억이므로…. 여전히 진달래 분홍빛과 매화 향기에 마음 흔들리는 중생이지만 흔들림을 알아차리는 자신을 대견하게 여기며 다독여 주려 한다.

행자교육 때 큰스님이 하신 법문 중에 가장 기억에 남는 말씀이 "훌륭한 수행자가 되기보다는 행복한 수행자가 되라."는 것이었다. 행복한 수행자가 되기 위해 오늘 아침 소변 통을 비우러 언덕을 올라가면서 바보처럼 히죽 웃었다. 웃으니까 신기하게도 진짜로 행복해졌다.

진영각 앞마당에 핀 매화의 그윽한 향에 취해 잠시 발걸음을 멈췄다. 혹독한 추위를 견디지 못했더라면 매화가 맑은 향기를 낼 수 있었을까? 혹독한 추위를 견디고 맑은 향기로 세상을 맑게 하는 매화처럼 내 향기가 그윽하고 맑아질 그날을 기다린다. 봄을 찾아 산천을 돌아다니다 돌아와 집 앞 마당에 핀 봄꽃을 보고 비로소 봄을 찾았다는 선시禪詩처럼 나도 이리저리 떠돌다 이곳 불령산 청암사에 와서야 마음의 봄을 찾았다.

진달래, 현호색, 매화, 생강나무 꽃, 목련…봄꽃들이 만발한 제 마음의 뜰에 놀러오세요. 문은 항상 활짝 열려 있답니다!

●

무엇을 하고 있는가

○ 글 _ 재 하(2015, 88호)

●　　　　　　재하在荷, 진흙 속에 자라면서도 당당히 꽃을 피
워 내는 연꽃처럼 이 세상 모든 더러움을 씻어줄 수 있고, 향기롭
고 따뜻하고 자비로워 일체 중생의 마음 안에 있는 슬픔을 다 가
시게 해 주고, 고통을 어루만져 주는 수행자로 살아가라는 뜻으로
은사스님께서 지어주신 법명이다.

　출가를 결심하고 집을 떠나 '성자가 되어 관세음보살이 되어야겠
다.'고 생각했고, 그 길로 나아가기 위해 계를 받고 승가에 들어와
서 생활한 지 벌써 한 해의 마지막 철을 맞이한다. 봄 학기에는 병
아리마냥 갈 길이 보이지 않고 행동 하나하나 조심스러워 '이럴까
저럴까' 망설임이 많았다. 아랫반이라 여러 면에서 서툴고, 마음이

가지 않아서가 아니라 생각이 미치지 못해 실수도 많이 했다. 그런데 철이 바뀌면서 부담감도 조금씩 내려놓게 되었다.

우리 반 걱정보살스님은 누가 아프면 본인의 상태도 좋지 못하면서 도반스님을 먼저 살핀다. 같은 도반으로서 늘 고맙고 보이지 않게 이것저것 챙겨주는 스님의 마음이 참 고맙고 예뻐 빙그레 웃음 짓곤 한다.

나를 내세우고 내 이익을 생각하고 내 주장만을 고집하기보다는 남을 먼저 생각하고 다른 사람이 무엇을 원하는지, 무엇이 필요한지를 헤아려 서로 돕고, 마음 안의 갈애渴愛나 무지無知가 걷히도록 조금씩 닦아가며 중심을 잡으려 애쓰고 있지만 대중 속에서 다른 사람을 살피며 사는 것이 쉽지 않다는 것을 뼈저리게 느끼고 있다.

자신의 존재가 부족하고 보잘것없다고 느껴 힘들어 할 때 한 스님이 "뭐가 제일 힘드냐?"고 물으셨다. "늦게 출가해서 몸 여기저기도 아프고 친화력도 없고 똑똑하지도 않고, 반에서는 없는 존재 같아 자신이 바보 같다."고 말씀드렸다.

"세상 모든 일은 인과에 의해 펼쳐지고 있어요. 원인이 주어지지 않았는데 결과가 벌어지거나, 결과는 드러났는데 원인이 없는 일은 없지요. 마음 안에 일어나는 모든 의도를 놓치지 말고 항상 살피고, 이 의도가 어디에서 일어나는가? 매순간 물어보도록 해요."

인因을 심고 연緣을 가꾸어 가는 과정에서 진리를 알아가고 지

혜를 밝혀가는 노력이 쌓여 행복이 찾아온다고 하신 말씀이 화두가 되어, 나는 지난 여름 방학 내내 알아차림에 몰두했고 몸에 끄달리지 않으려고 치료도 삼가하고 기도에만 집중했다. 아픈 곳이 있어도 사람들 앞에 잘 드러내지 않는 성격이지만 늦게 출가한 덕에 조금 힘든 울력을 하더라도 금방 피곤하고 지친 기색이 겉으로 잘 드러나는 자신의 모습이 참으로 어색하고 부끄럽기만 했다.

　몸에 끄달리면서 몸 걱정은 하면 할수록 더 과민하게 되고 계속 몸 치다꺼리하다가 시간이 다 가는 것 같아 내심 걱정되었다. 몸을 완전히 무시해도 안 되겠지만 몸에 끄달려 사는 것은 지혜로운 일이 아닌 것 같다. 몸을 시봉하며 살려고 하면 끝이 없고, 좋은 뜻을 가지고 바른 방향으로 가면 몸이 따라오리라 믿는다. 나름 기도하면서 조금 알아차린 부분이고 『선가귀감』에서 배운 선지식의 말씀 또한 이러했다. 모든 일은 마음먹기에 달려 있다는 것을 알아차리고 행하다 보면 몸과 마음 모두 맑아지고 건강해질 것이라 믿는다.

> 정념正念은 열반에 이르는 길이고 방일放逸은 생사에 이르는 길이다.
> (마음을 챙기는 자는 생사를 벗어나 열반을 증득하지만, 방일한 자는 살아 있는 지금도 이미 죽어 있는 것과 마찬가지다.)

나는 『법구경』에 나오는 마음챙김에 대한 이 게송을 좋아한다.

오늘 나는 내 안의 부처를 찾기 위해, 지금 여기에 있다. 갈 길이 멀지만 '이 또한 지나가리라.'는 것을 알고 있다. 평생 출가 수행자로 살기 위해 밝은 기운으로 보고 듣는 지혜와 위의威儀, 소양을 닦는 승가대학 생활이 도로아미타불이 되지 않았으면 하는 마음 간절하다. 매일매일 순간순간 발원에 의지해서 행동하고 최선을 다할 것이다. 또한 방종하거나 게으르지 않으며 이번 생의 서원과 목적을 잊지 않고 살아갈 것이다. 매순간 '무엇을 하고 있는가?'를 스스로에게 물으며 살고 싶다.

3보 1배와 우리나라
토종 꽃들의 가르침

○ 글 _ 원화(2018, 97호)

●   행자교육을 받고 사미니가 된 지 일주일이 되었습니다. 하지만 벌써 한 달이 흐른 것 같습니다. 저에게 행자교육은 굉장히 인상 깊었습니다. 새로운 환경과 숨 막히게 엄격한 그곳의 규칙들은 저를 꽉꽉 눌렀습니다. 또 지독한 감기에 걸려 몸에 힘이 하나도 없고 머리도 아프고 목소리도 쉬어서 나오지 않았습니다. 그래서 염불도 하지 못하고 하고 싶었던 선창도 못해 아쉬웠습니다. 아침저녁으로 너무 빠듯한 일정에 적응하느라 다른 행자님들도 많이 힘들었을 겁니다. 그래도 계를 받는다는 생각에 힘들어도 버티는 행자님들을 보며 저도 많은 힘을 얻었습니다.

    가장 기억에 남는 것은 바로 3보 1배였습니다. 저도 모르게 아픈 몸을 이끌며 열심히 절을 했습니다. 그때는 몸이 정말 가벼웠습니다. 힘들고 빨리 끝났으면 좋겠다는 생각이 전혀 들지 않았습니다. 아직도 생생합니다. 얼마나 왔는지 궁금하여 뒤를 돌아보는데 어떤 할머니와 할아버지가 같이 절을 하고 계셨습니다. 그 모습을 보니 너무 신심이 났습니다. 절을 할 때 맡았던 흙냄새와 열심히 석가모니불을 외치던 수많은 스님들과 행자님들의 목소리가 아직도 귓가에 맴도는 것 같습니다. 그곳에 있던 나무들도 힘내라고 응원해 주는 것처럼 느껴졌습니다. 간병사스님께서도 목소리가 나오지 않는 저를 대신해서 석가모니불을 외쳐 주셨습니다. 많은 사람들과 자연의 도움을 받고 저는 무사히 3보 1배를 마칠 수 있었습니다.

그리고 그날은 샤워를 할 수 있는 날이었습니다. 계속 발 닦고 세수만 해서 그런지 정말 샤워를 하고 싶었습니다. 두 팀으로 나눠서 일반 정통(씻는 곳)과 호텔처럼 생긴 정통으로 갔습니다. 저는 호텔처럼 생긴 정통으로 갔습니다. 씻는 내내 기분이 상쾌하고 좋았습니다. 다 같이 빨래도 했습니다. 손빨래를 하고 탈수를 시켰더니 옷도 저처럼 상쾌할 것 같았습니다. 점심을 먹고 간병실에 약을 받으러 가니 간병사스님께서 상호가 살아났다고 하셨습니다. 정말로 그런 것 같았습니다.

3보 1배를 마친 후 힘이 조금씩 나고 식욕도 조금씩 돌아왔습니다. 제 스스로도 신기했습니다. 나중에 어머니가 제게 업장을 소멸

하기 위해서 그렇게 아팠을 거라고 얘기해 주시면서 신중님이 도
와주신 거라며 기뻐하셨습니다. 어렵게 3000배도 마치고 계도 무
사히 받고 행자복이 아닌 승복을 입고 청암사 강원에서 공부를 하
게 되었습니다.

　지금 이렇게 천이방(컴퓨터실)에서 행자교육 때 있었던 일을 쓰는
것도 신기합니다. 힘들었지만 영원히 기억에 남을 행자교육이었습
니다. 힘든 행자시절을 보내고 강원에 입학하니 여기서도 지킬 것
들이 너무 많습니다. 하지만 어리다는 이유로 많이 봐주시는 것 같
습니다.

　치문 수업은 학장스님께서 직접 강의를 해 주십니다. 그런데 왜
그렇게 한자가 어려운지 참…. 그렇지만 열심히 하면 저도 한자를

좌충우돌 수행 이야기

잘할 수 있을 거라 믿습니다. 치문 수업이 끝나고 방으로 돌아가는 길에 보라색 꽃들이 많이 피었습니다. 혜장 스님이 꽃 이름이 현호색이라고 가르쳐 주었습니다. 처음에는 몇 개 펴 있지 않았는데 이틀 만에 가는 곳마다 현호색이 보입니다. 저도 현호색처럼 얼른얼른 자랐으면 좋겠습니다. 이틀 만에 온 도량에 피어난 현호색이 신기하고 기특합니다. 봄이 오기는 왔나 봅니다. 어제 북 연습을 하러 가는 길에 매화도 피어나고 목련도 조만간 필 것 같습니다. 곧 청암사는 꽃들로 가득 채워질 것 같습니다.

매서운 바람도 따스한 봄바람으로 바뀌어 불고 있습니다. 길을 걸을 때마다 차갑던 겨울 냄새는 사라지고 부드러운 봄 냄새가 나고 있습니다. 부드러운 봄바람을 맞으면 기분도 좋아집니다. 정랑(화장실)이 멀어서 한 번 갈 때마다 시장에 가는 것 같지만 예쁜 현호색도 보고 바람꽃도 보고 여기저기 피어난 예쁜 꽃들을 만날 수 있어 좋습니다. 우리나라 토종 꽃들은 허리를 숙이고 고개를 숙여야만 볼 수 있습니다. 고개를 빳빳하게 들고 있으면 보기 어렵습니다. 다시 말해 하심을 하지 않고는 보기 어려운 꽃이 우리나라 토종 꽃입니다.

하심하지 않고 내 자존심만 세워 다른 사람을 상처 받게 하면 반드시 그 사람도 똑같이 상처받을 날이 오게 됩니다. 하지만 하심하고 자신을 낮춘다면 이렇게 귀엽고 예쁜 우리나라 토종 꽃들을 볼 수 있는 행복과 함께 모든 사람들에게 환영 받을 수 있습니다.

저는 이렇게 생각합니다.

　자연은 참 지혜롭고 모범적인 것 같습니다. 자기 자신을 희생시켜 우리에게 하심을 가르쳐 주기 위해 꽃들은 멋있고 크게 피어나기보다 낮게 피는 것이 아닌가 생각합니다. 그러나 우리는 무심코 지나가면서 이런 꽃들을 밟기도 하고 어떤 사람은 길을 가다가 침을 뱉기도 합니다. 사람들이 뱉는 침을 맞는 것도 감수하고 사람들에게 밟히는 아픔까지 참으며 낮게 피어나는 꽃들에게 우리는 배우지 않을 수 없습니다. 이 꽃들을 보며 저도 이렇게 하심하며 살아야겠다는 생각을 했습니다. 꽃들에게 보답하기 위해서 말입니다.

좌충우돌 수행 이야기

●

물들이다

○ 글 _ 혜 장(2018, 98호)

●   이맘때가 되면 자연스럽게 그려지는 그림이 있다. 모시 천에 천연염색으로 물들인 푸른 빛깔이 바람에 살랑살랑 날리는 모습이다. 쪽을 봄부터 모종하여 넉넉한 거름을 주고 사랑으로 키운 다음 잘 자라면 가장 무더운 여름날 풀베기 작업을 시작한다. 쨍쨍거리는 하늘과 간혹 불어오는 시원한 바람이 있는 날, 쪽풀은 그렇게 사람들의 수고로움 뒤에 초록색 풀에서 푸른색 쪽빛으로 다시 태어나게 된다.

'청출어람靑出於藍', 초록색 풀에서 새롭게 탄생한 쪽빛은 '제자가 스승보다 뛰어나서 스승을 빛낸다.'라는 뜻으로 쓰이기도 한다. 하얀색 천을 쪽물에 넣고 살살 만지면서 염색물을 들일 때 그 속

259
—
4부 응답하라, 나의 초발심

에 있는 천을 보면 무슨 색인지 쉬 말하기 어렵다. 하지만 천이 밖으로 나와 산소를 만나면서 푸른 빛깔로 바뀌는 모습을 보면 그 아름다운 빛깔에 감탄사가 절로 나오는데 천연염색을 하다 보면 설레고 신기하여 다양한 빛깔이 만들어지는 재미로 시간 가는 줄 모른다.

우리 삶속에 그냥 들풀이라고 생각되는 것도 사람의 사랑으로 다시 태어나 아름다운 빛깔로 물들여지듯 이제 갓 출가하여 스님으로서 천천히 물을 들이고 있는 중이다. 나도 천천히 적응하고 있는데 먼 훗날 어떤 빛깔로 햇살을 받으며 빛이 날지 궁금하기도 하고, 이렇게 주어진 귀한 시간이 참으로 신기하고 감사한 나날이다.

출가하여 행자생활을 거쳐 수계를 받고 청암사에 입학하고 보니 이제야 부처님의 제자가 된 것 같고 스님이라는 존재의 무거운 책임감도 느껴졌다. 두려움과 설렘으로 시작된 공부는 「치문」이었다. 처음엔 한문으로 된 치문緇門이라는 단어가 무슨 뜻인지 몰라서 궁금하기도 하고 어려운 한문 공부를 잘 해나갈 수 있을까 걱정도 되었다.

그러나 율주스님께서 칠판에 한 글자 한 글자 써 주시고 설명해 주시는데 '아!'라는 소리가 저절로 나왔다 '삭발염의왈치削髮染衣曰緇 입산수도왈문入山修道曰門', 머리를 깎고 물들인 옷을 입고 산에 들어와서 수도하는 사람이라는 뜻이다. 스님은 하얀 옷(원색)은 입지 않는다고 하시면서 재미있는 일화와 함께 수업을 진행하시는데 두려웠던 마음과 긴장이 사라지면서 '이런 시간 시간이 쌓이고 쌓이면 괜찮은 스님이 될 수 있겠구나.'라는 생각이 들었다.

치문에 대한 말씀을 이어 이런 말씀도 해주셨다. '내근극념지공內勤剋念之功하고 외홍부쟁지덕外弘不諍之德하야, '안으로는 자기 생각을 이기는 공에 힘쓰고 밖으로는 다투지 않은 덕을 넓힌다.'라는 뜻인데, 특히 자기 생각을 이기는 공에 대해 중요하게 말씀하셨다. 배움이란 참으로 재미있고 중요하다는 체험과 함께 이 첫 수업의 내용은 내가 스님으로 살아가는 동안 큰 힘이 될 것이라는 느낌이 왔다.

하지만 현실적으로 승가대학 생활은 모든 것을 새롭게 배우고 익혀야 하고 위의威儀를 갖추기 위한 것으로 쉬운 것만은 아니었다. 스님이 되기 위해 물을 들이는 과정에서 불쑥불쑥 올라오는 자신의 마음을 잘 살펴보면 출가 전에 너무 많은 색깔들로 물이 들어 있어 옳다는 생각이 많다는 것을 보게 되었다. 내가 옳다는 이 생각의 색깔을 빼지 않으면 안 된다는 것도 받아들이게 되었다.

매순간 불쑥불쑥 올라오는 감정을 한번 눌러서 자신을 살피면서 '왜 그런가?'라고 물으면 그 자리엔 꼭 '내가 옳다는 생각', '내가 안다는 생각'이 존재하고 있었다. 그러면 '아!! 그렇구나.' 하면서 한 마음이 쉬어지고 또 불쑥불쑥 올라오는 마음을 살피면 꼭 그 자리엔 습관처럼 내가 있었다.

같은 실수를 반복할 때도 많고 구시화문口是禍門이라고 말이 먼저 나가 버릴 때도 많다. 정신을 차리고 있을 때는 그나마 자신을 살필 수 있는데, 바쁘거나 무의식중에 하는 행동은 오랜 습(쩝)이 그대로 나왔다. 습이 곧 업이라 그럴 때마다 자신의 모습을 보면 어떻게 해야 하나 겁이 덜컥 날 때도 많다. 하심이 되지 않을 때는 부처님 전에 절도 올리고 예불도 열심히 참석하면서 발원하고 또 발원하고 있다.

출가 전에 쉴 틈 없이 바쁘게 사느라 생각지도 못한 자신의 모습들을 지금은 무대 위에 올려놓고 세세한 모습까지 살펴지게 되는데 무척 부끄러운 부분이 많다. '잘못했구나.'를 알아차리더라도 '감사합니다.' '잘못했습니다.'라는 말에 대해서는 너무도 인색한 모습이었다. 그동안 별 탈 없이 살아온 과거가 주위에서 잘 살게끔 살펴주신 덕이었다는 것에 감사할 뿐이다. 그러면서 애착했던 것들에 대해 단단한 매듭이 풀어지듯 마음이 조금은 자유로워지면서 평온해지는 경험을 하고 있는데 자기 생각을 이기는 공, 남에게는 한없이 너그러우면서 자신에게는 타협을 해서는 안 된다는 어른스님의 말씀을 되새겨 본다.

승가대학 생활을 하는 동안 하심하고 자비심이 가득한 스님 물이 곱게 들기를 기도한다. 숲속에 향나무 한 그루가 있으면 그 숲에 향기가 가득하듯이, 청암사승가대학 이곳에서 작은 나로부터 불연의 짙은 향기가 나도록 멋지게 물들여야겠다.

5

아쉬움, 그리움으로 물든
졸업 즈음에...

결지 決志

○ 글 _ 법 령(1994. 4호)

●   요즘은 더 자주 산을 찾는다. 시간적인 여유라기보다는 청춘의 옷으로 자신을 가리었던 숲이 변화하는 것들을 모두 벗어버리고, 참 면목을 한껏 드러낸 모습으로 나를 반기기 때문이다. 사철 다른 느낌을 주는 산경山景이야말로 시時마다 묘미를 갖게 하는 매력이 있다. 만약 한 계절만 살 수 있는 생명이라면 나머지 삼시三時 변화를 과연 상상해서 만들 수 있을까? 문득 신비스러움이 퇴색되어 잠자고 있는 낙엽에 깃든다.

긴 세월 사대四大를 머금고 활력을 자랑하던 잎새, 이젠 땅의 훈기를 받아 초목들에게 새싹을 움트게 하는 자양분 역할을 하겠지. 우리네 삶의 역할도 이렇게 끝이 없는 게 아닐까 싶다. 어떠한 뜻

을 결정해서 행로行路하는 여행자, 구도승들의 대지大志는 결코 종
終을 삼을 수 없으리라. 승가대학 졸업을 며칠 남겨 놓고 새삼 청암
사에서 보냈던 시절을 생각하니 찰나처럼 느껴진다. 대중과 함께
호흡하며 생활함에 화합과 갈등을 동시에 소화시켜야 했던 시간
들을 무척 지루하게만 느꼈었는데….

차가운 겨울바람이 얼굴을 스친다. 바람은 언제나 스쳐 지나간
다고 느끼지만 항상 곁에 머물러 있다. 마치 떠나는 인생이지만 본
위本位인 것처럼, 나는 출가함과 동시에 세속의 삶은 단지 전생으
로만 생각했다. 나와 관계되었던 모든 것들을 완벽하게 소각시켰
고, 내 몸뚱이 하나 일주문에 들어서면서 지금부터의 삶은 전생으
로 회귀할 수 없는 걸로 결정지었다.

마지막 속복을 벗고, 승복으로 갈아입고 삭발까지 하게 되었을
땐, 때 묻은 세속의 허물이 벗겨지는 듯했다. 청신淸新함마저 느껴
져 환희롭기까지 했다. 살면서 감정과 부딪히며 일어나는 번뇌는
수시로 절망감을 안겨주기도 했지만, 처처에서 생명력을 갖게 하는
힘도 있었다. 그것은 삶 자체가 불법佛法이었기 때문이다.

승가대학에 입학했을 때, 앞으로의 4년을 대중과 함께 머물며
경전을 보고 화합의 생활을 익히는 기간으로 삼겠다고 뜻을 굳혔
었다. 대중처소 생활에 한두 번쯤은 갈등으로 인해 바랑을 챙겨들
고 무작정 떠나버리고 싶은 마음이 없었으랴마는, 조사스님들의
경책, 선사스님들의 활구活句, 부처님과 아난, 수보리 같은 제자들

과의 현훈玄訓, 화엄세계의 진리, 이러한 배움은 법열法悅을 갖게 하고, 자신의 삼독심三毒心으로 일어나는 번뇌를 부끄럽게 했다. 또한 산을 좋아할 줄 아는 사람이라면 산천초목이 베풀어 주는 가르침을 배울 수도 있을 것이다.

흐르는 계곡물을 바라보며, 염정染淨을 가리거나 흐름을 거역함이 없는 순리, 이름 모를 풀 한 포기라도 있을 곳에 머물러, 자연의 한 부분으로 자기 본분을 지키는 싱그러움을 알게 되면 답답하던 마음도 어느새 정화되곤 한다. 혼자서 사색하기를 좋아하기 때문인지, 4년 동안 특별히 가까이 지내는 도반이 없어서 냉정하다는 말을 자주 듣곤 했다. 그것도 내게 가까이 다가섰던 도반들에게서 말이다.

어느 날은 반 스님 중 동갑이면서 가까이 지내는 도반과 산책하는 길에 문득 "외롭다."는 말을 하면서 "이 승복은 철저하게 고독한 길을 요구하는 것 같아." 하니, 그 스님은 "스님에게 어울리지 않는 말을 하는군. 스님은 산천초목이 다 친구 아닌가!" 하며 웃었다. 한없이 크게 웃고 말았다. 승복과 산을 보면서, 뚜렷하게 뜻을 정하고 가는 길이라면, 근본까지 흔들릴 정도로 방황하는 경계에 부딪히지 않으리라 생각한다.

여전히 사원寺院이 좋고 산이 좋다. 그리고 한없이 겸손해 지고 싶다. 종강식을 마치고 며칠 동안은 우리 선사들의 숨결을 찾아 고찰순례나 해야겠다. 행운유수行雲流水처럼 자유롭게.

좌충우돌 수행 이야기

세상에서 가장 소중한 인연

○ 글 _ **성묵**(1995, 8호)

●   만추의 마른 갈잎을 밟을 때마다 사각사각 소리에 정겨움이 감돌아서 해마다 자주 찾던 포행 코스다. 며칠 사이 기온이 뚝 떨어지더니 오늘 새벽에는 은색 빛의 흰 눈이 내렸다. 날씨 탓일까? 정들었던 청암을 떠나야 하는 아쉬움 때문일까? 올겨울은 여느 해보다 쌀쌀하게 느껴진다.

정! 어느 때인가 출가 사문이 정에 이끌리면 장애가 생긴다며 단호히 경책해 주시던 스님의 말씀이 떠오른다. 강원 4년의 생활을 돌아보니 어제 일인 듯 눈앞에 선하다. 강원에 간다는 설렘으로 며칠 전부터 밤잠을 설치고 걸망 끈이 묶여지지 않을 정도로 4년의 살림살이를 챙기던 때가 어제 일인 것 같은데…. 대중처소가 처음인 나에게는 적지 않은 두려움과 설렘이 교차했다. 그러나 막상 와서 보니 스님들의 따듯함과 자상함 속에서 마냥 즐겁기만 했다.

방부 들이는 첫날, 저녁공양을 하고 조금 있으려니 이불을 정해주고는 "오늘부터 대방 식구가 되려면 방부 노래를 불러야 한다."는 말에 웃음이 나왔다. 얼마 후 육화료 대방에 들어가 이불을 앞에 놓고 순서대로 방부곡을 부르는데, 나는 마침 분위기에 맞는 노사연의 '만남'을 불렀다. 그렇게 하루 이틀 대중의 살림을 배워가면서 '삼일 대중기도'를 봉행했고, '불퇴전과 무장무애로 4년간의 강원생활을 잘 회향할 수 있게 해 주십시오.'라고 발원했다.

본과인 치문을 배운 지 얼마 되지 않아 공부를 중단하고 전 대중이 불사에 전력을 다했다. 그해는 초파일 방학 전까지 눈이 올 정도로 기온차가 심했다. 어떤 날은 새벽에 기와를 가득 실은 차가 와서 잠을 깨고 장갑만 낀 채 기와를 내린 적도 있었다. 그렇게 시작한 불사가 지금의 '중현당'과 '선열당'이며 '공루'는 당시에 철거하고 그 재목으로 다시 지었으며 '극락전'까지 보수하면서 모든 불사를 마무리했다. 대중의 동참과 화합, 신심으로 이룬 불사였다. 이 불사는 지금 화엄반 스님들의 담소 중 빠지지 않는 추억의 한 부분이 되었다.

또한 여름철에는 씨앗을 심고 올라오는 새싹을 보며 생명의 신비감에 신심을 내기도 했다. 청암사에 와서 어려운 불사에 울력도 해보고 흙냄새를 맡으며 농사를 짓는 것이 나만이 아니라 청암인

좌충우돌 수행 이야기

의 산교육이요, 영원한 추억으로 남을 것이다.

또한 해마다 봄, 가을의 산행 중 치문반 때의 해인사 산행은 잊을 수가 없다. 아침 6시에 출발하여 수도암 참배 후 해인사 홍제암을 산행하는 코스였다. 일찍 출발했어도 자주 쉬면서 시간을 지체하여 해인사를 눈앞에 두고도 홍제암 팀과 다비장 팀으로 나뉘어 갔다. 길이 없어서 계곡을 따라가면서 물에 빠지기도 하고 발목도 접질려 가며 말로는 표현할 수 없는 상황에 달빛이라도 있음이 그나마 다행이었다. 그 후유증으로 대중공사가 벌어지고 어른스님께선 "해인사 산행은 일생에 없을 것이다."라고 엄포를 놓으셨다.

방부 소임으로 그해 겨울은 청암사에서 지내게 되었는데 겨울 내내 눈이 내리는 바람에 가룻재 고개도 막히고 청암사 오는 길은 산인지 길인지 구분이 안 되어 제설차로 길을 내어야만 했다.

동지섣달 긴긴 겨울에 『선가귀감』으로 신심을 키우고 큰소리로 책을 읽다 보면 배가 고플 때가 있다. 우리의 낌새를 알아챈 원주스님은 감자, 밥 또는 씨앗으로 남겨놓은 옥수수 등을 아궁이에 슬쩍 놓고 온다. 돌아서면 배가 고프다던 나에게 콩을 갈라고 주면서 김치찌개 위에 콩가루를 얹어 먹으면 속이 든든하다고 하시는 원주스님은 바로 관세음보살님의 화신 같았다. 지금도 그때 원주스님의 김치찌개 맛과 훈훈한 정을 잊을 수가 없다. 그러한 선배스님들처럼 나도 후배스님들에게 잘 해야지 하면서도 늘 마음뿐.

요즘은 간혹 주위스님들로부터 '졸업하면 좋겠다.'는 인사를 받는다. 물론 좋은 것도 있겠지만 지금의 나의 이 심정을 후배스님들은 이해할 수 있을는지. 청암사의 나무 한 그루, 풀 한 포기의 소중함이 남다르게 느껴진다. 후배스님들도 올바른 입지를 세워서 살아 있는 청암인, 언제나 푸른 청암인으로 신심 있는 수행자가 되길 바랄 뿐이다.

청암의 어른스님들 그늘에서 수학하면서 진정한 선지식과의 만남이 인간세상에서 가장 소중한 인연임을 알게 되었다. 자상함과 때로는 엄한 경책으로 대중을 깨우쳐 주시고 말씀마다 알알이 삶의 지혜가 영글어 있음을 일상생활 속에서 보여주신 어른스님. "졸업은 끝이 아니라 시작임을 잊지 말라."고 졸업생에게 당부하신 말씀을 깊이 새기면서 열심히 살아가겠습니다.

청암인 여러분, 어느 회상에서든지 정진, 여여하시길 바랍니다.

"출가해서 중 되는 것이 어찌 작은 일이랴.
편하고 한가함을 구해서가 아니요,
따뜻이 입고 배불리 먹으려고 한 것도 아니며
명예와 재물을 구하려는 것도 아니다.
나고 죽음을 면하려는 것이요,
번뇌를 끊으려는 것이요,
삼계를 벗어나 중생을 건지기 위함이다."
- 서산 대사의 경구

좌충우돌 수행 이야기

회상

○ 글 _ 해공(1996, 12호)

● 　　　서쪽 하늘을 타는 듯 물들이고 있는 석양은 아름
답다. 24시간 동안에 일어난 숱한 사건과 사연을 다 머금은 석양
이 저토록 아름다운 이유는 무엇일까? 기쁨과 슬픔, 고뇌와 사랑,
용서와 화해가 융해되어 있는 삶의 수채화로서 내일을 잉태하고
있기 때문은 아닐까? 한 해를 마감하는 아스라한 삶의 언저리에서
지난날들을 되돌아봄은 때로는 지나간 것들이 그리워지고 그래서
사람들은 추억이라는 단어를 가끔 풀어내길 좋아하는 것이다.

　4년이란 시간이 나름대로 길 수도 짧을 수도 있겠지만, 세월은 빨
리 흐르고 어느덧 마무리해야 할 시점에 이르렀다. 이제 강원을 졸
업하고 새로운 공부 길을 찾아 나설 때이다. 배움이란 하나의 매듭

이 잘 채워져야 다음의 매듭도 탄탄하게 이어지는 만큼 반성과 정진으로 신중하게 살아가야 하리라. 돌아보면 정말 아껴야 할 귀중한 시간들이었는데 나는 무엇을 하며 살았고 무엇을 봉사하고 있는가. 이 우주에 이 도량에 무엇을 보태고 가는가? 왠지 도량 여기저기에 시선이 가고 돌멩이 하나, 빗방울 하나까지 다사로운 느낌은 막상 떠날 때가 되어 마음이 공연히 수선을 피움만은 아닌 것 같다.

춥고 긴 겨울이 시작됐다. 산중에서 겨울을 지내자면 김장과 메주 쑤는 일을 거들어야 한다. 백여 명의 대중생활이라 항상 충분히 비축해야 하니까. 무와 배추를 뽑은 뒤, 배추를 절이고 무를 썰고 양념을 만들어 김장을 마치고 다음날 무를 묻기 위해 구덩이를 파고 시래기를 가리고 엮는 일, 콩을 씻어 삶는 일에서 메주를 빚어 매다는 일들은 대중 전체가 언제나 분업으로 하게 되는데 손이 많은 만큼 일도 빨리 끝난다. 그리고 땔나무를 공양간에 쌓는 것으로 월동준비가 끝나면 산사엔 고즈넉이 평온이 감돈다. 오후에 바람이 일더니 해질녘부터는 함박눈이 끝없이 내리고, 뒷산에서는 나뭇가지 꺾이는 소리가 들려온다.

어릴 적 함박눈이 내리는 날, 어머니는 자식들의 먹거리를 위해 광으로 찬간으로 부지런히 다니면서 이것저것 잔뜩 챙기셨다. 누런 호박을 긁어 호박죽을 끓이고 커다란 시루에 조와 삶은 팥과 굵게 썬 고구마를 섞어 쪄 김이 뭉실뭉실 오르면 주걱으로 척척 이겨 수북이 담아주던 그 별식을 잊지 못한다. 눈을 맞으며 함지

좌충우돌 수행 이야기

박을 이고 이웃으로 음식을 돌리던 넉넉함도 있었다. 8남매 중, 아들 하나 딸 셋을 부처님 제자로 내 주신 어머니는 내가 출가하던 날, "사람으로 태어나 가장 존귀한 일은 도 닦고 사는 것이다. 한 생 안 났다 생각하고 열심히 공부하라."며 용기를 주셨다.

삭발을 하고 암자에서 은사스님을 모시고 있다가 강원에 입학한 나는 모든 것이 어설프고 머트러웠다. 화합이 중요한 대중생활에서 더불어 사는 일은 많은 인욕을 필요로 했다. 특히 사람과 부딪히면서 겪는 마음의 갈등들에 바랑을 꾸려 그만 떠나버리고도 싶었다. 그럴수록 발심을 거듭해야 했고 수시로 더욱 힘차게 붙잡아야 했다. 발심이 없는 수행생활은 불가능하고 무익하기 때문이다. 나를 비롯한 많은 사람들은 큰일에서는 그냥 지나치면서 작은 일에서는 조금의 여유도 가지지 않으려는 경우가 허다했다. 스스로 덕과 행이 부족함은 보지 못하고 다른 이의 장단점을 비판한다. 서로 충분히 열어놓지 못했다는 것이 원인이기도 하다. 이제 와서 생각하니 세상에 하찮은 인연은 하나도 없다. 사람을 더욱 소중하게 생각해야 하고 항상 서로를 더욱 깊이 이해해야 한다. 우리는 너무 어리석어서 소중한 것을 잃어버리고서야 아쉬워하는 것이다.

청암사에 와서 얻은 게 많다. 경전을 보면서 마음을 정화하고 울력을 통해서 화합과 단결을 배운다. 『능엄경』과 『금강경』, 『화엄경』을 보면서, 선사들의 활구와 경책을 접하면서 많은 것을 느꼈다. 우리의 조사스님과 선지식들께서는 법을 구하기 위해 모든 것을 아낌없이 바치고 신명을 바치는 구도행을 몸소 보이며 제자들을 매섭게 질타하시는 모습을 보면서 감동했다. 이 세상의 스승들은 다 그렇다. 때로 제자가 볼 때 엄격하고 차갑고 자비가 없는 것 같지만 스승은 제자를 항상 걱정하는 마음으로 제자가 쓰러질 때 손을 잡아주지 아니하고 다쳤을 때 약을 발라주지 않으면서도 스스로 제자들이 일어나서 걸어가기를 바라고 계시는 것이다.

눈이 얼굴을 스친다. 뽀얀 눈가루가 극락전 마루 위로 흩날린다. 가만히 기둥에 귀를 대면 4년 전 무더운 여름날 기와 울력을 하던 스님들의 소리가 들려온다.

수업을 마치면 극락전 지붕 위에 올라가 일렬로 서서 기왓장을 던지고 받고 진흙을 뭉치고 나르면서 힘들어 하거나 게으름을 피울 수가 없었다. 중현당과 선열당 두 채를 짓고도 말없이 열심히 땀 흘리며 일하는 선배스님들을 보면 고개가 수그러져 군말이 필요 없었기 때문이었다.

옛날 스님들은 목수 일을 해서 법당을 지으면 그것이 자기 수행이 되었고 일 속에서 수행하는 멋을 알았다고 하지 않았는가. 기와를 놓고 내부보수에 들어갔다. 움푹 꺼진 공양간은 흙으로 메워 방으로 개조하고, 먼지와 연기로 그을린 기둥과 문틀은 수세미로 닦고 물걸레로 문지르는 일, 도배하는 일까지 구석구석 우리 손길이 가지 않은 곳이 없었다. 사다리를 밟고 천정에 붙은 묵은 종이를 물로 적셔 떼고 도배를 하는 일이 가장 힘들었다. 고생한 만큼

좌충우돌 수행 이야기

극락전을 바라보는 감회는 남다르다.

조선시대에 불교탄압정책으로 사찰의 토지와 가람이 황폐화 되자, 스님들이 갑계제도를 만들었다. 한 사찰 내에 자子년에 태어난 사람부터 사巳년에 태어난 사람까지, 그리고 오午년에서 해亥년까지 태어난 승려들로 단체를 만들어 매월 또는 매해 일정한 자금을 내어 그 재산으로 상당한 액수가 되면 전답을 구입해서 절에 기부했다. 사찰의 재산을 증식시키기 위해 노력하고 근검절약하신 덕택으로 우리 후손들이 좋은 도량에서 사는 것이다.

우리는 그분들이 힘들게 일으켜 놓으신 삼보정재를 보수하고 아끼고 지켜서 후대에 물려줄 책임이 있다. 요즈음 출가수행자로서의 자세는 옛 스님들보다 맵지가 못한 듯하다. 그리고 너무 많이 소유한 것은 아닐까? 옛 스님들은 가진 것이 적으니 근심과 번뇌가 적었고 정신이 맑고 깨끗하여 수행이 저절로 깊어갔다. 소유물 대신 빈 공간에 지혜의 향기를 피움이 어떨까?

부처님께서 자기에게 주어진 모든 것들은 자기가 지은 행위의 소산으로 설하셨듯이 나에게 주어진 내 몫을 깨끗하고 진실하게 가꾸고 싶다. 평상심은 언제나 여여하다지만 수행자의 길은 많은 역경과 고행 없이는 자기를 완성시킬 수 없다. 꽃을 보고 잎을 보고 단풍을 보고 겨울의 나목을 보면서 자연과 더불어 순응해 간다는 사실이 얼마나 아름다운가? 이 계절에는 거부할 줄 모르는 순연한 자세로 삶을 음미하고 싶다.

구산선문九山禪門
졸업여행을 다녀와서

○ 글 _ 혜묵(2009, 64호)

● 　　　　강원에서 4년간 24시간을 동고동락한 우리들이었기에 새로운 장소로의 이번 여행은 우리를 설레게 하였다. 이름하여 '구산선문을 중심으로 하는 국내 졸업여행.'

　순례 여행지마다 재미있고 흥미롭고 진지했던 순간들이 많았으나 가장 기억에 남는 단상과 좋은 말씀을 간추려 적어본다.

　2009년 11월 6일. 설레는 5박 6일의 졸업여행이 시작되었다. 구산선문의 한 곳인 보림사. 내게는 행건 친 맨발의 지묵 스님이 인상적이었던 절이다. 만남 내내 허물없이 따뜻하게 안내해 주신 스님께 좌우명에 대해 말씀해 달라는 질문에 방송멘트 같다며 정색하

좌충우돌 수행 이야기

시더니 이내 '수처작주隨處作主'라 하셨고, 또 절대 선배들에게 기죽지 말라는 당부의 말씀을 하셨다. 그 말씀에 천상천하 유아독존이라 선언하셨던 부처님의 말씀을 떠올리며 내 자신이 주인처럼 살고 있는지 반문해 보았다. 그리고 발자국을 남기며 당당히 앞길을 성큼성큼 가시는 선배스님의 모습에 존경의 마음이 들었다.

실상사는 전형적인 학자풍의 주지스님과 재치 만점의 지객스님이 기억에 남는 곳이다. 처음 도착한 그곳의 첫 느낌은 '황량함'이었다. 논밭 가운데 세워진 몇 개의 전각. 단청은 되어 있지도 않고 내부가 벽지로 도배된 대웅전은 왠지 낯설었다.

하지만 초기불교에 대한 열정과 진한 전라도 사투리로 한 시간 내내 열변을 토하시던 주지스님과 대웅전의 단청과 내부 도배는 돈이 없어서이고 칠성각의 전각 기둥도 다른 절들에서 불사하고 남은 나무토막을 짜깁기 한 것이라는 솔직하다 못해 거침없는 입담의 지객스님이 농사와 공부를 병행하는 실천불교의 현장에서 학림스님들의 고충을 이야기하는 대목에서는 강원생인 우리와 공감대가 형성되면서 박장대소하며 고개를 끄덕이게 만들었다. 불만스러운 듯한 지객스님의 말 가운데서 역설적이게도 사중 및 학림에 대한 신뢰와 자부심이 곳곳에 느껴졌다.

주지스님과 지객스님을 통해서 엿본 실상사는 이웃과 더불어 상생하는 실천불교의 산실이자, 열심히 공부하는 학림 도량으로서 처음 느낀 황량함과는 거리가 멀었다. 그런 실상사의 생동감 있는

277

승가의 모습에 "승가에 귀의할 때 중생들이 모든 대중을 통솔하여 (?) 온갖 장애 없어 지이다." 하는 문수보살님의 발원을 떠올리며 아쉬운 발길을 돌렸다.

만약 신라에서 달밤을 보았다면 이런 모습이었을까? 화려하지는 않지만 안정감 느껴지는 가람과 웅장한 탑, 발아래 펼쳐지는 봉우리가 인상적이었던 곳, 축서사.

새벽예불을 마치고 나서 본 하늘의 별빛과 탑의 풍경은 그대로 불국토의 장엄이었다. 탑돌이를 하다 보탑 성전의 진신사리에 예불하는 스님의 석가모니불 정근 소리에 빨려들듯 들어가 같이 정근을 하고 그 환희로움에 모든 이들이 함께 보리도에 나아가길 발원했던 곳. 그곳에 주석하시는 무여 스님의 간절한 법문이 아직도 귓가에 생생하다. 지금 바로 간절히 공부를 지으라는 말씀. 승으로서의 위의도 중요하고 외울 수 있는 경전의 좋은 구절은 다 외우라는 말씀을 지금 생각해 보니 계·정·혜 삼학을 갖추라는 간곡한 당부셨다.

사자산 법흥사는 나에게 '인연'의 단어를 느끼게 해 준 절이다. 오대적멸보궁 가운데 한 곳인 법흥사에 도착한 날, 주지스님이 출타하셨다 해서 참배와 공양만 하고 가려 했는데 적멸보궁 사시기도에 어디서 낯익은 분이 축원을 하고 계셨다. 혹시나 하는 마음에 도반스님이 불사 접수를 받고 있는 보살님에게 무관 스님 아니시냐고 했더니 그렇다 하시며 예불 마치고 30분 정도 시간이 되니

좌충우돌 수행 이야기

한번 말씀 드려 보라 했다. 그렇게 해서 우리는 강사스님, 선원장스님, 그리고 율원장스님에게서 좋은 법문을 들을 수 있는 '인연'을 만났다.

무관 스님께서는 출가자에게는 지금 숨 쉬는 것 자체, 차 마시고 음식 먹고 하는 모든 순간이 수행이다 하시며 여러 경전과 율장의 내용을 비유하시며 재차 강조하셨다. 마지막으로 수행자는 율장은 꼭 배워야 한다며 율원장스님으로서의 면모도 잊지 않으셨다.

법흥사에서의 또 하나의 추억은 공양이다. 장시간의 버스 멀미에 지친 우리 일행에게 법흥사에서 먹은 '절밥'은 오랜만에 밥다운 밥을 먹는 만족감을 주었다. 역시 중은 절간에서 밥을 먹어야 한다는 것을 새삼 느꼈다.

그리고 평생에 뵙기 어려운 어느 사찰의 선사스님 법문도 기억에 남는다. '왜 옛날 스님네와 지금 스님네의 도를 이루는 정도가 차이가 나는가'에 대해서 의심을 갖고 젊은 시절 옛 스님네의 수행처를 탐방하셨다는 스님. 오직 신심이 아니면 있을 생각조차 못할 정도로 깎아지른 절벽이었던 어느 수행처에 대해 말씀하시는 스님을 보니 젊은 시절 애쓰셨을 스님의 모습이 눈앞에 선했다. 스님의 법문 중 적어도 3년은 실참해서 선정 경험이 있고 나서야 강사도 하고 율사도 해야 한다고 수행 체험을 강조하셨다. 공부하는 사람은 무조건 받아들이는 것보다 '왜'라는 의문을 지어서 꼭 절실하게 힘써봐야 한다는 쟁쟁한 법문이었다.

그 외에도 이름만큼 편안했던 태안사, 바쁘신 와중에도 따뜻이 환대해 주셨던 유마사 주지스님, 눈 흩날리던 풍경의 상원사, 탑 앞에서 공양 올리는 보살상이 인상적이었던 월정사, 우리 어른스님들과의 1박 2일의 만남 등 모두 소중한 기억으로 남아있다.

국내 졸업 여행이라는 우리의 말에 "소박하다, 따라가고 싶다."라고 무여 스님께서 말씀하셨을 만큼 졸업여행은 더없이 소중하고 알찬 말씀들과 힘 있는 선배스님들의 모습을 보고 듣게 해 주었으며 선·교·율 삼장을 두루하여 진로의 방향을 정하는 데도 도움이 되었다.

우리는 수행의 최전방에 서 있는 이들이기에 혼자이지만 결코 혼자가 아닌, 어깨는 무겁지만 승으로서의 나의 존재를 다시금 인식하게 해 준 값진 여행이었다. 앞선 이들이 갔고, 지금 내가 가고 있고, 후학들이 뒤따라 올 이 길. 세세생생 부처 습 들이는 이 길에 들어선 것을 다시 한 번 감사하며 회향이 원만히 두루하기를 간절히 발원해 본다.

6

청암의 메아리

●

머물러 있는
나 아닌 나에게

○ 글 _ 정진(1998, 18호)

●　　　　푸르른 나뭇잎 사이로 흐르는 구름이 아름다운
곳, 언제나 가슴 한구석 청암의 하늘이 그립습니다. 그 속에 펼쳐
진 어느 것 하나 그립지 않은 것이 없으며 구석구석 떠오르는 추억
도 많이 있습니다. 모든 것이 낯설고 가슴 설레던 치문반 시절. 우
린 울력으로 모든 걸 대신하던 힘든 시간이었습니다.

중현당, 진영각, 공루, 선열당, 극락전 지붕까지 수없이 오르내리
며 기와를 올려야 했고, 모래와 시멘트를 섞는 일에서부터 도배까
지도……. 그러나 그 힘들고 어려웠던 일들을 다 해낼 수 있었던 것
은 그 모든 일들이 우리 수행의 한 부분이라 생각했기에 한 사람
의 낙오자 없이 기쁜 마음으로 견뎌낼 수 있었던 것 같습니다.

—

입학을 하고 며칠 지나 입승스님을 따라 정학 구역을 돌던 날, 곳곳엔 얼음이 채 녹지 않고 있었는데 선녀탕 못 미쳐 숲속에서 얼음을 들춰내고 피어나는 푸른 싹을 보았습니다. 그 어린 싹을 보며 이곳에서 나도 뭔가 인고의 고통을 헤치고 열매를 맺어야겠다는 결심을 했습니다. 그 후로도 가끔 힘들 때마다 그 어린 싹을 떠올리며 '나는 이곳에서 어떤 싹을 키웠는가?' 하는 의문을 던져 보며 자신을 반성하곤 했습니다.

철철이 피어나던 이름 모를 들꽃의 고운 자태, 군락을 이루듯 자라나는 버섯들, 물안개 피어오르는 계곡 속의 고기들, 산 대나무 잎에 가늘게 비춰지던 햇살의 따사로움은 늘 누구에겐가 보여주고 싶고 함께 하고 싶은 아름다움이었지요. 모처럼 계곡에 갔다가 우연히 스님들과의 약속도 없이 나누던 대화 속에서 평소 실감하지 못했던 또 다른 것을 느낄 수도 있었습니다.

해마다 이른 봄, 산길을 찾으면 보아주는 이 없어도 피어나는 할미꽃 몇 송이의 의미는 지금껏 가슴 설레게 하며 자연의 섭리에 탄복하게 됩니다. 자연의 평범한 순리 속에서 어느 날 문득 발견하게 되는 경이로움을 얼마나 느끼며 살고 있는지 묻고 싶습니다.

아름다운 것은 아름다운 것 그 자체로 우리에게 수행의 모습으로 다가옵니다. 세상사 모든 것 잠시 접어두고 자연의 품에 안겨 나무며 바람이며 계곡의 돌 하나하나까지도 탁마하는 도반으로서의 의미를 주어 더불어 사는 삶을 찾아보는 것도 좋은 시간이 될 것 같습니다. 수행인의 본분사는 누누이 일러서 아는 것보다 스스로 터득하여 도반과 더불어 탁마하며, 또한 가끔은 내가 너 되어 돌아볼 줄 아는 사랑도 때로는 필요할 것입니다. 필요할 때마다 적절하게 자기화할 수 있는 지혜도 스스로 해야 할 일 중의 한 가지겠지요. 경전을 한 권 떼는 데 급급한 것이 아니고 그 경전 속의 깊은 뜻을 자기화하여 이 어려운 사회에 환원하여 중생과 함께 하는 것도 중요하리라 생각됩니다.

때로는 모두 열심히 일하며 사는데 우리만 점점 나태해지고 뒤떨어지는 것이 아닌가 하는 의문이 들 때도 있지만 그때마다 자기반성의 기회로 삼아 봅니다. 자기를 살펴볼 줄 아는 시간도 필요하며, 수행의 길이 외롭고 힘들 때 수없이 자기와의 대화를 통해 새로운 길을 모색하는 것도 때로는 중요합니다. 자연의 풍요로움 속에 너무 많은 걸 잊고 사는 건 아닌지, 그래서 나 아닌 타인의 고통은 생각조차 못하고 있는 건 아닌지, 내 한 몸조차 어쩌지 못하면서 중생을 구제하겠다는 뜻만 세운 건 아닌지….

제비꽃 하나 쑥갓꽃 한 송이라도 가끔은 도반의 감물장 안에 놓아 보는 여유가 강원 생활의 풍요로움을 훨씬 더하리라 봅니다. 어느 하나만이 꼭 중요하다고 할 수 없지만, 그렇다고 어느 것 하나 소홀히 할 수도 없는 우리의 삶 속에서 특별히 한 가지라도 자기화하여 전공을 하는 것은 어떨는지요? 자신이 특별히 관심을 가

질 수 있는 한 분야를 개발하여 연구하고 탐구해 보는 것도 수행의 한 방법이 될 수 있을 것입니다.

스스로 얽매임을 만들라는 강사스님의 말씀이 떠오릅니다. 때로는 나태와 안일로 자신을 합리화시키지 않기 위하여 나름대로 자신에게 철저할 수 있는 어떤 제약의 공간을 만들어 봄도 좋을 것입니다. 내가 내 자신을 반조할 수 있는, 내면의 도약을 위한 꾸준한 노력이야말로 진정한 우리 수행의 모습을 더욱 다지는 초석이 되리라 생각됩니다.

"우리가 숲속으로 들어가는 것은 사람을 피하기 위해서가 아니라 그들을 발견하는 방법을 구하기 위해서이며, 우리가 사람을 떠나는 것은 그들과의 관계를 끊기 위해서가 아니라 그들을 위해 최선을 다할 수 있는 그 길을 찾아내기 위해서 수행의 길을 택하는 것이다."

라는 부처님 말씀이 있습니다. 떠남으로써 자유로움을 얻을 수도 있을 것이고, 이별의 슬픔도 알 수 있을 것이고, 때로는 남아 있는 사람들의 아픔도 알 수 있겠지요.

어느 한쪽에 치우침이 없어야 할 것입니다. 또한 도반들과의 끊임없는 대화를 통하여 함께 생각할 수 있는 시간을 가져봄도 소중한 주춧돌이 될 수 있을 것입니다. 우리 납자로서의 삶 속에서 도반의 의미는 자신만큼 소중하다고 생각합니다. 지금도 가끔씩 도반들을 만나면 강원생활 중 힘들고 어려웠던 일들을 더 많이 떠올리곤 합니다. 그러나 그런 어려움을 함께 견뎌냈기에 오늘의 우리로 만날 수 있음을 행복해 하며, 더욱 더 신심을 고취시키고 있습니다.

강원 생활은 늘 우리에게 추억을 남겨 줍니다. 늘 소중한 것을 모두 그곳에 두고 떠나온 것 같은 허전함도 있지만, 언제든 다시 돌아가면 그냥 그대로 있을 것 같은 내 자취에 대한 기대와 지금은 나 아닌 또 다른 나의 모습으로 남아 있으리라는 믿음으로 스스로를 위로해 보기도 합니다.

강원 생활에 대하여 혹은 못 견뎌 하고, 혹은 늘 추억으로 안고 살기도 합니다. 누구나 다 견뎌낼 수 있는 것이라기보다는 자기 나

좌충우돌 수행 이야기

름대로의 해결할 수 있는 방법의 길을 터득한다면 강원에서의 삶이 훨씬 풍요로울 것입니다.

지금은 모두 흩어져 각자의 삶에 충실하기 위하여 선방으로, 학교로, 혹은 본사로 복귀하여 수행자로서의 본분을 다하고 있을 것이며, 이렇게 도시의 한복판에서 학문을 탐구하고 있는 우리는 스스로를 수도승이라 하며 그나마 위안을 삼고 있습니다. 굳이 산승과 수도승의 구분이 아니라도 수행 여일하면 불교의 미래와 더불어 중생의 미래도 밝으리라 믿어 봅니다.

오늘 하루 모든 것 접어 두고 선녀탕에 앉아 계곡 속에 펼쳐진 하늘이며, 나무며, 돌, 바람까지 찾아서, 그 아름다움과 소중함을 혹은 가슴속에 뭉클했던 감동을 도반과 나누며 또다시 미래를 설계해 보는 것은 어떨지……

정진 여여하소서.

봄날에 띄우는 난서亂書

○ 글 _ 경문(1999, 21호)

봄입니다. 어느새 졸업 후 세 번째의 봄을 맞습니다. 불령산 자락에도 봄소식이 전해졌겠군요. 뚜껑을 두텁게 닫은 불령동천도 안으로는 따뜻한 봄 기운을 품고 흐르겠지요? 보광전 뒷담의 이끼 친구들 잘 있나요? 여산폭포는요. 더벅머리 여드름쟁이 김행자도 이젠 어엿한 경반 스님이 되었겠군요. 마음 쓰는 일에 게을러지는 탓일까…. 전에도 그랬지만 요즘 들어서는 더더욱 편지 한 장 쓰는 일이 무척 어렵게만 느껴집니다.

논산 토굴 골방입니다. 바나나 상자 몇 개와 스물 몇 권의 책, 그리고 오래된 나무 책상 하나가 이 방의 주인이요, 나는 어쩌다 한 번씩 들어와서는 주인 행세를 하는 무례한 객입니다. 두 평이 좀 못 되는 좁은 공간이지만 화선지 한 장 펼쳐놓고 연장 몇 개 늘어 놔도 발 디딜 틈 쯤은 내어주는 넉넉한 방이지요.

여기서는 사색도 자유로이 해 봅니다. 내 망상들에 화두 일념을 방해받을 도반들이 없으니까요. 수일에 한 번쯤은 거울도 봅니다. 거울 속에 비친 얼굴과 눈이 마주치면 '자네 요즘 어떻게 지냈나?' 안부 한마디 물어 보지요. 이따금 그 친구의 얼굴이 맘에 들지 않을 땐 충고도 잊지 않고요.

겨울엔 덕숭산에서 안거를 했습니다. 도감 소임을 맡게 되신 은 사스님의 '시자'라는 막중한(?) 임무를 받았고요. 나를 아는 이들 은 다들 아는 이야기지만 워낙 어른 섬기는 일에 서툰데다가 지난 여름 다쳤던 팔목이 완치가 안 된 상태여서 자못 긴장과 두려움이 앞섰습니다만, 여러모로 답답하고 부족하기만 한 저를 스님께서 너그럽게 대해 주셨고(사실 금방이라도 한방 얻어맞을 것만 같이 험악했던 분위기가 몇 번 있었지만) 나 또한 나름대로 공경의 마음을 잃지 않았기에 크게 어려운 일 없이 한 철을 지냈습니다. 스승님의 깊이는 세월을 더할수록 깊어짐을 느꼈습니다.

이번 동안거엔 잠을 거의 접어놓고 정진하시는 스님이 여러분 계셨습니다. 자정이나 새벽 한 시, 두 시에 눈을 뜨면 우뚝우뚝 미동

없이 앉아 있는 그들을 보면서 나 또한 놓쳤던 화두를 챙겼고, 한 시간 일찍 일어나 정진해 보기도 했습니다. 옆 좌복의 스님은 그런 나를 가상히 여겼는지 좀 졸고 있다 싶으면 여지없이 주장자 끝으로 내 무릎을 찔러주었는데 나중에 보니 멍 자국이 있더군요.

어느 선배의 말처럼 수행자의 길에 도반의 의미란 자기 자신만큼이나 크다는 것을 새삼 알게 되었습니다. 덕숭산의 맑은 기운과 견성암이라는 훌륭한 공부 터, 존경하는 스승님과 인정을 돌아보지 않고 경책해 준 좋은 도반들과 보낸 한 철 '이번 철 참 좋았어.' 해제하고 도반들과 나눈 첫인사였습니다. 다시 여러 말을 더한다면 군말이 되겠지요.

얼마 전 말차를 두 통 받았는데 먹어보니 빛깔과 모양과 맛이 정말 훌륭했습니다. 부드럽고 우아한 맛, 보내주신 수좌스님의 마음이 그렇지 않을까 합니다. 적은 양이라서 여러 사람과 나누지 못한 것은 아쉬웠지만 봄날에 참으로 고마운 선물이었습니다.

오늘은 하루 종일 비가 옵니다. 봄이라기엔 너무 세찬 바람도 함께 봅니다. 그런데 이 봄비라는 친구는 아주 특별합니다. 살을 에는 꽃샘추위에도 봄비를 맞은 대지와 초목들은 생명의 활기로 미소 짓고 시냇가에 바위와 물결마저도 연녹색으로 빛납니다. 참 묘하지요? 혹자는 차디찬 꽃샘바람이 꽃 몽우리들을 흔들어 깨우는 거라더군요.

토굴 뒤뜰에 낮지만 커다란 바위가 있는데 이끼들이 파릇파릇 새싹을 돋우었습니다. 지나다가 마주치면 '아하하!' 어린아이처럼 서로 웃습니다. 슬픔은 갈비뼈 사이에 있고 기쁨은 늑골과 흉골 사이에 있나 봐요. 아름다움과 만나면 가슴속에서 아지랑이가 피어오르는 느낌이 들어요.

간혹 풀잎에 맺힌 이슬방울 하나에서도 우리는 삶 전체와 만날 때가 있습니다. 세상 모든 기쁨들이 그 속에서 웃음 짓고 그 미소가 가슴속으로 번져 옴을 느낄 때…. 우리는 뼈도 살도 없는 물결이 되고 메아리가 됩니다.

그 순간 삶을 살아감도 추구함도 포기함도 없는 것. 그 삶은 평화가 우리를 청산에 살게 합니다. 아~함! 기지개를 켜면서 봄을 맞이합니다.

추신
마음이라는 놈은 점점 고등 사기꾼이 되어갑니다. 들뜨고 애달픈 것들에서 벗어나기 시작하면 어느새 너그럽고 잔잔한 얼굴로 다시 다가오지요. 그럴 때 한번씩 외쳐 봅니다. "주인공아, 세상엔 사기꾼들이 많다. 거짓말쟁이도 많다. 도둑놈도 많다. 네 안에도 있다!"

불기 2543년 봄날 토굴에서…

내 마음의 고향

○ 글 _ 혜경(2004, 41호)

●   한산한 산사에 눈이 내린다. 눈을 보고 있는 내 마음은 초창기의 청암사로 달려간다. 20명이 채 안 되는 대중이 쌀 한 가마 싣고, 눈발 날리는 아흔아홉 가릿재 고개를 넘어 극락전에 도착하니 눈발은 더욱 거세어졌다. 욕심이었을까? 그 당시 육화료를 바라보니 얼마나 큰지…. '부처님! 우리 대중이 제발 저 큰 건물로 들어가게 하소서.'라며 애타게 기다리기를 몇 시간째, 우리들의 간절한 소망이 이루어졌다. 대중이 우선이라는 노스님의 지혜로우신 베풂으로 우리 모두는 육화료에 짐을 풀게 되었다.

    그러나 그 기쁨도 잠시, 첫 채공 소임을 맡게 되어 어른스님 공양상을 차리려고 보니, 접시마다 예닐곱 군데 이가 빠진 것들이었

고 반찬이라고는 간장고추 다진 것과 소금 절인 배추김치뿐이었다. 날씨는 또 얼마나 추운지, 공양상 위에 놓인 그릇은 데굴데굴 소리를 내며 이리저리 굴러다녔고 공양이 부족해 어른스님과 선배스님들이 덜어주신 공양으로 배를 채우는 어려운 시절이었다.

그때 우리가 개발한 주문이 '콜라 빵 사바하!' 얼마나 배고팠으면 그런 주문을 …. 밤에 잠을 자다가도 기와가 들어온다 하면 모두 다 일어나 눈을 비비며 기와를 옮겼다.

그림자를 밟는 것도 무섭다고 생각했던 어른스님 두 분께서도 울력이라면 누워 있는 송장도 벌떡 일어난다며 기와를 함께 내리시다가 학장스님께서 과로로 쓰러지시기도 했다. 그때 코 사이로 붕대 한 묶음이 다 들어갈 수 있다는 놀라운 사실도 알았고, 대중 가운데 막내였던 나는 피를 보고 너무 놀라서 엉엉 울어 수도꼭지라는 별명을 얻기도 했다.

또한 어려서 그런지 병원 갈 시기를 놓쳐서인지 얼굴 한쪽에 종기가 커져 눈을 뜨지 못했던 적이 있었다. 그때 더러움도 마다 않으시고 피고름 묻히시며 손수 치료해 주시던 어른스님의 그 온화한 모습은 지금까지 내 삶의 지표가 되었다. 그 깊은 자비심이 어디서 그렇게 새록새록 나오시는지 그때의 모든 고생스러움이 어른스님 두 분의 미소와 손길에 묻혀 흘러갔고, 그때 그 시절 배우고 익힌 것으로 나는 오늘까지 부끄럽지 않은 이 길을 걷고 있다. 이 글을 빌려 두 분 어른스님께 진심으로 감사함을 말씀드리고 싶다.

어떠한 바람 없이, 어려움 속에서도 묵묵히 걸어오신 두 분 어른스님! 그때 당신들은 지금의 내 나이셨는데, 강원 폐강의 위기가 있었음에도 가시밭길을 자처하셨고 지금까지 여여하게 잘 풀어 나오셨다. 두 분 어른스님의 삶을 보노라면 어떤 어려운 일이 닥치더라도 회피하지 않는 단단하고 참다운 수행자가 되리라는 다짐이 우뚝 서곤 한다.

멀리서 바라만 보아도 초발심의 의지가 되새겨지는 청암사! 가

끔 들리면 포교승의 고단함이 모두 풀리는 따뜻함이 있고, 잘 정
돈되어 가는 도량에서 공부하는 후배스님들의 여법한 모습을 보
면 청암인임이 자랑스러워진다. 인간적이면서도 참된 수행자로서
의 고삐를 놓칠 수 없는 수행의 요람이자 내 마음의 영원한 고향
청암사!

그곳의 푸른 이끼 긴 계곡의 물소리와 전나무 숲에서 도토리 주
우며 경전 구절 외우던 도반들이 그리워질 때면, 문득 날아와 알
알이 소식 전하며 나를 행복하게 해 주는 청암지가 벌써 10년째란
다. 창간 10주년을 축하하고 이 글이 청암지에 누가 되지 않기를
바라며, 후배스님들에게 꼭 한마디 하고 싶다.

지금이 가장 아름다운 때임을 알고 알차게 보내 자기 삶을 책임
지는 승僧이 되도록 노력해 달라는 것이다. 달려가고픈 청암사에서
의 반가운 만남을 고대하며, 여여정진如如精進하소서.

●

승가란 무엇일까요?

○ 글 _ 도현(2004·41호)

● 　　　같은 사람이라도 날씨가 맑고 흐림에 따라서 아침과 점심의 컨디션이 사뭇 다릅니다. 항상하지 못하는 기분이나 조건에 의해 좌우되기 때문이지요. '어버이날이다, 입학이다, 졸업이다.' 하는 날이 닥쳐오면 꽃값이 턱없이 오르다가 그날만 지나고 나면 언제 그랬느냐는 식으로 떨어지는 것을 보았습니다. 온갖 분별의 잣대를 들이대며 매기는 가격으로 꽃 그 자체의 절대적인 가치가 평가되는 것은 아닐 것입니다. 이름이야 무엇이라 불리든, 모양이야 어떻게 생겼든 그리고 어떤 색깔을 띠고 있든, 세상의 모든 꽃들은 나름대로 찬란한 생명의 향연을 벌이고 있을 따름입니다.

　그래서 부처님은 『아미타경』에서 이렇게 말씀하고 있습니다.

"연못 가운데 핀 연꽃은 크기가 큰 수레바퀴만하여 푸른 꽃에서는 푸른 광채가 나고, 누런 꽃에서는 누런 광채가 나며, 붉은 꽃에서는 붉은 광채가 나고, 흰 꽃에서는 흰 광채가 나서 이를 데 없이 향기롭고 정결하다."

이는 극락세계에 있는 칠보로 이루어진 연못의 정경을 참으로 아름답게 말씀하신 대목입니다. 극락에 있는 연못에는 당연히 깨달음의 연꽃이 필 것입니다. 그런데 "푸른 꽃에서는 푸른 광채가 나고 … 흰 연꽃에서는 흰 광채가 난다."는 너무나 당연한 말씀을 굳이 왜 하셨을까요?

나이가 얼마이든 그 나름의 생명 빛깔이 있음을 알아야 합니다. 우리의 하루는 새로운 삶을 살아갈 유일한 경험의 현장입니다. 20대에 드러난 모습이 최선이었다면 60대를 살아가는 생명의 표현도 또한 최선인 것입니다. 우리가 어떤 조건의 삶을 살아가고 있든 그 상태야말로 최선인 것입니다. 백색에서 청색의 광채를 바란다거나, 노란색에서 붉은 광채를 바란다는 것은 이미 자신의 참된 생명가치를 포기하고 있다는 것과 다르지 않을 것입니다.

백색에서 백색의 광채가 나와야 하고, 청색에서 청색의 광채가 나와야 하는 것은 정한 이치입니다. 이렇게 떳떳한 자신의 삶을 살아갈 때만 비로소 이를 데 없이 향기롭고 정결하다고 할 수 있을 것입니다. 모든 꽃은 제 나름대로 완전한 생명으로서의 가치인 향기

를 품기 마련입니다. 그래서 다른 무엇과 비교되지 않을 만큼, 이를
데 없이 향기롭고 정결한 상태를 드러내고 있다고 하는 것입니다.

『증일아함경』에 이런 말씀도 있습니다.

> "어린애는 울음으로 힘을 삼고, 여자는 진심瞋心으로 힘을 삼
> 고, 국왕은 교만으로 힘을 삼고, 아라한은 정진으로 힘을 삼고,
> 부처님은 대자비로 힘을 삼고, 비구는 인욕으로 힘을 삼는다."

모두 제 나름대로 각자의 위치에서 완전한 생명으로서의 향기
를 품는 것입니다. 그것은 각자이면서 하나입니다. 제각각이면서
온전히 하나인 것입니다. 또한 이 세상에 널려 있는 강물이 한번
바다에 이르고 나면 이전의 이름은 모두 없어지고 오직 바다라고
불리는 것과 마찬가지로 우리 모든 출가스님들은 법과 율에 발심
하고 출가하여 불법에 이르렀기 때문에 예전의 이름 대신 승가僧伽
라고 불리는 이치와도 똑 같은 것입니다.

나만을 기준으로 하거나 너만을 기준으로 해서 살아가는 게 아
닙니다. 저마다의 생명 가치를 드러내기에 주저함이 없는 것입니
다. 서로 어울려 살되 서로를 억압하거나 구속하지 않습니다. 오히
려 자신의 색깔을 드러냄에 있어 네가 있음으로 해서 나의 생명 가
치가 빛을 발할 수 있게 되는 것입니다. 있는 그대로 드러내고 살
수 있을 때 우리는 제각각이면서 온전히 하나가 되는 것입니다.

좌충우돌 수행 이야기

인연의 자취를
추억하며

○ 글 _ 소희(2007, 56호)

청암사.

청암사는 승僧으로서 첫걸음을 걸은 곳이었습니다. 승가대학 시절은 넘어지고 깨지고 그렇게 단련이 되면서 뜻과 의지를 굳히는 시기였습니다. 그래서 청암사는 함께했던 도반들과 더불어 자양분이 되었던 잊지 못할 도량입니다. 수행자로서 산다는 것이 어떤 것이며 당당히 서기까지 얼마나 많은 인내와 도전이 필요한지 그땐 몰랐습니다. 그저 계만 받으면 스님이 되고 강원만 졸업하면 저절로 모든 게 이루어지는 것으로 알고 지냈던 철없던 시기에 두 분의 어른스님과 잔정은 없어도 묵묵히 이끄셨던 형님들 덕분에 쉽지만

은 않았던 막내로서의 강원생활을 마칠 수 있었습니다. 그리고 그 이후엔 주춤해 본 적이 없었던 것 같습니다.

사회복지가 무엇인지도 모르고 뛰어들어 달려온 지 이제 11년째 접어들고 있습니다. 처음 삭발염의하면서 이런 삶을 꿈꾼 것은 아니었습니다. 강원에서의 생활은 저에게 자신감을 주었고 사회복지와 인연이 되면서 제2의 전기를 맞게 되었습니다. 사실 사회복지를 선택한 이유는 불교학은 이미 삶의 일부였기에 무언가 색다른 경험을 하고 싶어서였습니다.

처음엔 사회복지에 뛰어든 저를 향한 우려의 목소리도 많았습니다. 젊은 놈이 공부는 안 하고 허튼짓 한다고 말이죠. 하지만 필연이었던지 그 당시에는 어떤 소리도 귀에 들어오지 않았습니다. 학교에서 실습장소로 인연이 되었던 장애인 생활시설인 '소쩍새 마을'에서의 3년 남짓한 시간은 승으로서 첫걸음을 걸었던 청암사와 같이 사회복지사로서의 목표를 갖고 지금까지 불교사회복지를 하게 하는 원동력이 되었습니다.

현재는 지역주민이용시설인 복지관에서 8년째 보내고 있습니다. 그동안 자비실천을 목적으로 지역주민의 복지향상과 사회복지 전문성 향상을 위해 최선을 다해 왔습니다. 어르신에서 아이들에 이르기까지 사회의 소외계층을 위해 좀 더 질 높은 서비스를 제공하고 지역적 특성을 반영하여 프로그램 개발에 힘쓰며 지역주민과 함께 하는 기관으로 자리매김하고자 노력했습니다.

이제 '불교사회복지'라는 화두를 안고 있습니다. 아마 사회복지와 인연이 되면서부터 시작된 '불교사회복지의 모델링'을 찾아 구축하려 했던 것 같습니다. 아직도 진행형이지만 손에 잡힐 듯하면서도 잡히지 않는 것이 사실입니다. 그러나 멀지만은 않은 일 같습니다.

누구는 "세상이 각박하고 정이 없다."라고 말하지만 조금만 돌아보면 아직도 우리 주위에는 따스하고 아름다운 마음을 가진 사람들이 정말 많습니다. 보이지 않는 곳에서 고달픈 삶을 살아가는 사람들에게 희망의 나눔을 실천하는 자비의 손길이 끊어지지 않는 한 희망적이라고 봅니다. 이 또한 사회복지현장에 있는 한 사람으로서 화두를 갖고 오늘도 앞으로 나아갈 수 있게 해 주는 원동력이 아닌가 생각합니다.

지금 이 순간도 사회복지사의 길을 고집하면서 오늘을 살아가고 있지만 인연의 끈이 어디까지인지는 저도 잘 모르겠습니다. 아마 청암사에서의 생활과 '장애인 생활시설'에서의 3년 남짓한 시간이 밑거름이 되어 오늘도 희망을 놓지 않고 노력하며 힘차게 살아갈 수 있는 것 같습니다.

—
좌충우돌 수행 이야기

인연

○ 글 _ 도림(2009, 61호)

● 　　　　눈 쌓인 덕암사 마당을 보니 청암사 마당에서 놀
던 어린 시절이 떠오른다.

공무원이셨던 아버지가 증산면으로 첫 발령을 받으셨기에 나는
증산면에서 어린 시절을 보냈다. 초등학교에 입학, 청암사로 첫 소
풍을 가게 되었고, 첫 소풍 이후 홀린 듯 시간만 나면 청암사에 올
랐다. 어린 마음에도 조용하고 고즈넉한 공간이 좋았다. 어느 날
하루는 청암사 산에서 아름드리 소나무를 다 잘라내는 산판 하는
광경을 보고 내 살이 잘려나가는 것 같은 안타까움을 느끼기까지
했다. 덕분에 지금도 소나무에 대한 남다른 마음을 가지게 되었는
지도 모를 일이다.

그러던 어느 날 대웅전 앞에서 정신없이 놀던 나를 한 노비구니께서 부르시더니 다짜고짜 혼을 내셨다.

"왜 너는 부처님께 절을 올리지 않느냐?"

다른 아이들은 내버려두고 유독 나만 나무라셨다. 어린 마음에 야속한 생각이 많이 들었지만 출가한 후 생각해 보니 내 인연을 일깨워주신 말씀이셨다. 그 노비구니스님은 진오 스님이셨다.

출가한 후 나중에 들은 얘기이지만, 내가 태어났을 때 어머니는 나의 출가를 짐작했다 하셨다. 하늘에서 내려오는 봉황을 받아서 산길을 걷다보니 어느새 그 봉황이 작은 동자승으로 바뀐 태몽을 꾸시고 나를 낳으셨다. 우리 집안은 대대로 신심 깊은 불교 집안이었는데 부모님들은 기독교를 믿고 계셨다. 어머니의 입장에서 동자승 꿈은 남들에게 선뜻 얘기할 수 있는 일이 못 되어서 혼자만 간직하고 계셨던 것 같다. 누생累生의 나의 간절한 발원이 이런 꿈으로 보인 건 아닌가 싶다.

그렇게 한 시절을 보내고 20세 되던 해 어느 날 수도암을 들어서는데 마치 타향에서 고생스러운 삶을 전전하다가 고향집 마당에 들어서는 것 같은 편안함을 느꼈다. 그 순간 출가해서 수행자가 되어야겠다는 마음이 일어났다. 어머니의 꿈속의 봉황이 동자승으로 바뀌는 찰나였다.

몇 년 후 청암사 승가대학 학장스님이신 지형 스님을 은사로 모시고 출가하였다. 내가 출가한 시기는 청암사가 가장 어려운 시절이었다. 두 분 어른스님(지형 스님, 상덕 스님)은 해체복원 불사를 앞장서서 하셨다. 학인스님들은 몸으로 할 수 있는 단순작업에 매달려야 했다. 기와를 내리고 올리고, 서까래·진흙·피죽나무를 지붕 위로 올리고….

지금의 청암사 전각 하나하나에 청암사 동문스님들의 손때가 안 묻은 곳이 없다. 힘들고 어려웠지만 그런 지난한 과정을 참고 견뎌냈기에 졸업한 후 어떠한 일을 하든 두려움 없이 밀고 나갈 수 있는 힘의 원천이 되었고, 그때 함께 한 동문스님들은 지금도 언제나 든든한 나의 뒷배가 되고 있다.

배움이란 지금까지 쌓았던 세계를 허물어버리는 것일지도 모른다. 깨달음은 내가 알고 있는 지극히 좁은 시공간의 세계에서 형성된 편견을 깨부수는 작업이라고 생각한다. 그 편견으로부터 나와야 무아의 경지로 들어가는데, 그 당시 울력하고 농사를 짓고 마당의 풀 한 포기 뽑는 것도 힘들기는 했지만 그 자체로 '나'를 버리는 좋은 수행이었음을 새삼 깨닫는다.

> "일체의 중생들이 모두 부처의 지혜와 덕을 갖추고 있을 뿐만 아니라 모든 중생들의 갖가지 허망된 생각까지도 다 부처의 원만히 깨달은 묘한 마음如來 圓覺心에서 나왔다."
> – 보조 국사 지눌의 『수심결』에서

이미 우리는 깨달음이라는 열차에 올라타 있다고 생각한다. 우리가 서로에게 거울이 되어 수행의 길을 바로잡을 수 있으면 열차는 좀 더 빨리 도착할 수 있지 않을까?

"스님! 스님은 왜 출가하셨나요?"
"그냥, 무조건 출가했지요."
내가 질문을 받을 때마다 하는 대답이다. 더 무엇이 필요한가?

나는 무사無事가 호사好事보다 낫다고 생각한다. 우리가 아는 의사가 있어서 몹쓸 병에 걸렸을 때 그 의사 덕분에 쉽게 회복이 되고, 아는 변호사 덕분에 송사訟事에 휘말렸을 때 곤욕을 치루지 않는 것도 호사好事이지만, 의사도 모르고 변호사도 몰라도 병에 안 걸리고 송사訟事와 인연되지 않는 것無事이 훨씬 낫다.
세상 모든 것이 부처님 인연 아닌 것이 없는데 굳이 출가에 극적인 스토리가 필요할까?
다시 한 번 청암사의 도반이 될 수 있었던 인연에 감사드린다.
"아제 아제 바라아제 바라승아제 모제 사바하."

아르헨티나의 연꽃

○ 글 _ 길상(2009, 64호)

● 　　　회색 빛 하늘 사이 구름과 더불어 작은 하늘이
서서히 기지개를 켜고 있다. 조금 전만 해도 장대비가 시원하게 내
리 쏟더니 새초롬한 아이처럼 시침 뚝 떼고 빛을 머금고 있다. 이렇
게 하루의 일기변화가 심한 것이 요즘 브라질 날씨이다.

　아르헨티나에서 지내다가 브라질에 온 지 20일이 되었다. 브라
질은 처음이지만 전혀 낯설지 않게 아르헨티나인 양 한국인 양 적
응 단계가 필요 없이 늘 살던 곳처럼 편안하게 지내고 있다. 브라
질은 남미에서 유일하게 포르투갈어를 쓴다. 하지만 스페인어와
비슷한 점이 많아 다니는 데 크게 불편하지 않은 까닭에 더욱 낯
설지 않은 것 같다. 아마도 그만큼 남미가 익숙한 때문인가 보다.

내가 이곳 브라질에 오게 된 것은 한국에서 오가는 스님도 없는 상황에 신도님들에게도 서로 다른 변화를 주는 것도 좋을 것 같아 브라질에 계신 스님과 의논해서 3개월간 서로 바꿔서 법회를 보기로 한 까닭이다. 와서 보니 나도 신도님들도 잠깐의 새로움이 주는 신선함 때문인지 좋은 것 같다. 이런 와중에 뜻밖에도 청암사 편집실에서 해외포교에 힘쓰고 있는 선배의 글을 청암지에 올리고 싶다는 연락을 받고 어제 같던 학인시절 나의 모습을 떠올리며 잊지 않고 찾아주는 마음에 감사하며 나의 짧은 경험을 말하려 한다.

청암사는 내 가슴에 언제나 품고 사는 아름다운 고향이다. 출가해서 가장 많은 기쁨을 그 곳에서 가질 수 있었고, 가장 소중한 공부를 귀한 도반스님들과 함께 할 수 있었기에 지금도 언제나 마음속에서의 발걸음은 청암사 도량을 거닐고 있다.

아르헨티나에 자리 잡은 지 올해로 4년이다. 우연히 기회가 주어졌고, 아주 단순하게 별다른 생각 없이 지도에서 본 대로 넓은 나라니까 초원은 아름답겠다 싶었다. 마치 시골 아이가 도회지에 처음 가는 마음으로 길을 나섰다. 예비지식 없이 무작정 나선 나는 아르헨티나 절에 도착한 순간부터 그 외형에 실망하고, 거리며 공원에 지천으로 널려 있는 개똥 나뒹구는 쓰레기들, 한인촌의 삭막한 거리 풍경에 실망감을 더하며 이곳 생활을 시작했다.

해외포교 현실은 생각처럼 쉽지 않다. 의욕만 가지고 되는 것도 아니고 절이 크다고 신도가 늘거나 많은 것도 아니다. 해외 어느 곳을 가도 공통점은 불교는 기독교에 비교할 수 없을 만큼 모든 것이 열악하다는 것이다. 이민사회 특성상 기독교는 날로 번창하고 불교는 기존에 있던 신도마저도 줄어들고 있는 것이 대부분 해외 사찰이 안고 있는 가장 큰 고민이다.

중남미에 멕시코, 브라질, 아르헨티나, 파라과이 등 4곳에 사찰이 있으나 파라과이에는 스님 없이 빈 절로 여러 해를 보내고 있다. 중남미 세 곳에 있는 스님들이 뜻을 모아 미국에서 한번 모여 얼굴을 마주하고 이런저런 애기들도 나누고 미국에 있는 사찰도 돌아보며 어떻게 포교를 하고 있는지 지난 10월 한 달을 여행을 겸해서 살펴보는 계기를 삼고 돌아왔다.

해외에 있으면서 후배스님들에게 바라고 싶은 것은 어느 정도 수행공부를 마치면 적극적으로 포교 일선에 뜻을 가지고 나서 주었으면 하는 바람이다. 지금 현재 해외에 스님 없이 신도님들만 지키고 있는 사찰이 여럿이다. 이런저런 이유로 불자가 줄어드는 가운데 스님들이 못 견디고 떠나는 현실에서 그나마 적은 불자님들이 또 다시 다른 곳으로 발길을 돌리는 계기를 마련해 주고 있다는 것이다. 국내에서와는 달리 힘든 조건은 많지만 신심을 가지고, 애정을 가지고 처음 발심한 그 마음으로, 중생을 제도하겠다는 처음 원력 그대로 마음을 내면 해외에서의 열악한 포교 여건도 거뜬히 이겨낼 수 있고 보람도 있다.

나 역시 처음엔 눈에 보이는 것을 쫓아 실망도 했지만 지금은 아주 편안한 마음으로 즐겁게 지내고 있다. 내가 처음 와서 얼마 없던 신도가 눈에 띄게 늘어나서 한때는 좋아도 했다가 차츰 줄어드는 신도님들을 보면서 마음의 갈등도 없지는 않았지만 이제는 스스로 편안해 하면서 이 곳 생활을 즐기며 살고 있다.

처음엔 중앙승가대 포교학과를 졸업했다는 사명감이 충천해서 뭔가를 의욕적으로 프로그램을 만들어서 해 봐야지 했다. 하지만 이 곳의 모든 여건이 이론으로 배운 것과 실제 응용이 조건이 맞지 않아 이루어지지 않았다. 모든 것이 무용지물처럼 느껴져서 조금은 당황도 했지만 나만의 방식으로 내가 이곳 신도님이나 교민에 적응하며 그냥 하나가 되어 나름 작은 만족을 하면서 좀 더 연꽃이 크게 활짝 필 날을 기다리고 있다.

고려사는 이곳 아르헨티나에서 가장 작은 규모의 종교 사찰이지만 그래도 다행히 신도님들이 고려사 신도임을 자랑스러워하고 있다는 점은 매우 고무적이다. 뜻을 펼치려 해도 포교가 잘 되지 않는 것에 연연해하지 않고 신도님들에게 자신감을 주는 데 주력했다. 또한 교민들과 하나가 되기 위한 일환으로 교회나 성당, 원불교 등 종교를 떠나 친밀하게 교류하다 보니 많은 교민들과 절로 친밀해졌다. 큰 교회에서 매주 행하는 현지인 무료급식에 매주 한 번씩 자원봉사를 2년째 하고 있고, 성당 행사에도 참석하고 있다. 신부님은 초파일에 절에 오셔서 법문도 해 준다.

신문에 칼럼도 가끔 한 번씩 써 주고, 해마다 경로잔치를 베풀고 하다 보니 어느 사이 교민 사회에서 '고려사' 이름이 오르내리고, 이제는 교회나 성당에 다니시는 분들도 뜻있는 곳에 써 달라며 남모르게 오셔서 돈을 주고 가시는 분들도 생겼다. 그리고 오가는 여행자에게 잘 대해주다 보니 그들 또한 한국에 돌아가서 불자가 되기도 하고, 나름 좋은 마음들을 담고 살아가는 모습을 메일로 받아 보는 보람도 쏠쏠하다.

나처럼 해외포교에 뜻이 있는 후배스님이 있다면 우선 영어나 포교 대상 지역 언어를 습득하는 것을 권하고 싶다. 해외에 많은 사찰이 한국인만 상대하고 있는 곳이 많은데, 나는 이곳 현지인을 상대로 참선을 지도하고 있다. 하지만 언어 실력이 부족해 불교를 좀 더 알고자 하는 많은 현지인을 놓치고 있는 실정이다. 지금도 스페인어를 배우고는 있지만 쉽지 않다.

후배들에게 부탁하고 싶은 것은 우리 앞에 놓인 현실이 산중포교가 아닌 도심포교임을 바로 인식하고, 좀 더 적극적으로 불교를 자유자재로 설할 수 있도록 폭 넓은 기량을 쌓았으면 하는 것이다. 아울러 후배스님들에게 거듭거듭 당부하고 싶은 말이 있다.

"지금 청암사에서 보내는 날들이 출가해서 가장 소중하고 행복한 시간들임을 잊지 말고 열심히 정진하여 어느 곳에서나 활짝 핀 연꽃으로 거듭나길 바랍니다."

내가 만난 부처님

○ 글 _ 현공(2009, 61호)

●   늦은 가을 도서관에서 우연히 찾아낸 한 권의 책 『거지성자』에서 나는 한 사람의 참 수행자를 만났다. 『거지성자』의 주인공은 독일 출신의 수행자 페터 노이아르. 그는 스스로 모든 걸 버리고 독일의 어느 대학교 호수 근처 나무 아래에서 생활하고 있었다. 작가와 처음 만났을 때 그는 이렇게 말했다. "나는 집 없이, 돈 없이, 여자 없이 삽니다."라고. 부처님이 하셨던 것처럼 나무 아래에서 먹고 자고 관觀한다. 팔다가 남은 빵과 유통기한이 지난 반쯤 썩은 야채를 구걸해 생활하는 사람, 사람들은 그런 그를 그저 '거리의 부랑자'쯤으로 생각한다. 그러나 작가는 한눈에 그가 보통사람이 아니란 걸 알아보았다.

젊은 시절 그는 여느 청년들처럼 아름다운 사랑도 했고 직장도 있었고 정치와 나라를 걱정하며 살았다. 그러다 한순간 모든 걸 놓아버렸다. 거지 취급을 받고 쫓겨나기도 하고 놀림도 받지만 그런 것에 감정을 드러내지 않는다. 그의 일과는 새벽에 일어나 빵과 야채를 구걸해 한 끼 식사를 하고 도서관에서 책을 보고 학생들과 대화하고 나무 아래에서 사유하는 일이다. 그리고 틈틈이 거의 20여 년 동안 걸치고 있는 누더기 망토의 헤진 곳을 꿰맨다. 정오가 지나면 물 외에는 먹지 않는다. 하지만 그는 건강하다. 영하로 떨어지는 날씨에도 나무 아래에서 누더기 망토를 깔고 잠을 청하지만 감기에 걸리지 않는다. 심지어 그는 맨발이다.

작가의 권유로 그는 한국을 방문해 송광사 등에서 학인스님들과 토론을 하기도 했고, 큰스님들과 많은 대화를 나누기도 했다. 그 중 송광사 방장 보성 큰스님과 나눈 대화가 기억에 남는다. 큰스님께서 함께 승단에 들어와 수행할 것을 권하자 그는 "진정한 도반이 있으면 그렇게 하겠습니다."라고 했다. 큰스님은 그의 뜻을 알아차리고 더 권하지 않았고 오히려 계속 혼자 수행해 줄 것을 부탁했다. 물들지 않은 진정한 수행자의 모습을 보여줄 것을….

한국의 명찰과 아름다운 명소들을 둘러보던 중 어느 산골 마을에 이르렀을 때의 일이다. 작가가 찾아간 어느 노보살의 집에서 그는 뜻밖의 선물을 받았다. 그것은 누비로 만든 두루마기. 사연인즉 노보살에게는 남매가 있는데 수년 전에 아들이 출가를 했고 뒤이어 딸도 출가를 했단다. 보살은 집에서 직접 목화를 재배해 솜을 타서 손수 누벼 승복을 지었다. 그런데 어찌된 일인지 승복이 완성될 때쯤 아들이 환속했고 딸도 환속했단다. 보살은 실망했고 자식들이 창피했단다. 임자를 못 만난 승복은 그렇게 보살의 안방 장롱 속에서 주인을 기다린 것이다. 스스럼없이 그의 누더기 망토를 벗겨내고 두루마기를 입혀보며 노보살은 "꼭 맞는다. 이럴 줄 알았다."며 연신 "성불하십시오." 하면서 절을 했다.

무슨 말을 더 하겠는가? 그물에 걸리지 않는 바람과도 같은 페터이지만 이 순간만큼은 그도 어머니를 생각하지 않았을까? 그의 권유대로 집을 팔아버리고 양로원에서 여생을 보내다 쓸쓸히 생을 마감한, 한평생 돌아오지 않을 아들을 기다리며 원망하고 체념했을 그의 어머니를….

혹자가 그에게 "당신은 성인입니까?"라고 질문하면 그는 이렇게 대답한다. "나는 성인이 아닙니다. 그저 부처님의 가르침대로 살고자 하며 하루하루 잘못을 고쳐나가기 위해 노력하는 사람에 불과합니다."라고. 그는 다시 일상으로 돌아갔고 나 역시 책을 덮은 후 일상으로 돌아왔다. 하지만 수행자 페터 노이아르는 내가 만난 최고의 수행자이며 스승이다. 그는 말했다.

"왜 물을 찾아 방황하는가? 그대의 집 안에 샘솟는 바다가 있지 않은가?"

내 속에, 모두의 마음속에 바다가 있다.

『윤회의 비밀』을 읽고…

○ 글 _ 반야(2011, 72호)

● 　　　사미니계를 받은 직후 사형님이 법문이 담긴 MP3 플레이어를 건네주셨다. 법문 말씀 중에『윤회의 비밀』이라는 책을 언급하셨는데, 이미 절판되어 구할 수 없었다. 아쉬움을 달래던 차 우연히 청암사도서관 한편에서『윤회의 비밀』을 만났다. 그 기쁨이란…. 순식간에 읽고서 또 읽고 또 읽고 얼마나 읽었는지 모른다.

이 책은 에드가 케이시의 라이프 리딩Life Reading에 근거하여, 윤회가 자연의 법칙이라는 것을 토대로 다양한 일화를 들고 있다. 라이프 리딩이란 자기최면상태에서 타인의 현생뿐만 아니라 과거전생까지 추적하여 현재 괴로움의 원인과 극복방안을 제시한 것으로, 실제로 수많은 기적을 낳았고, 케이시의 전기는『버지니아 비

315

6부 청암의 메아리

치의 기적의 사나이』로 출간되어 화제가 되었다.

　케이시는 말한다. 윤회의 목적은 영혼의 교정과 성숙을 통한 진화라고. 덧붙여 윤회가 이루어지는 과정에서 다음 세 가지 법칙을 따른다고 한다. 첫째, 인과법에 따라 마음(의도)을 일으킨 만큼 결과는 결국 자신이 받게 된다. 둘째 회귀법에 따라 영혼의 무리들은 질서와 리듬을 가지고 집단적으로 윤회하는데 개인의 까르마 karma[業, 행위]와 자유의지[慾]가 적용되어 개개인에 따라 적합한 곳에 태어나게 된다. 셋째, 망각법에 따라 수억 겁의 과거 경험을 모두 기억할 수 없게 된다.

윤회를 결정하는 요인은 결국 까르마인데 특정행위는 영향력을 남기게 된다고 케이시는 말한다. 교육도 제대로 받지 못해 목사의 꿈을 접어야 했던 케이시의 리딩이 불교의 인과법과 절묘하게 합치되는 것은 단지 우연이었을까? 케이시의 리딩에 따르면 의도를 가진 행위의 결과는 결국 자신이 받는다. 특정 신체기관을 혹사시키면 다음 생에 해당기관이 약해질 수도 있고, 방관이나 나태의 간접적인 죄도 과보로 돌아올 수 있다.

이러한 과보를 받는 시기는 정해진 것은 아니라고 한다. 까르마에 따라 적합한 대상을 만나도록 환생하는 시기를 맞춰야 하거나, 무거운 까르마를 감당할 내적 능력이 부족할 경우 과보 받는 시기가 늦춰진다. 이러한 주장은 선업이 많아도 열악한 환경에 있거나, 악업이 치성한데도 여유 있는 생활을 누리는, 모순된 모습을 볼 때 올라오는 의문들이 풀리기 시작했다.

더구나 과거의 까르마가 어떻게 작용하는지를 언급하는 부분은 매우 흥미로웠다. 과거의 노력과 경험이 축적되면, 현생에서 해당 분야에 흥미와 소질을 가지게 된다. 성격이 지나치게 내성적이거나 지나치게 외향적이면, 교정할 수밖에 없는 환경을 만나 균형 있게 계발되도록 윤회한다. 장애·질병과 같은 신체적 결함도 과거 까르마의 결과라고 한다. 때에 따라서 도덕적·영적 결함을 치유하거나 영혼의 비약적인 성장을 위한 경우도 있다고 하는데, 수행과정에서 나타나는 갖가지 질병들이 여기에 해당될 듯하다. 업장소멸하려면 몸이 먼저 아프다는 말씀이 다시 한 번 와 닿았다.

인과가 무섭다는 것을 새삼 확인시켜 주는 부분들도 있었다. 자만으로 타인에게 고통을 주면 후천적 장애를 받게 되고, 과도한 비판으로 상처를 주면 열등한 조건을 타고나게 된다. 관용이 부족한 사람은 부적응의 과보를 받고, 자살을 하게 되면 외로움의 과보와 살고 싶을 때 죽게 되는 과보를 받는다. 지나치게 이기적인 사람은 희생과 사랑을 배울 수밖에 없는 환경에 놓이게 된다고 한다.

그렇게 수억 겁을 윤회하면서 존재는 교정되고 성장한다고 케이시는 말한다. 불교에서는 삼아승기 겁의 기간이 걸린다고 했던가. 바다보다 많은 눈물을 흘리며 끝없이 윤회하는 중생들을 안타깝게 여기셔서 영원한 자유에 이르는 길을 가리켜 주신 부처님, 불법난봉佛法難逢인 줄 알면 한 생 안 태어난 셈치고 공부해야 할 텐데 한결같이 이어가기가 너무 어렵다.

언젠가 존경하는 스님으로부터 "우주는 한없이 자비롭다."는 말씀을 들었다. 고개를 갸우뚱하게 했던 그 말씀이 이 책을 읽고 난 후 다시금 새겨졌다. 살면서 겪는 모든 시련은 영혼의 성숙을 위한 불보살님의 자비로운 채찍이다. 채찍의 그림자만 봐도 달리는 준마는 못 되더라도 앞만 보고 나아가기만 하면 되리라. 이 말을 되새기면서….

"인내가 닙바나(Nibbāna, 涅槃)로 인도한다."

'도리'에 어긋나지 않기

○ 글 _ **도국**(2017, 94호)

학인스님들을 대상으로만 태극권을 지도해 오다가 재작년부터 일반인들을 대상으로 지도하는 인연이 생겼다. 막상 수락하고 나서 한동안 걱정이 많았다. 사람들의 사회적 고정관념과 통념으로 만들어진 스님들의 상이 있기에 어떤 반응들이 나올 지 예상할 수 없었기 때문이었다.

내가 만나는 수강생들은 종교, 나이, 성별, 직업군이 매우 다양하다. 사람들을 만나면서 나는 승복을 입고 있다는 것 빼고는 종교 색을 크게 드러내지 않는다. 어느 날 문득, 평소처럼 한 기관에서 태극권을 지도하는데 어느새 가르치고 받는 입장이라기보다 함께 수련한다는 느낌을 받았다. 기술적인 부분은 미흡하더라도 태극권을 향한 마음이 사뭇 진지해진 탓이었다. 어떤 분은 "함께 태극권을 하면 한 번씩 마음이 울컥할 때가 있는데, 무슨 마음인지 모르겠다"며 "고요하고 편안해지니까 감동스러운 부분이 있는 것 같다"고 말씀해 주는 분이 계셨다. 태극권은 '움직이는 선'이라 부를 만큼 명상적 성격을 지니는데 '현대양가태극권'만의 강점이라고도 할 수 있다. 그렇게 우리는 '태극권'이라는 매개체로 종교를 떠나서 함께 호흡하며 서로 융화되어가고 있다.

노인대학에서 강의를 할 때는 강의방식이 조금 달라진다. 어르신들의 동작을 익히는 부분에서 지켜봐주는 힘과 시간이 많이 필요하다. 또한 용어 선택이라든지 말투가 다소 조심스러울 때가 있다. 그런 부분들이 어느 때는 지도하는 일보다 더 피로할 때가 있

좌충우돌 수행 이야기

었다. 하지만 가끔 어르신들의 태도를 보며 숙연해지곤 한다. 속납 (세속의 나이)으로는 손녀뻘 되는 나이의 스님이지만 '태극권'을 가르쳐 주는 선생님이라고 하여 학생으로서의 도리를 깍듯하게 지켜주신다. 항상 예의를 지켜주시고 반말을 한다거나 하대한 적이 한번도 없으시다. 가만 보니 모든 직원들에게 그런 것은 아니었는데 아마도 승복의 힘이었을 것이라 짐작한다.

그리고 '스승의 날'에는 생각지도 못한 카네이션을 달아주시기도 하는데, 그것이 부담스러워서 앞으로는 안 하셔도 된다고 했더니, "아이고, 선생님. 안 받아주시면 저희가 서운합니다. 선생님에 대한 저희들의 도린데 그것을 못하면 우째합니꺼. 우리가 늙어서 선생님 기대에 못 미쳐 죄송스럽지예."라고 말씀하시는데 도리어 내 마음이 뭉클해졌다.

단순히 카네이션을 받고 대접을 받아서가 아니다. 그 어른들께서도 과거에는 나와 같은 시절이 있었을 테고 그 시절에는 어른에 대한 예절문화가 일반적이었을 때였기에 그분들이 지니고 행해온 공경심이라는 것을 다시금 느끼는 순간이었다. 은사스님께서는 "수행자이기 전에 사람이 먼저 되어야 한다."는 말씀을 간혹 하시는데, 사실 이런 외부활동을 하기 전에는 마음으로 느끼지 못했다.

우리는 관계에 있어서 수많은 생각과 감정을 일으키고 처세를 계산하며 살아간다. 상대가 뜻에 맞지 않고 서운하거나 기대에 못미친다 하여 권력을 부리고 또는 내가 지금 남을 헐뜯고 비난하는 일이 누가 봐도 마땅하다 할지라도 최소한의 예의를 지키는 일이 우리가 흔히 말하는 '도리'이다. 사람의 도리라는 말은 쉽게 사용하지만 주변에서 이 도리를 잘 지키는 사람은 찾아보기 드물다. 여기에서 도리는 성별, 나이, 국적, 직업, 계급 등의 개념이 적용될 필요가 없다. 그저 나를 보듯 남을 보면 되는 일인데 이것이 그렇게 쉽지 않다. 그래서 긴 세월 모진 풍파 견디고 버텨온 어르신들의 삶은 지혜로 가득 차 있고 그 지혜는 다름 아닌 비움이다. 비워진 마음에서 겸손함이 나오고 그 겸손함은 잘 숙성된 삶이었다.

그러니 누가 누구를 가르치고 무엇을 가르친다는 것인가. 단지 태극권을 지도한다는 명분으로 사람들 앞에 서기는 하지만 그 시간 동안 오히려 또 다른 것을 그분들에게 배우고 자신을 돌아보는 데 이보다 더 귀한 스승은 없다는 생각이 든다.

> 화를 잘 내고 원한을 품으며, 간사하고 악독하고 남의 미덕美德을 덮어버리고 그릇된 소견으로 음모하는 사람, 그를 천민으로 아시오.
> 사실은 빚이 있어 돌려달라고 독촉을 받으면 '당신에게 갚을 빚은 없다.'고 발뺌하는 사람, 그를 천민으로 아시오.
> 자신은 풍족하면서도 늙고 쇠약한 부모를 봉양하지 않는 사람, 그를 천민으로 아시오.
> 부모 형제자매 혹은 계모를 때리거나 욕하는 사람, 그를 천민

좌충우돌 수행 이야기

으로 아시오.

나쁜 일을 하면서 '아무도 내가 한 일을 모르기'를 바라며 속내를 숨기고 행동하는 사람, 그를 천민으로 아시오.

태어날 때부터 천민으로 태어나는 것은 아니오. 태어날 때부터 바라문으로 태어나는 것도 아니오. 행위에 의해서 천민도 되고 바라문도 되는 것이오.

-『숫타니파타』

부처님께서는 날 때부터 천민과 바라문의 계급이 정해지는 것이 아니라, 자신의 행동으로 천민과 바라문이 된다고 말씀하고 계신다. 하루가 멀다 하고 뉴스 사회면에서는 우리가 예상치도 못한 범죄들이 보도되고 있다. 이별을 고한 여자 친구와 가족을 살해하거나 돈 때문에 가족을 살해하거나 태아를 몰래 쓰레기봉투에 담아 버리는 일 등 사람으로서 도저히 생각지도 못할 일들이다.

이것은 개인의 정신적인 문제라고 치부해 버릴 수도 있지만 단순히 그런 문제만은 아니다. 학교와 가정에서 배워야 할 인성교육이 제대로 이루어지지 않고 있다는 것이기도 하다.

사람답게 산다는 것은 사람이 가져야 할 특권을 얘기하는 것이 아니라 자신이 처한 위치와 관계 속에서의 도리를 말하는 것이라 본다. 우리는 각자 어떤 도리를 지키고 사는지 한 번 생각해 볼 일이다.

시작과 끝
그리고 다시 시작

○ 글 _ **자인**(2018, 97호)

● 　　　　　청암사 강원을 졸업하고 어느덧 이렇게 시간이 흘
렀다. 현재 타국에서 공부하고 있기에 청암사를 떠나온 것이 정말
엊그제같이 생생하고 그립다. 청암사 강원의 입학과 졸업식, 그리
고 다시 청암사 율원 입학과 1년 후 일본 유학 결정으로 인한 휴
학, 일본 대학의 입학과 졸업, 또다시 대학원 입학… 언제나 시작과
동시에 마침이었고 마침과 동시에 시작이었던 나의 시간들이 천둥
번개처럼 지나가는 듯하다.

　청암사에서의 5년이라는 시간은 출가 생활의 소중한 기반이 되
었다. 내가 지금 이렇게 절을 떠나 공부에만 전념하는 생활 속에서
가끔은 이것이 맞는 길인지 나의 상황을 불안하게 생각할 때도 있

었다. 그러나 그런 불안감 속에서 언제나 든든하게 나를 지켜준 것은 청암사 강원생활의 기억들이다. 세상 밖으로 나와 보니 더욱 확연히 알 수 있는 것이 바로 강원생활의 감사함이다.

나는 그동안 내가 수행을 잘하고 있다고 착각했다. 그러나 내가 수행을 잘한 것이 아니라 수행이 잘 될 수 있도록 대중들의 보살핌이 있었음을 지금은 너무나도 절실히 느끼고 감사하고 있다. 학장스님과 주지스님 두 어른스님, 소임자스님들, 대중스님들 그리고 나의 도반들… 모두의 보살핌이 보이는 곳에서 또는 보이지 않는 곳에서 언제나 나의 수행을 지켜주고 지지해 줬던 것이다. 세상 밖으로 나와 보니 그것을 더욱 확연하게 느끼고 있다.

벌써 10년도 더 지난, 강원이라는 곳에 처음 발을 들여놓던 그날을 아직도 생생히 기억하고 있다. 끝이 안 보이는 구불구불 산길을 따라 도착한 그곳, 산 속 깊은 곳에 자리 잡은 고찰 청암사의 첫인상은 쌀쌀했던 날씨 때문인지 쓸쓸함마저 감돌았다. 이런 곳에서 내가 잘 해낼 수 있을까라는 걱정부터 앞섰던 것이 그 당시 내 솔직한 심정이었다. 고등학교를 갓 졸업하고 본사에서 행자생활 2년 후에 온 강원, 모든 것이 낯설고 무섭기까지 했다.

그런데 그런 나의 두려움이 기우였다는 것을 알기까지는 그리 오래 걸리지 않았다. 두 분 어른스님과 소임자스님들을 뵙고 너무나도 따뜻하게 맞이해 주심에 안심하였다. 또한 도반들은 바느질마저 서툰 내게 하나하나 세심하고 친절하게 가르쳐 주었다. 그렇게 시작된 나의 강원생활이 어느덧 시간이 흘러 졸업을 하고 또 이렇게 외국에까지 와서 공부하고 있다. 강원을 졸업하면 뭐든지 할 수 있다는 선배스님들의 조언은 틀리지 않았다. 아무것도 못할 것 같았던 내가, 뭐든지 달려들어 하고자 하는 나로 변하였다.

언제나 새로운 시작은 가슴 뛰는 긴장과 두려움이 동반된다. 그리고 시간이 지나면 그러한 긴장감도 두려움도 무뎌지고 그로 인해 처음 가진 마음은 퇴색되어지고 만다. 좋은 결과를 맺는다는 것은 참으로 어렵다. 예전엔 그냥 시간이 지나면 얻어지는 것들이 지금은 하루하루 노력이라는 등급을 갱신하지 않으면 좋은 결과란 있을 수 없다. 길게도 짧게도 느껴지는 강원 4년의 시간은 흐르는 대로 두면 언젠가는 졸업을 하고 마칠 수 있었다.

하지만 강원이라는 둥지를 떠나 세상 속에서 수행을 하는 것은 흐르는 대로 두면 그 흐름이 어디로 흘러갈지 아무도 알 수 없다. 거친 파도 일렁이는 바다 한가운데에 홀로 있는 듯한 두려움. 참으로 무섭고 두렵지 않을 수 없다. 그렇기에 언제나 '강원에 입학하고 또 열심히 살아 졸업하던' 그 기억을 새롭게 가지고 살아가는 것이 지금의 나를 있게 하는 것 같다. 물론 나도 여전히 성장해 나가야 하는 현재진행형이다. 수행이라는 단어를 사용하기에도 아직 많이 부족하지만 지금은 그 부족함을 알고 언제나 처음처럼 시작한다. 하루하루가 시작이고 매번 출발이라는 스타트라인 위에 서 있는 나는 결과보단 과정을 감사히 생각하고 싶다. 아무것도 아닌 결

좌충우돌 수행 이야기

과는 없으니 지금 나의 시작을 감사하며 또한 하루하루를 마감할
때 두려움과 설렘으로 시작했던 그때 마음을 잊지 않으려 한다. 그
러다 보면 언젠가 어느새 나의 결과와 마주했을 때 부끄럽지 않을
수 있을 것 같다.

"지나간 과거를 쫓지 않고 아직 오지 않은 미래를 걱정하지 마
라. 오직 지금, 여기를 살도록 노력하여야 한다."

이와 같은 부처님 말씀을 새기어 '지금' 나는 여기에서 최선을 다한다. 이것이 나의 결과를 반갑게 마주하는 최선의 방법인 것을 믿어 의심치 않기 때문이다. 그리고 그 결과 안에 나의 출가 이유 이자 타국에서의 고생스런 유학의 목적인 '모든 이의 행복'이 든든 히 자리 잡고 있기를 다짐한다.

눈이 오면 얼음왕국보다 더 아름다운 청암사의 겨울이 그립고 비가 오면 처마 밑에서 떨어지는 빗소리를 음악 삼아 찻판 벌려 말 없는 수다로 함께 했던 도반들이 그립다. 따뜻한 봄보다도 더 따뜻 한 두 분 어른스님과 천군만마만큼이나 든든한 대중스님들. 언제 나 건강하시고 행복하시길 발원 드리며 미숙한 이 글들을 마치려 한다. 가슴 깊이 간직하고 있는 청암인으로서 자긍심과 자신감을 가지고 나의 이 길의 최종 목적지에 무사히 도착할 때까지 나는 오늘도 새롭게 시작한다. 새로운 도전과 함께.

좌충우돌 수행 이야기

7

청암사, 행복이 샘솟는 도량

청암사 나이롱 신도

○ 글 _ 무염無染 김종기(2014, 81호)

●   저를 보고 청암사 어른스님께서는 '나일롱 신도'
라고 하십니다. 믿는 척하며 적당히 흉내만 내는 무늬만 신도인 사
람을 뜻하는 말인데, 사실 저에게 가장 어울리는 말씀입니다. 30
여 년 동안 수백 번 법회에 참석했지만 『법회집』을 보지 않고는 예
불문, 반야심경, 천수경, 화엄경약찬게 등을 단 한 줄도 암송하지
못하니, 무식한 나일롱 신도임에 틀림없습니다.

주위 사람들은 대학 졸업하고 서울시청과 국회의사당 등 고위직
에 종사하면서 제법 똑똑한 체, 멋있는 체 폼 잡고 산다고 하지만,
예불시간만 되면 진땀을 흘리는 경우가 다반사입니다. 글자가 보이
지 않으면 따라 하기 힘들어 목탁소리만 들려도 가슴이 쿵쾅거리

는 두려움에 새벽예불에 참석하는 것조차도 망설여졌습니다.

그럼에도 "왜 수백 리 길을 마다하며 청암사를 다니느냐?"고 누군가 묻는다면, 저는 자신 있게 답할 것입니다. "맑은 공기와 아름다운 풍경 그리고 맛있는 절밥. 학(鶴) 같은 두 어른스님의 따스함과 인자함 때문에 불원천리不遠千里 달려온다."고 말입니다. 물론 아내의 깊은 신심과 열정 때문에 '따라 온다'는 표현이 더 정확할 것입니다. 아내는 제게 신심과 열정이 없어 아직도 무식한 신도로 머물러 있으니 공부 좀 하라고 채근하지만, 마음같이 잘 되지 않고 자꾸만 미루게 됩니다.

원래 저희 집안은 가톨릭을 믿었습니다. 가족 모두 영세를 받았는데 저만 유일하게 영세를 받지 않았습니다. 미사할 때면 졸다가, 미사가 끝나고 성당 밖으로 나오면 잠이 온 데 간 데 없이 사라지는 이상한 현상이 반복되어 신부님께 여쭈어보니, 돌아온 말은 "형제님은 마귀가 붙어서 그렇다!"는 힐난이었습니다. 그 후 영세를 받기 위해 6개월 동안 교리공부를 결심했지만 몇 차례 결석으로 영세를 받을 수 없게 되었고, 형수님은 신부님과 단독면담까지 주선해 주었습니다. 그리고 그때 신부님께 무례한 실수를 범하고, 그 일로 가톨릭과의 인연은 마지막이 되었습니다.

저는 김해김씨 수로왕 71대손으로, 가락국 수로왕에게 시집 온 인도 아유타국에서 불교를 전하신 허 황후가 제 조상님이기도 하니 어쩌면 태어나기 전부터 불교와 인연이 깊었던 것 같습니다.

기억을 돌이켜 보면, 30년 전 청암사는 황폐하고 쓰러져가는 사찰이었습니다. 일주문 앞은 30번 국도의 주차장이 되어 버렸고, 계곡 주위는 물놀이를 하는 관광객들로 항상 넘쳐났습니다. 심지어 갖가지 음식을 파는 천막도 버젓이 영업하고 있어 기도하는 도량으로서의 모습은 이미 사라진 지 오래였습니다.

그러다 1987년 3월, 지형 학장스님과 상덕 주지스님께서 쌀 한 가마니, 된장 한 통을 가지고 열여섯 명의 학인스님들과 아흔아홉 가릿재 고개를 넘어 이곳에 오셨습니다. 그리고 두 분 어른스님의 원력 아래 청암사 최초로 비구니승가대학을 설립하고 극락전 등 여러 건물을 중창·신축하면서, 전국 제일의 청정도량으로 발돋움하여 현재 청암사는 100여 명 비구니스님들의 교육기관으로서 전통과 현대를 아우르는 산실이 되었습니다.

원래 불교에서 삼보는 불·법·승을 의미하는데, 저는 청암사의 세 가지 보물을 말씀드리고 싶습니다.

첫 번째 보물은 매년 여름 7일간 밤낮으로 1초도 끊이지 않고 대중스님들의 독경소리가 도량을 장엄하는 '7일주야 법화산림 기도'입니다. 엄숙함을 넘어 환희롭기까지 하여 과연 전국 제일의 비구니 도량으로서의 진면목을 보는 듯합니다.

두 번째 보물은 '이 시대가 원하는 진정한 웰빙 음식'으로 조선일보 등 각종 언론에서 극찬 받아온 청암사의 사찰음식입니다. 아

마도 신행생활을 위해 청암사를 찾는 불자님들 중에는 저처럼 음식에 매료되어 달려오는 분들도 분명히 있을 것입니다.

청암사의 세 번째 보물은 심신수련을 위해 특성화된 교육을 받고 있는 비구니스님들입니다. 교육기관 최초로 도입된 첨단수업방식인 스마트캠퍼스에서 최신장비로 어려운 경전을 공부하고 리포트를 작성하는 스님들은 경전공부뿐만 아니라 수행의 연장선으로 태극권 수련도 함께 합니다. 심신수련을 위한 태극권은 전 학인스님들의 자부심이자 어느 곳에서도 따라할 수 없는 청암사만의 고유한 교육이기도 합니다. 크고 작은 대회에서의 수상경력도 화려하지만, 외부행사에서 시연하는 모습을 보고 있으면 제 마음마저 숙연해 집니다.

앞으로 청암사를 떠나 각처에서 보살행을 실천하실 학인스님들의 모습을 상상해 보면 청암사의 오랜 신도로서 청암인이라는 동질감에 뿌듯함과 기대감도 가져봅니다.

이렇게 청암사는 세 가지 보물 외에도 다섯 곳의 아름다운 절경을 가진 사찰입니다. 사천왕문을 들어서서 '불령동천'이라고 쓰인 표석에서 우비천 계곡까지의 풍경, 계곡을 건너며 시원하게 쏟아지는 여산폭포, 선녀탕까지 이어지는 선열당 옆 계곡, 향경다실에서 바라보는 극락전 돌담 건너 펼쳐지는 불령산 설경, 그리고 극락전 홍각에서 바라보는 동쪽 느티나무의 풍경 이렇게 다섯 가지 절경을 청암사 세 가지 보물과 더불어 청암사의 '3보5경'이라 감히 이름 붙여 봅니다.

제가 비록 나일롱 신도이지만 청암사에 대한 자부심은 누구보다 크고 확고합니다. 지난 30년간 청암사의 역사를 지켜보아온 산증인이기도 하거니와 청암사는 전통사찰 가운데서도 특히 자연 그대로의 절경이 훼손되지 않은 참으로 귀한 도량이기 때문입니다. 앞으로 신라시대부터 이어온 천년고찰 청암사의 보물과 절경이 잘 보존되도록 한 사람의 불자로서 저도 각별한 관심을 가져야겠습니다.

이제는 학장스님께 '무염無染'이라는 불명도 받았습니다. 대승보살계까지 수지하였으니, 나일롱 신도에서 벗어나 참된 부처님 제자가 되기 위해 부지런히 염불을 외고 기도하며 정진하고자 합니다. 아울러 청암사에서 맺은 두 분 어른스님과의 좋은 인연을 더욱 소중히 이어가겠다고 다짐합니다. 청암사를 찾는 모든 이들이 건강하시고 부처님의 가피가 항상 충만하시길 바랍니다.

성불하십시오.

그리운 청암사

○ 글 _ 박기영(2014, 83호)

계속될 것만 같았던 여름철 무더위도 처서를 지나 한풀 꺾이고 아침저녁으로 기분 좋은 바람이 가을을 부른다. 가을바람이 불어오면 청암사의 하늘은 더욱 높아지고, 물은 맑아지며, 차 맛도 깊어지리라. 두 아이의 엄마로 바쁘게 살아오느라 잊고 지냈던 청암사와의 30년 가까운 인연이 주마등처럼 스쳐지나간다.

청암사와의 인연을 얘기하려면 먼저 두 어른스님들과의 인연으로 거슬러 올라간다. 어린 시절 불심이 깊은 부모님을 따라 절에 가면 자연스레 뵈었던 두 분은 30대 초반의 푸릇푸릇한 젊은 스님이셨다. 명절이면 절에 가서 성불도 놀이도 함께 하곤 했다. 지형 스님께서 화운사 강주로 계실 때는 스님을 뵙기 위해 엄마를 따라 물미역이 가득 담긴 빨간 고무 다라를 들고 기차를 타고, 택시로 갈아타며 찾아가기도 하였다. 그때, 나에게 두 분 스님은 스님이라기보다 이모처럼 친근한 분들이셨다.

그러던 어느 봄날, 엄마는 절에서 필요할 만한 김, 미역 등의 공양거리들을 차가 터질듯이 싣고 우리를 데리고 김천의 청암사라는 곳으로 향하셨다. 지금이야 길이 좋아 힘들지 않게 경내까지 차가 들어갈 수 있지만, 당시에 비포장 흙길을 굽이굽이 돌아 올라가고 또 내려서 한참을 걸어 들어가야만 했다. 그렇게 힘들게 이고지고 찾아간 낯선 절은 지금의 청암사와는 비교할 수 없을 만큼 낡은 절이었다. 수도조차 없었고, 모든 것이 귀하디귀한 가난한 절이었다.

그때는 도로가 좋질 않아 김천과 부산이 가까운 거리가 아니었음에도 불구하고, 두 분 스님께서 원력을 세우시어 열심히 기도하시고 정진하시는 모습에 감동하신 부모님께서는 제비가 짚을 물어나르듯 뭐든 청암사에 필요한 물건이다 싶으시면 실어 나르셨다. 부모님을 따라 덩달아 청암사를 오가는 것이 우리 어린 시절 기억에는 일상이자 가족여행이었다.

청암사와의 추억을 한 가지 더 더듬어 보면…… 뜻한 바 있어 1990년 겨울 한 달 남짓 동안 청암사에 머무른 적이 있었다. 평생을 아파트에서 편하게만 살아온 나로서는 불편한 것투성이였다.

깜깜한 밤에는 조명이 없어 화장실까지 갈 수 없어 플라스틱 요강을 사용했다.

수도관이 거의 없어 계곡물을 받아쓰거나 그것마저 얼어버려 나오지 않을 때는 눈을 녹여 사용해야 했다. 더운물을 쓰려면 가마솥에서 데운 물을 퍼 와서 써야만 했다. 모든 대중이 가마솥 더운물을 나누어 쓰다 보니, 가마솥이 텅 비어 있으면 얼음같이 찬물에 머리를 감을 수밖에 없었다. 머리가 얼어붙는 듯한 고통까지 맛보기도 했다. 지금은 편리한 목욕 시설이 있지만, 그때는 샤워를 한 번 하려고 해도 한기를 막기 위해 비닐로 천막을 두르고 다라에 물을 받아 날라야 했고, 한 방울도 헛되이 쓰게 될까 무척이나 조심조심 썼던 기억이 난다.

청암사의 그런 시절을 기억하고 있는 나로서는 지금의 청암사의 위용에 정말 놀라지 않을 수 없다. 대략 30년이라는 세월을 두고 정말이지 놀라운 발전을 하였다. 그 깊은 산중에서 스마트 캠퍼스를 가장 처음 시작하고, 참살이 어플까지 만들고, 전자수업 시스템을 구축해 학인스님들이 아이패드로 수업을 하며, 세상과 소통을 한다.

몇 년 전에는 청암사의 사찰음식이 유명해져 세계적인 요리사 토마스 켈러가 다녀갔고, 태극권학회와 태극권협회를 인수하여 승단 심사도 청암사에서 진행한다고 한다. 거기에 매년 열리는 7일주야 법화산림기도, 어린이불교학교, 자원봉사, 그리고 이제는 템플

좌충우돌 수행 이야기

스테이까지….

청암사는 초발심을 내어 공부하시는 학인스님들이 계시는 곳이라 정말 청정하다. 섬돌 위에 흐트러짐 없이 놓여 있는 100여 켤레의 흰 고무신들을 보면 출가 수행자로서 스님들의 몸가짐과 마음가짐이 보여 나도 모르게 숙연해진다.

수도자의 생명력은 청정성이 아닐까? 청정성은 진실성을 의미하기도 한다. 청암사는 기도 정진하시는 스님들과 신앙심이 지극하신 여러 불자들의 정성이 모여 현재와 같은 청정한 도량이 된 것 같다. 두 어른스님들의 원력과 정진력에 고개가 절로 숙여진다.

문득 내게 불심佛心을 심어주신 부모님께 진심으로 감사드린다. 부모가 자식에게 줄 수 있는 큰 재산 중의 하나는 믿음을 심어주는 것이라 생각한다. 세상을 살아가다 보면 내 힘으로 되지 않는 일도 있기에 좌절할 때가 많다. 그때마다 의지처가 되고, 귀의처가 되는 도량이 있다는 것이 얼마나 큰 축복인지…. 우리 부모님께서 그러하셨듯이 이제는 내가 발보리심을 내어 아이들에게 불심을 심어주고, 이웃에게 회향하는 삶을 살고 싶다.

마지막으로 청암사가 맑고 향기로운 도량으로 계속 거듭나, 불자들뿐만이 아니라 누구에게나 마음의 평안과 지혜를 구할 수 있는 곳이 되기를 발원해 본다.

월광보살이 휘영청 밝은 오늘 밤, 청암사가 더욱 그립다.

●

간절한 맘으로
손을 모으니

○ 글 _ 이학용(2017, 95호)

●   간절함이란 뭔가 이루기 위해 절실히 바라는 마음이라 풀이할 수 있는데 절실히 바라는 마음만으로는 뜻한 바를 이룰 수 없다. 무언가를 이루기 위해서는 정신을 집중하고 열심히 노력해야 한다. 정신을 집중한다 하면 '중석몰촉中石沒鏃'이라는 사기史記에 나오는 고사성어를 들 수 있다.

중국 한나라 때, 이광이라는 장군이 숲속에서 호랑이를 만나 정신을 집중하고 있는 힘을 다해 활을 쏘아 명중시키고 자세히 보니 호랑이를 닮은 바위에 화살이 꽂혀 있었다. 이를 알고 나서 장군이 다시 화살을 날렸지만 화살은 튕겨 나왔다. 이에 장군은 정신을 집중하면 어떤 어려운 일도 이루어 낼 수 있다는 깨달음을 얻었다.

부지런히 한다는 것은 게으름 피우지 않고 쉼 없이 움직인다는 뜻이 될 터이고, 열심熱心히 한다는 것은 심心장에 열熱이 찰 만큼 온 정성을 다하여 골똘하게 힘을 쓴다는 뜻이다.

우리는 얼굴생김만큼이나 다양한 사연들을 갖고 기도를 한다. 그런 기도 가운데서도 가족의 안락을 염원하며 발원하는 주부들의 기도만큼 간절함이 배어나는 기도는 찾아보기 힘들 것이다. 그러나 나는 간절함이 절절히 묻어나는 기도 중에 '청암사 법화산림 칠일주야 특별기도'에 동참하는 보살님들의 기도에 버금할 만한 기도를 일찍이 본 적이 없다. 맑은 공기 속에 가다듬은 초롱초롱한 정신으로 칠일 밤낮을 쉼 없이 열과 성을 다해 기도하는 모습은 수정같이 맑아 내가 보기엔 이 세상에서 가장 아름다운 모습이다.

'청암사 법화산림칠일주야 특별기도'는 청암사 스님들과 불자님들이 7일 동안 조를 짜서 24시간 쉬지 않고 끊임없이 흔히 『법화경』이라 하는 『묘법연화경』을 독송하는 기도를 이르는 말이다. 이때 청암사 도량은 '기도 중이오니 정숙하기 바랍니다.'라는 잡인의 출입과 소란을 금지하는 '금란방禁亂榜'을 붙여 놓고, 모두들 정갈한 몸과 마음으로 법화경을 독송한다. 이 기간만큼은 한 치의 삿됨과 방일도 허락할 수 없다는 결기와 엄숙함과 경건함이 온 도량을 감싸고 돈다. 새 소리, 바람 소리, 풀 한 포기, 고양이들도 기도에 동참한 듯 잔잔한 고요를 이루고 간혹 쏟아지는 빗줄기조차 기도를 독려하는 법음으로 들린다.

"일체 모든 것은 공하여 아무것도 없는 것이요,

항상 머무는 것도 없으며 일어남도 없어짐도 없는 것이나

전도顛倒되어 온갖 것을 '있는 것이다, 없는 것이다,

진실한 것이다, 허망한 것이다,

난다 나지 않는다' 하고 분별하나니

한적한 곳에 거처하여 그 마음을 거두어 닦고 편안히 머물러

부동不動하기를 수미산같이 할지니라."

불현듯 욕심이 올라와 무엇엔가, 누구에겐가, 어떤 이념과 인연에 집착할 때면 7일 기도 내내 들었던 『묘법연화경』 '적문迹門정요' 구절이 아직도 수시로 마음을 찌른다. 모든 것은 공空하여 머물지

않는데, 우리 인간만이 모든 것이 영원하리라는 어리석음으로 갖가지 잘못된 생각, 행동을 일으킨다는 말씀은 일상 중 불쑥불쑥 튀어나오는 회초리다. 그리하여 나는 오늘도 위의 『법화경』 구절처럼 '마음을 거두어 닦고 편안히 머물러 부동不動하기를' 발원한다.

이 발원은 늘 염원하는 나의 간절한 바람이기도 하다.

어느 날 '청암사 법화산림칠일주야 특별기도'의 회향을 마음에 담아 간절한 바람을 아뢰듯 한 편의 시를 지어 보았다.

〈회향回向〉

물소리여라 쉼 없이 이어지는 나무묘법연화경
지심귀명례 칠일 밤낮으로 기도하고 회향하는 거룩한 날
뜰에도 댓돌에도 강물인 양 넘실대는 마디마디 환희심
옛 인연 씨줄로 새 인연 날줄로 아름답게 엮어가는
불은佛恩깊이 스미고 배인 청정도량 청암사

묘하고도 묘하도다.
내 어찌 여래를 알리오만
여래께서 그대와 나를 아시어
오늘 이리 한마음 되게 해 주시니 영험이로고, 영험이로고.

산 아래 살림살이 힘들다지만
시련은 끝이 나기 마련
그날 오늘 회향처럼 환희심 가질 수 있도록
정진하며 살아야 하는 진정한 이유 이윽고 찾았으니
부처님 품안에서 희망의 등불 심지 돋우고
정진 또 정진할지어다.

나무 묘법연화경
나무 묘법연화경
나무 묘법연화경.

청암사는 언제 가도,
참 좋습니다!

○ 글 _ 주순영(2017, 95호)

●   입구 골짜기에 들어서면 이름 모를 새 소리, 계곡 물 소리, 경내에 흐르는 여러 소리들과 법당 안을 가득 채운 향내음까지 어우러져 차분하게 마음을 위로받는 친정 같은 곳이랄까요. 직장에서 힘든 일이 있거나 복잡한 도심을 떠나고 싶을 때 잠시 들러 힐링하던 20대 초반부터 나름의 추억이 서려 있는 애틋한 장소이기도 하구요. 경내 곳곳을 거닐다 보면 마음속에 묵혔던 체증이 어느덧 사라지는 것을 경험한 적이 한두 번이 아닙니다.

제가 사는 곳인 거창에도 20~30분 거리에 아담하고 조용한 사찰이 있음에도 차로 한 시간 남짓 걸리는 청암사가 왜 그리 끌렸는지, 마음의 평온을 온전히 느꼈기에 가능한 인연이었던 것 같습니다. 젊었을 때는 구중궁궐 같은 경내에서 수행하시는 스님들은 어떤 분들이실까? 근접할 수 없는 신비스러움 자체였고, 감히 입 밖에 내어서 궁금함을 채울 생각도 못한 채 여운 가득한 외경을 안고 내려오곤 했습니다.

30년 후, 우연한 기회에 제 삶의 멘토이시며 나침반 역할을 해 주시는 두 보살님의 권유로 매달 첫 번째 일요일 법회에 참석하러 오게 된 것이 두 번째 인연으로 닿았습니다. 그럼에도 그로부터 2~3년간은 여유 없이 앞만 바라보며 하루하루를 전전긍긍하며 살아가는 제 모습에 두 보살님께서 측은지심과 안타까움이 컸나 봅니다. 법회 때 꼭 한번 가보라고 몇 번이나 권하시고 시간이 되실 땐 함께 가 주시기도 했습니다. 그래도 익숙하지 않은 절의 예법과 낯가림으로 빠지는 날이 더 많았답니다.

그러던 중 방학을 맞이한 아들을 템플스테이에 보내면서 깨달음과 참회의 계기를 맞았습니다. 호기심과 약간의 두려움으로 출발했던 아들이 기간이 너무 짧았다는 소회를 차담 중에 밝혀서 새삼 놀라웠고, 식사 때마다 한 톨의 밥알도 남김없이 비우며 음식의 소중함을 깨우친 아들에게서 깊은 인상을 받았습니다. 이것을 계기로 바쁘고 시간 없다는 핑계로 움직이지 않았던 제가 보살님들의 손에 못이기는 척 이끌려 법회에 한 번, 두 번 참석하게 되었습니다. 그러다가 부러움의 대상인 신도님들이 한 분, 두 분 눈에 들어오기 시작하고 인연을 맺게 되었습니다.

가까운 거리도 아닌 서울, 부산, 대구, 포항 먼 거리도 마다 않고 몇 십 년을 부부가 나란히 법회에 참석해서 하루를 온전히 보내는 모습을 보며 '어쩌면 저렇게 할 수 있을까?'에서 '나도 저렇게 되었으면…' 하는 바램을 갖게 되었습니다. 그분들의 인자한 평온함을 가까이서 보며 감동의 나날도 덤으로 얻은 것은 물론이구요.

그 덕분이겠지요? 새삼 많은 깨달음과 참회를 할 기회를 맞게 되었습니다. 제 자신을 바꾸지 않으면서 상대가 먼저 해 주기를 바라는 이기심 덩어리임을 스스로 발견했습니다. 그 한 예로 제 생각과 다르다고 단정하며 섣부른 판단으로 진심을 숨기는 나쁜 습관을 자각했습니다.

함께 하기를 바란다는 진심 어린 대화를 남편과는 정작 못하고 간절한 믿음으로 부처님을 의지하며 몇 해 동안 혼자 다니면서 법회 마무리 108 참회 후에 소박한 바람을 발원하기를 2년 남짓. 어느 날 우리 부부가 한가로운 차담 중 남편이 "마누라가 다니는 절에 나도 함께 나가볼까?" 하고 운을 뗐을 때, 그 기분은 어떤 단어로도 형용할 수 없을 만큼 놀랍고 감사했습니다. 간절하면 이루어진다는 체득이 강화되어 저의 발걸음을 부처님 전으로 자주 이끄는 뜻 깊고 소중한 사건이었고 특별한 감격의 순간으로 기억되고 있습니다.

제 바램의 불씨는 난생 처음 참석한 '법화산림 7일 주야 특별기도' 때 경 속의 구절들에 순간순간 가슴 찡한, 마치 정토 세계에 들어와 있는 듯한 환희와 감동을 경험하게 했습니다. 그리고 '사찰음식'의 색다른 체험, 산사 다도체험 때 신선의 세계로 빨려가는 듯한 오묘한 힘을 느낄 수 있었습니다. 그런 시간을 배려해 준 남편에게 지금도 고맙습니다. 20대 초반 멋모르고 방법을 몰라 깊이 들어가지 못하고 맴돌고만 왔던 이 천상의 공간에서 제가 깨달은 것들이 있습니다. 더불어 나누고 섬기는 삶이 무엇인지 알 것 같습니다. 소중한 행복이 솟는 마법 같은 공간으로 가꾸어주신 어른스님, 학인, 율원 스님들의 노고에 깊이 감사를 드립니다.

청암사 법회를 함께 다니면서 저희 부부가 깨달은 소중하고도 큰 보물은 서로를 인정하고 아끼고 상대를 배려하는 마음의 여유를 가지게 되었다는 사실입니다. 때로 인습에서 벗어나 순간이나마 구도자적인 삶을 살고픈 자그맣고 소박한 이 동행이 우리가 삶을 거듭하는 동안 계속되기를 간절히 발원해 봅니다.

나무 아미타불, 나무 아미타불, 나무 아미타불…….

좌충우돌 수행 이야기

다시 찾은 청암사

○ 글 _ 주한식(2017, 96호)

● 찬바람에 옷깃이 여며지는 어느 날. 집안에 앉아 지난 일들을 소소하게 떠올린다. 누구에게나 마음의 집 같은 곳이 있을 것이다. 나에게는 부처님이 계신 절이 그러한 곳이다. 어릴 적부터 절에 다닌 것은 아니었지만 평소 '절에 다녀볼까?' 생각하던 찰나에 지인이 자기가 다니는 절에 대해 이야기하곤 하였다. 다니고픈 마음이 한번 드니 계속 절 생각에 머물곤 하였다. 그러던 어느 날, 지인은 초파일을 기념하러 다함께 절에 가는 건 어떠하겠냐고 물어왔다. 옳다구나. 그렇게 우리 부부는 지인을 따라 절에 다니게 되었다.

처음 간 곳은 월악산 국립공원 내에 있는 신륵사라는 절이었다. 신라 때부터 내려온 천년고찰로 가을이면 색색의 단풍들로, 겨울이면 소복하게 쌓인 눈들로 장관을 이루는 곳이었다. 그래서인지 계절별로 풍경을 담으려는 이들에게는 오래 전부터 명소로 여겨져 왔다고 한다. 신륵사는 아름답고 고풍스런 절이었다. 우리 부부는 신륵사에 매료되었다. 고즈넉한 풍경과 사람들을 끌어안는 평안한 분위기가 가장 큰 이유였다. 그렇게 일 년에 두세 번씩 10년 가까이 부처님을 찾아뵙고 기도를 드렸다.

그러던 어느 날 주지스님이 바뀌었다는 편지를 받았다. 그해 부처님오신날 행사에 다녀온 이후 우리 부부의 마음은 좀처럼 편하지 않았고, 7월 백중행사에도 참여하지 않았다. 10년 넘게 절에 다니면서 부처님과 교감을 하고, 두 손 모아 크고 작은 소원도 빌곤 하였는데 그 아쉬운 마음이 어찌나 크던지 한동안 적적한 마음을 감출 수가 없었다. 그러다가 문득 떠오른 곳이 청암사였다.

청암사는 초등학교 때 소풍을 갔던 장소였다. 집사람에게 청암사 이야기를 하며 바람도 쐴 겸 한번 가보자고 하니 흔쾌히 대답하며 따라와 주었다. 2016년 5월이었다. 몇 십 년 만에 청암사와의 인연이 다시 시작되었다. 초록의 기운을 받아서일까? 다시 찾은 청암사는 어릴 적 보았던 청암사보다 훨씬 웅장하고 큰 절이 되어 있었다.

우리 부부는 가장 먼저 부처님이 계시는 대웅전에 가서 부처님께 두 손 모아 합장하며 삼배를 올리고 그동안 뵙지 못하였던 일과 다시 뵙고자 왔음을 인사드리고 서기실에 들러 서기스님을 뵙고 우리 부부가 어떻게 청암사를 오게 되었는지 그 이유를 말씀드리니 잘 왔다며 반가이 맞아주셨다.

청암사는 우리 부부가 늘 그려왔던 절의 모습이었으며 절로 마음이 평온해지는 기분이 들었다. 나에게 절은 법문을 들으며 깨달음을 얻고 마음의 찌든 때를 말끔히 벗길 수 있는 곳, 그리고 언제나 몸과 마음을 깨끗하게 정화해 주는 곳이라 여겨왔다. 그날도 예외는 아니었다. 청암사를 나오면서 우리 부부의 마음은 편안하니 따스했다.

청암사가 마음에 꼭 드는 이유를 굳이 꼽자면, 첫 번째로 청암사는 다른 사찰과 달리 한결 더 질서 있고, 더 청빈하고, 부처님의 가르침만을 실천하기에 부족함이 없어 보였다. 두 번째는 이곳에는 승가대학이 있어서 '훌륭한 예비스님들이 배출되겠구나.' 하는 흐뭇하고 기쁜 마음에 발걸음도 가벼워졌다.

청암사를 다녀온 지 며칠 후, 서기스님으로부터 전화가 왔다. 어른스님께 어머니 제사에 대하여 말씀드렸더니 제사 날짜를 잡아 어머니 제사를 청암사에서 모실 수 있다는 소식이었다. 2016년 5월 8일 청암사에서 어머니 제사를 모셨다. 이전의 절에서도 어머니 제사를 모셨지만 청암사에서는 그 느낌이 사뭇 달랐다. 부처님 법

도대로 격식을 갖추어 지내는 것 같아 품위가 남달랐다. 자식으로서의 해야 할 도리를 한 느낌이라고 해야 할까. 다시 한 번 어머니 제사를 주관해 주신 스님들께 감사 인사를 드리고 싶다.

누구나 나이가 들면 공허한 마음도 함께 자라기 마련인데, 우리 부부는 청암사 정기법회에 빠지지 않고 참석하려 노력하니 그 마음도 한결 든든해지고 있다. 법회 끝 무렵에는 모든 신도들이 부처님께 108배를 한다. 108배를 할 때 절 하나하나의 의미를 마음에 새기면서 절을 하게 되니 부처님 말씀이 가슴에 더욱 선명하게 남게 된다. 나 또한 부처님 가르침대로 생활하려고 노력하니 마음에 쌓인 찌꺼기가 많이 없어졌다. 자연의 이치를 거스르지 않고 욕심을 버리며 베푸는 삶을 살고자 하는 마음도 들었다.

이런 깨달음을 조금씩 얻게 되니, 청암사를 위해 '무언가 할 수 있는 일이 없을까?' 하는 생각을 하게 되었다. 그러다 스치듯 떠오른 생각이 '어떻게 공부하는 스님들께 도움을 줄 수 있을까?' 하는 마음이 들었다.

내가 처음 절을 가게 되었을 때의 그 마음처럼 말이다. 그래서 주지스님께 조심스레 학인스님들을 도울 수 있는 방법이 있다면 작지만 보탬을 드리고 싶다고 말씀을 드렸다. 왜냐하면 그만큼 나는 청암사 신도로서 부처님의 가르침을 받은 게 행운이라고 생각했다. 부처님 말씀에 옷깃만 스쳐도 인연이라는데 나와 청암사의 인연도 그렇지 않은가.

좌충우돌 수행 이야기

초등학생 시절 소풍이 첫 인연이었지만, 그저 도시락 먹을 생각에 제대로 둘러보지도 못했는데, 세월이 한참 지나 중년이 되어 찾아왔지만 지금도 마음이 편안해지는 곳이니 이 또한 깊은 인연이지 않은가. 신도마다 마음에 맞는 절이 있다 하겠지만, 나에게는 청암사만큼 편안함을 주는 절이 세상에 어디 또 있을까 하는 생각이 든다. 그런 청암사에 학인스님들을 돕고자 하는 마음은 어찌 보면 당연한 일이었다. 주지스님의 허락 하에 나와 청암사의 인연은 더욱 깊어졌다.

　문득 부처님 말씀 하나가 생각난다. 『법화경法華經』에 '종불구생從佛求生', '불자佛子란 부처님에 의해 새로운 삶을 부여받은 사람'이라는 말씀이다. 이 말씀을 항상 마음에 새기고 실천하는 불자가 되고자 한다. 앞으로도 청암사에서 마음을 다독이며 부처님의 가르침대로 살고 싶다. 나처럼 마음속에 '절에 한번 가볼까?' 하는 생각이 자리 잡기 시작했다면 청암사로 곧장 오는 것이 어떨까, 넌지시 그 마음에 불을 지펴보는 바이다.

오랜 기억 저편에 남아 있는

○ 정담(청암승가대학 9기)

●　　　청암사와 첫 만남은 한마디로 검소하지만 누추하지 않고 화려하지만 사치스럽지 않은(儉而不陋 華而不侈) 태곳적 신비로움을 간직한, 사람들의 관심을 초월한 자연 그대로의 고요함을 간직한 도량이었다.

꽃이 피고 지는 사이 아날로그 시대를 마감하고 최첨단의 디지털시대를 지나고 인공지능(AI)시대를 맞이하고 있는 지금, 그 고요하고 아름다운 도량은 끊임없는 변화와 설렘 속에 오고 간 젊은 수행자들의 삶의 일부분이 되어 많은 이들의 기억의 한 조각들로 처처에서 어둠을 밝히는 등불의 역할을 하고 있으리라 생각한다.

차가운 공기를 가르고 새벽예불이 끝나면 입선入禪에 들어 여법하게 경전을 합송하던 그 새벽이 간직한 여명의 고요한 울림이 간혹 그리울 때가 있다.

30년 전의 그 때는 286컴퓨터와 독수리타법으로 원고를 쓰고 일일이 발품을 팔아 원고를 청탁하고 받아서 창간호를 만들던 시절이었다. 두 분 스승님의 배려와 후학지도의 원력과 인내 덕분에 오늘의 청암사승가대학이 존재한다. 창간 100호를 맞이할 수 있는 밑거름의 역할을 하신 두 분 어른스님들께 감사의 인사를 지면을 통해 드리고 싶다.

창간호가 탄생하기까지 책을 처음 만들어보는 미숙함으로 전체를 다시 인쇄를 해야 하는 우여곡절을 겪으면서 창간호를 발간했지만 정보가 부족했던 그때를 생각하면 지금도 부끄러워 얼굴을 들 수가 없다. 그래도 그 부끄러움과 후회를 보듬어 주시고 용기를 주신 스님이 계셨기에 오늘의 청암지가 100호를 맞이할 수 있는 밑거름이 되었다고 생각한다.

그리고 얼마 전 청암사 승가대학을 통해 600여 명이 넘는 비구니 인재를 양성하고 청암사 율학승가대학원 설립, 랩 염불을 통해 어린이 청소년포교에 앞장서면서 김천지역 포교와 불교문화진흥과 아울러 유미사찰연구소를 설립하여 사찰음식을 연구하면서 후학을 지도한 공로로 포교대상에 선정되셨다는 주지스님의 소식을 불교신문의 지면을 통해 접하면서 새삼 청암사 시절의 아름다웠던 그리고 치열했던 그리움들을 떠올려보았다.

열악했던 그 시절의 청암사가 지금 생각해 보니 가장 아름답고 빛나던 시절이었다. 지금은 현대 시대에 맞게 수행환경이 변화되어 편리함도 있겠지만 그 열악했던 시절에 두 어른스님의 열정과 전통을 지키고자 하는 철학이 없었다면 오늘의 청암사가 많은 학인들을 배출할 수 있는 도량으로 유지될 수 없었을 것이다.

아무것도 없는 그저 낡고 쇠락해 가던 청암사라는 이름만 남아 있는 인적이 드문 그 골짜기에서 학인들과 함께 울력하면서 중창불사를 할 때가 생각난다.

옛것을 지키고자 오랜 시간을 들여 건물을 허물지 않고 낡은 기둥과 서까래를 바꾸는 어렵고 힘들었던 현실을 신심과 도제양성의 원력, 미래지향적인 승가 교육철학과 열정 하나로 오늘을 만들어 오셨다. 30여 년간 수많은 일들과 사람들 가운데서 자리를 굳게 지켜내신 두 분 어른스님과 이곳을 거쳐 지나간 학인들의 숨결이 도량 구석구석에 남아 있을 청암사! 아름다운 도량의 전통을 유지하면서 승가교육의 새로운 지표를 열어 청암사승가대학에서 비구니 승가라는 공동체의 일원으로 지역사회와 함께 각각의 역할에 충실한 기본교육과 수행을 익히고 닦아 여법한 수행자로 거듭날 수 있도록 돕는 구심점에 우뚝 서 계시던 두 분이 새삼 존경스럽다.

이전의 전통적인 강원의 교과과정과 현재 종단이 지향하고 있는 교과과정은 많이 달라졌다고 들었다. 종단 교육원에서 전국 승가대학에 표준안을 신설하여 보편화된 교과과정 내용 가운데 필수·선택으로 나누어 일상 수행과 자원봉사 항목도 있다고 하니 승가대학 교육환경이 토론 중심의 수업으로 자리매김하여 활발발한 강의로 열띤 토론의 장을 만들어가는 성숙한 환경으로 거듭날 수 있을 것이다.

학인과 교수는 질문과 토론과 연구를 통해 교육의 효율성을 높이고 양방향 충분한 소통을 통해 질적 성장을 돕는 진정한 교육의 장이면서 부처님 제자로 평생을 잘 회향할 수 있는 초석을 만들어 가는 의미 있는 도장이기를 기대해 본다.

그리고 현재 비구니 승가 수행공동체를 좀 더 효율적이고 학인들만의 공간이 아닌 모든 수행자들이 함께 할 수 있는 공동체로 만들어 가는 것 또한 중요한 과제가 아닌가 한다. 승가공동체가 무너져버렸다고 하는 현재, 출가자들이 줄어들고는 있지만 그래도 이곳 승가대학은 공동체로서의 역할을 충실히 하고 있는 수행도량 가운데 하나이기에 기본교육과 함께 지속가능한 순환적이고 자립적인 사방승가공동체로 거듭 날 수 있기를 바라는 작은 바람을 감히 적어본다.

사바세계는 참고 살아야 하는 감인의 세계라고 늘 말씀해 주시던 스승의 가르침을 다시 한 번 곱씹어 보는 계기를 만들어 주신 청암사 승가대학에 감사의 인사를 전하면서 창간 100호 맞이한 청암지를 다시 한 번 축하한다.

봄이면 온갖 꽃들의 향연이 펼쳐지고 여름이면 불령동천의 물소리가 학인들의 마음을 설레게 하는 선율을 들려주고 가을·겨울의 사계가 그 계절마다 고요한 아름다운 풍광으로 빛나던 그 시절의 청암사를 희미해진 기억을 끌어 모아 그림으로 조각을 맞추어 본다.

1990년대 예불하러 안행(雁行 기러기가 날듯이 한 줄로 걷는 모습) 중인 학인스님들.

육화료 기와불사 중 기와를 나르는 학인스님들.

포살에 참석한 대중스님들(1998년 6월).

2001년 대교반 종강식에서 연극을 공연하는 15기 졸업생들.

2002년 남별당 자리에 신축한 백화당에서 상량식을 올리고 있다.

정법루에서 법화경 기도를 올리는 스님들과 신도님들.

2005년 20회 졸업생과 동문들이 어른스님들을 모시고 달라이라마 존자를 친견하고 있다.

2005년에 치러진 1회부터 20회까지의 총 졸업식.
그동안 종강식으로 대체했던 졸업생 스님들이 한자리에 모여 숙연한 마음으로 총 졸업식을 거행했다.

청암사를 찾은 108 산사순례단 앞에서 태극권을 시연하는 학인스님들.

2014년 '제1회 조계종 염불시연대회'에서 반야심경을 랩으로 불러 화제를 일으킨 청암사 스님들의 모습. 랩염불을 하는 청암사 스님들의 모습은 그해 세계적 통신사 AFP 10대 뉴스에 선정되었다.

2017년 졸업여행 중 라오스에서 탁발스님들에게 공양을 올리는 청암사 학인스님들과 동문스님들.

단오날을 맞아 학인스님들이 운동회를 하고 있다.
찹쌀떡 먹기대회를 벌이는 스님들과 온갖 소품을 동원해 응원하는 청암사 스님들의 모습.
놀 때도 열심히! 공부도 열심히!

청암사 승가대학을 위해 헌신하신 세 분의 어른스님들,
왼쪽부터 혜산대웅 총무스님, 의정지형 율원장스님, 의진상덕 주지스님.

청암사승가대학 비구니스님들의

좌충우돌 수행 이야기

초판 1쇄 발행 | 2019년 6월 2일
초판 3쇄 발행 | 2019년 7월 10일

엮은이 | 청암사 승가대학 편집실(혜범·혜소)

펴낸이 | 윤재승
펴낸곳 | 민족사

주간 | 사기순
기획편집팀 | 사기순, 최윤영
영업관리팀 | 김세정

표지 일러스트 | 범준

출판등록 | 1980년 5월 9일 제1-149호
주소 | 서울 종로구 삼봉로 81 두산위브파빌리온 1131호
전화 | 02)732-2403, 2404 팩스 | 02)739-7565
홈페이지 | www.minjoksa.org
페이스북 | www.facebook.com/minjoksa
이메일 | minjoksabook@naver.com
ⓒ 청암사승가대학 2019

ISBN 979-11-89269-30-2 (03220)